戦前モダニズム出版社探検

金星堂、厚生閣書店、椎の木社ほか

高橋輝次
TAKAHASHI Terutsugu

論創社

プロローグ

近代日本の出版史の探索は、一般的に言って、かなり困難な場合が多い。社史を出した出版社や社主の回想記、研究者による評伝、在籍した編集者の回想記や追悼集がある社は別にして、一定期間、出版活動を行いながら、消えてしまった中小出版社の実態は、刊行書目以外は証言する資料に乏しく、不明な点や謎が多いように思う。その点、小田光雄氏はシリーズ『近代出版史探索』（既刊Ⅶ巻、論創社）で次々と知られざる出版社とその編集者を取り上げ、広い視野からその実態に迫っており、教えられることがまことに多い。そんな小田氏でさえ時々、同様の感慨をもらしていて、共感を覚える。（なお、小田氏は二〇二四年六月八日に亡くなられた。まことに残念でならない。この場を借りて、深く哀悼の意を表します。）

そのごく一例として、昭和十年代に砂子屋書房と並んで、檀一雄の『花筐』や中谷孝雄『春の絵巻』を始めとする、良質の文芸書を出していた赤塚書房があげられる。刊行書は古書展などで時たま見かけても、その社主の赤塚三郎の履歴は今のところ『出版文化人物事典』や『日本近代文学大事典』増補改訂デジタル版にも立項されておらず、大部分が不明のようだ。ただ紅野敏郎氏は『昭和文学の水脈』（講談社、昭和五十八年）の中で、早くに、野田書房創業前の野田誠三が編集していた仏文学系同人誌『ヴァリエテ』（昭和八年五月創刊、七号まで）の奥付の印刷所に赤塚書房と印されていることを指摘しており、印刷業出身であることを明らかにしている。私も最近、古本で入手した野田書房刊、ヴァレリ、佐藤正彰訳『ゲエテ頌』（昭和十年）の奥付に、「印刷　赤塚三郎」とあるのを見出し、その事実を確認できた。紅野先生も赤塚書房の刊行書については他の著作で、浅見淵の『蒙古の雲雀』（昭和十八年）など何冊か紹介、解説しているものの、赤塚三郎については私の知る限り、それ以上の言及はないようだ。

思わず回り道をしてしまったが、ふり返れば私も今まで出した古本エッセイ集の中で、不充分ながら今は亡き種々の出版社やその編集者の面々の仕事を私なりに紹介してきた。以下に列挙すれば、明治の金尾文淵堂、戦前の神戸出身のぐろりあ・そさえて（伊藤長蔵）、砂子屋書房（山崎剛平）、竹村書房、明石書房（青年芸術派の本を出版）、協和書院（豊田三郎らの青年作家叢書三冊を出版）、紀伊國屋書店出版部（『行動』の豊田三郎・野田冨士男）、青木書店（三国一朗の回想）、戦後すぐの赤坂書店（梅崎春生が在籍）、丹頂書房、文明社（田宮虎彦）、第三次『三田文学』編集部（山川方夫、江藤淳、田久保英夫、他）、神戸出身のプライベート・プレス、エディション・カイエ（阪本周三）などである。

さて、本書では例によって、古本でたまたま入手した本や雑誌をきっかけにして、大正末期から昭和初期にかけて、第一次大戦後の西欧の新しい文学・芸術思潮（未来派、立体派、表現派、ダダ、シュルレアリスム、新心理主義など）の影響をいち早く受け、日本の文学者や詩人がモダニズム文学（及び詩）の創作を始めた折、彼らの出版活動を陰で支え、積極的に協力した出版社のうち、金星堂、厚生閣書店、椎の木社の三社を主に取り上げて私なりに探索している。

もっとも、出版史としては他にも、私が昔、編集者として働いていた創元社の戦前の文芸出版の流れや東京支店の編集者の一人（横光利一とも親交のあった松村泰太郎）の仕事や小説についても書いている。

さらに、巻頭には出版史とは少しはずれるが、ドイツ文学者で幻想・異端文学の大家、種村季弘の若き日、光文社での短い編集者時代のエピソードの数々をそのエッセイからスケッチしてみた（追記として、澁澤龍彦の新太陽社での短い編集者時代にも少しふれた）。そこから派生して、種村氏が編集者としてそのデビュー作を担当した女性小説家、森泉笙子さんが新宿で六年間経営していた文壇バー「カヌー」の知られざる回想記も紹介している。

こうした雑多な内容ではあるが、たまたまモダニズム出版社が三社、勢揃いしたので、この言葉をタイトルに使わせていただいたのである。また、〝探検〟は〝探索〟より古書のフィールドワーク感（?）が強いので、私の好きな言葉である。もし羊頭狗肉になっておれば、どうかお許し願いたい。

さあ、これから鬱蒼《うっそう》とした出版史の密森《ジャングル》の探検に読者の方も同行していただければ有難く思います。

戦前モダニズム出版社探検　目次

——金星堂、厚生閣書店、椎の木社ほか

プロローグ
一　種村季弘の編集者時代──光文社での三年間を追って　1
二　森泉笙子『新宿の夜はキャラ色』を読む　31
──「バー・カヌー」の六年間を垣間見る
三　創元社（戦前の東京支店）のある編集者のこと──松村泰太郎の事蹟と小説から　45
四　創元社二代目社主、矢部文治遺稿集『本・三代』を読む　63
五　白鳥省吾童謡集『黄金のたんぽぽ』との出会い　85
──金星堂主人、福岡益雄と二人の編集者
六　「金星堂」余話──吉田一穂、亀山巌、伊藤整、川端康成ほか　125
1　伊藤整、町野静雄が編集部にいた！　126
2　吉田一穂『海の聖母』出版をめぐって──装幀者、亀山巌との微妙な関係を探る　146
3　紅野敏郎『大正期の文芸叢書』から　185
4　ＰＲ誌『金星』のこと　198
5　『金星堂ニュース』を見つける！　203

6 『小野幸吉画集』出版をめぐる話 215
7 福岡真寸夫句集『牡丹の芽』を読む 227
8 『伊豆の踊子』出版の周辺——吉田謙吉の装幀を中心に 238

七 曽根博義「厚生閣（書店）とモダニズム文学出版」を読む 261
——春山行夫の仕事を中心に

八 椎の木社と『椎の木』探索——百田宗治と同人の詩人たち 281

エピローグ——田居尚『蘇春記』から 376

あとがき 383

戦前モダニズム出版社探検——金星堂、厚生閣書店、椎の木社ほか

一　種村季弘の編集者時代——光文社での三年間を追って

私の古本探索のテーマの一つに、後に著名な作家や文学者となって活躍した（または活躍中の）人が若い頃、編集者として働いていた時代を探り、そのエピソードを蒐める、というのがある。例えば、前著『古本愛好家の読書日録』（論創社、二〇二〇年）では、吉行淳之介の新太陽社在社中のエピソードを少し紹介した。今回は種村季弘《すえひろ》の編集者時代を目に止った限りで若干素描《スケッチ》してみよう。

私と種村氏のたった一度の接点

私の貧しい読書歴をふり返ると、残念ながらあまり熱心な種村本の読者ではなかったと思う。それでも、若い頃は澁澤龍彦の著作と同様に、幻想文学系の巨匠にあこがれ、処女作『怪物のユートピア』（本書に収録された『映画評論』に載った映画評も何篇か感嘆して読んでいた記憶がある）や『吸血鬼幻想』――これは野中ユリのすてきな装幀や口絵、大型の造本に惹かれたことも大きい――などは古本で見つけて入手したし、『書国探検記』は面白く読んだ覚えがある。また後年、古書目録で知ったのだが、種村氏の単行本は氏の趣味なのか、時々同時に装幀の凝った限定特装本も出しているのも、古本ファンにはうれしいことだった（むろん高価なので、入手したことはないが）。

何しろ、博覧強記の人で、学識、教養の深さが半端でないから、私には常に仰ぎ見るような著作家だったと言ってよい。私はドイツ文学も西欧の異端思想にも全く暗い人間なので、氏の大部な画期的翻訳、ルネ・ホッケの『迷宮としての世界』などの著作を熱中して読むような好奇心もそれほどなかった。

そんな私だが、たった一度だけ、氏とのささやかな接点があった。私が四十過ぎに患った病いから二年程してようやく回復してから、書きためたエッセイをまとめ、少ない退職金をかなりつぎ込んで、北宋社から『編集の森へ』——これは通常の半分位の費用負担で——、新風舎から『古書と美術の森へ』——こちらは、いわゆる共同出版で——を出した。どちらの出版社も各々の事情で倒産してしまい（説明すると長くなるので省略）、今はもう亡い。その前者が出来上り、どういう理由かは覚えてないが、書評や紹介をお願いできればと、種村氏にも献本したらしい。今、考えてみると、北宋社は種村氏の文芸評論集『夢の舌』や映画評論集『夢の覗き箱』を出していたので、担当編集者の土田由佳さんから献本するようにアドバイスされたのかもしれない。社主の渡辺誠氏は、元牧神社をやっていた人なので、種村氏とは早くから交流があったのだろう。

しばらくして、思いがけず種村氏からのハガキが届いて、もう文言ははっきりとは覚えていないが、何やら励ましの言葉をいただき、感激した記憶があるのだ。献本した折、大病から回復したばかりという事情を添え書きしたのだろう、ハガキの最後は、私も週刊誌の記者をしていたので、過労で倒れたことがある、お体くれぐれもお大切に、といった文章で結ばれていた。そのとき、氏も若い頃は出版社で

働いて苦労されたのだな、と思ったが、それ以上詳しく知ることはなかった。私は単行本だけ造っていた編集者なので、種村氏ほど激職ではなかったと思うのだが。

その後も氏は数々の大冊を出され、大へん活躍されたが、晩年は神奈川の湯河原に住み、隠居・徘徊老人を自称して、近辺の東海道への旅や東京下町散策に明け暮れた。その収穫を洒脱、達意の文章に物され、数冊のエッセイ集にまとめて出された。平成十六年に七十一歳で亡くなっている（早すぎる！）。私は晩年のこれらの著作も実はまだ読んでなかった。

『人生居候日記』から

さて、コロナ禍（第五次）がようやく収まりかけてきた十月上旬、私は神戸の三宮に出かけた折、センター街に昔からある小さな古本屋、「あかつき書房」に寄って棚をのぞいた。小説や文芸評論集が並んでいる棚の中に種村氏の単行本『人生居候日記』（筑摩書房、平成六年）を見つけたのである。何げなく抜き出して目次を見てみると、「蕗谷虹児」「編集者の後遺症」「いきの話」「厠―その物質的恍惚」など、面白そうなタイトルが目についた。とくに「編集者の～」はぜひ読んでみたい。

本書はたぶん、ちくま文庫にも入っていないと思うので、久々にレジに持っていった。オビには「男性最高の快楽は落魄である」なるキャッチコピーがある。

帰宅して、早速あちこち気ままに拾い読みする。まず、気になっていた「編集者の後遺症」から読み始めた。これは探偵小説の好みについて書かれた、わずか二頁のエッセイだが、好みを聞かれて思い出すのは、編集者をやっていた頃のことで、「昭和三十五年頃、音羽の講談社に間借りしていた光文社のカッパ・ノベルス編集部で、今は祥伝社にいる伊賀弘三良の下で駆け出しの編集者をつとめていたのである」と書き出している。続けて「まもなく退社してしまったので、足手まといの見習いに終ったが、それでも現在活躍中の作家に一、二度ずつ位はお目に掛る機会があった。『雁の寺』を書く前の水上勉、結城昌治、梶山季之、中園英助、柴田錬三郎、笹沢左保といった錚々たる諸家である」と。新人編集者のことだから、おそらく主に原稿受取りか校正の受け渡しの用件で、これらの作家たちと会ったのだろう。

ここで、ウィキペディアで種村氏の経歴を見てみると、昭和八年、池袋に生まれる。昭和三十二年、東大文学部独文科を卒業して言語文化研究所に就職。昭和三十三年（二十五歳時）、光文社に入社。種村氏の回想談によると、『女性自身』に原稿を書いたのをきっかけに、編集部から誘われ、入社したという。『女性自身』は三十三年十二月に創刊されており、その編集スタッフを求めていたのだろう。『女性自身』編集部を経て書籍部に移る。昭和三十五年退社してフリーとなる、とある。その後は都立大学や國學院大學教授を歴任している。編集者時代は三年間程であったことが分かった（余談ながら、後にエッセイストになる高田宏も昭和三十年光文社に入り、少女雑誌の編集部にいた。昭和三十六年頃までいたというが、種村氏との交流の有無は不明。昔読んだ高田氏の『編集者放浪記』（リクルート出版、一九八八年）を調べれば、出てくるかもしれないが、今は手元にない）。

その時代にアメリカ産のハードボイルドを中心にずいぶん読んだとして、ハメット、チャンドラーなど、いろんな作家の名をあげている。カッパ・ノベルスは推理小説が多かったので、企画の参考にという意味もあったかもしれない。最後に、「探偵小説というのは要するに編集だと考えるようになった」と言い、「どうもこの骨法が自分の書くものにも入り込んでしまっているらしく、伝記を書くときの資料の探索や再整理、反対資料の照合といった作業に知らず知らず盗用しているのに気がついて愕然とすることがある」と結んでいる。ユニークな視点だと思う。なるほど、この一文のタイトルの意味はそういうことだったのか、と感じ入った。

さらにあちこち、読んでゆくと、もう二篇、編集者時代に言及したエッセイに出会った。一つは「明るい諦念のなかの闇」と題する四頁弱のエッセイで、画家、寺田政明との出会いを綴っている。氏はこう書いている。

「当時、私は護国寺近くのある出版社の単行本小説編集者だった。駆け出し編集者の常で何か新機軸を出したいと欲ばり、せめて挿絵装幀だけでも倶楽部雑誌の挿絵画家の常套を脱したいと思いついた。そこでかねて好みの画家を候補にあげてみると、ほとんどがケンもホロロに差し戻されてくる」と。そんな中で「奇蹟的に通ったのが加山又造と寺田政明氏だった」という。

早速、寺田氏宅を訪問するが、実は挿絵依頼が主目的ではなく、アトリエで氏の旧作を見せてくれとせがみ、一作一作説明しながら見せて下さるのを、ワクワクしながら拝見して、今でも感謝している、と記す。その時見た寺田氏の絵の印象を語り、後年、自宅近くの画廊での個展で再会した氏の絵画のおだやかな変貌ぶりを合わせて書いている。それがタイトルの意味である。なお、寺田政明氏は、いわゆる「池袋モンパルナス」と呼ばれた住人画家たちの中心人物の一人で、詩的レアリスム（美術評論家、林紀一郎による）の画家であり、小熊秀雄、麻生三郎、松本俊介、鶴岡政男、福沢一郎らと親しく交わった画家だ。『小熊秀雄詩集』や小熊の『飛ぶ橇』の装幀もしている。詳しく調べたわけではないが、時々古本屋で見るカッパ・ノベルスには、そういえば挿絵も少しは入っているという印象がある。現在では、雑誌、新聞連載時の小説に挿絵が入っていても、単行本化されると、元の挿絵は殆どカットされている。挿絵とともに小説を楽しみたいと思う読者には少々物足りない。なお、寺田氏の息子が渋い個性派のヴェテラン俳優、寺田農《みのり》というのも面白い。

（付記）私は後日、別件で、貴重な『アクション』展の図録（朝日新聞社、一九八八年）が所蔵されていると知り、灘区の阪神岩屋駅近くにある兵庫県立美術館内の美術情報センターに久々に出かけた。ここは、日本全国の美術展図録が画家やテーマ別にアイウエオ順に整然と多数並べられており、壮観な眺めである。私が見たことがない図録が一杯ある。

「アクション」展の図録を新鮮な驚きとともに一覧したあと、棚を順々に眺めてゆくと、生誕百年『寺田政明』展（北九州市立美術館、二〇一二年）の図録の背が目に止った。早速抜き出して閲覧席に戻り、ざっと一覧した。私が見ていない作品が殆どで、改めて寺田氏の芸術に魅了される。迫力満点の図録だった。種村氏が惚れこむのもムリはないなと思わせられる。うれしいことに巻末には「書籍に関する仕事一覧」として、何と一一〇冊もの装幀本が小さな白黒の書影とともにリストアップされていた。これによると、桜井書店の児童書の装幀なども手がけている（私は全く知らなかった）。その前に、主な装幀本のカラー書影も数頁あげられている。これは古書ファンにとっても格好の編集である。図録の作成には子息、寺田農氏も全面的に協力されたという。氏の記念講演もあったようだ。私は、これはぜひとも手に入れたいと、帰途、休みに入った喫茶店から、当美術館にすばやく電話を入れたのである。ところが、本図録は全部売り切れて一冊も残っていないとのことで、がっかりした。やはり相当人気があった展覧会のようだ。それなら、もっとじっくり館内で眺めたらよかったと、くやしく思ったが後の祭り……。またもう一度、機会があれば出かけてみよう。（なお、寺田農氏は令和六年三月十四日、八十一歳で亡くなられた）。

（二〇二三年四月二十二日）

もう一篇は「Gを待ちながら」である。書き出しはこうだ。

「六〇年安保で世の中が物情騒然と沸いた夏の間、私は急性肝炎で病院のベッドに転がっていた（筆者注・二ヵ月間程入院していたらしい）。さる週刊誌の編集者を務めていたのだが、退院後に出社してみると、部署が変って単行本編集部に回されていた」と。「さる週刊誌」とは、前述のように光文社の『女性自身』である。私がただ一度、氏からおハガキをいただいた折に書かれていた、過労で倒れたことがある、というのはこの時のことだったのだ。秋口になり、初仕事が舞いこみ、自社の『少年』に連載中の手塚治虫『ジャングル大帝』を単行本に編集し直す作業を命じられる。手直しや加筆が必要だが、超売れっ子の手塚氏なので、なかなかそこまで手が回らず、お宅に泊り込みで原稿を頂かねばならぬ破目に。それで各社の編集者のたまり場である八畳程の和室で時間をつぶし、来る日も来る日もウィスキーを舐めては手塚氏の漫画を読み、もうろうとしながら延べ二ヶ月程、ひたすら原稿の完成を待った。病み上りでもあり、友人たちの間で種村氏が死んでしまったという噂も流れたという。

ところが、ある日桑田という先輩編集者が手塚氏宅に現われ、前日電話一本かけて、原稿をあっさり取ってしまった（種村氏は書いていないが、何たる空費の日々だったことか！）。新米編集者の悲哀、ここに極まれり、であろう。私が思うに氏が出版社をしばらくして辞めたのは、この体験も理由の一つにちがいない。

さらに氏は「手塚漫画には戦争を通過した世代の無機質のニヒリズムの感触があり、当時やはり新米編集者として校正に当っていた山田風太郎の忍法帖や、吉行淳之介や島尾敏雄の初期作品、三島由紀夫の『青の時代』や『親切な機械』のような小説と共通する時代感覚が感知された」とも述べる。手塚漫画への独自な見識ではないか。一寸誤解しそうな文脈だが、氏が校正したのは山田風太郎の少年小説であろう。ちなみに『少年』は光文社から昭和二十一年に創刊された、人気の高い月刊漫画誌で、昭和四十三年三月号で休刊している。

後年、十五年程経って、手塚氏との対談の機会があり、途中、テープが止まって雑談中に、突然手塚氏から「どこかで前にお会いしましたね」と言われたという。種村氏は事の次第を口に出さず終いだった、と結んでいる。

タイトル中の「G」は「ジャングル大帝」の「G」で、おそらく「ゴドーを待ちながら」のもじりだろう。考えてみると、両者は〝不条理体験〟ということでは共通しているのではないか。

今回のテーマとは逸れるが、本書で拾いものをした、と喜んだのは「怪人百面相綺譚」の一文で、コーベブックスや南柯書局で数々の瀟洒《しょうしゃ》な装幀の幻想文学系の本や永田耕衣の句集などを造った神戸出身の伝説的フリー編集者、渡辺一考についても書いていることだ。渡辺氏とのつきあいは、種村氏の翻訳、オスカル・パニッツァの『三位一体亭』（南柯書局、一九八三年）を本にしてくれて以来だという。二人共、泉鏡花好きとしても話が合ったのではないか。渡辺氏は「七つの顔を持つ男」「九尾の狐」どころではなく、装幀家、蔵書家、書誌学者、さらに料理人や食通、古書通、金魚コンクールでも一位をとり、自転車の組立てでも業界にその人あり、と知られている、などなど、「対象を自分の眼と手を通して選別する職人」であり、要するに「『渡辺一考は人間ではない』と考えることにきめた」と書いている。あの博覧強記の種村氏をうならせる位だから、渡辺氏はつくづくすごい人だと言わざるをえない。タイトルの「怪人百面相綺譚」もむべなるかな、と思わせられる。

そういえば、私は数年前、今はない、大阪の浪速書林のりっぱな目録40号に渡辺氏が「南柯の夢」という、文学的自叙伝とも言うべき長篇エッセイを寄せているのを興味津々で読んだことがある。美しい装幀、造本への志向や長年にわたる古本屋との型破りのつきあいなどを語っていて、大へん読ませる文章であった。私より一つ下の昭和二十二年神戸生れの方だが、才能の差は歴然としており、とてもかなわない、と思う。神戸が誇る大編集者である。現在は明石市に住み、しばらくバー「ですぺら」をやられていたが、以前のブログでは現在闘病中とのことである。現在はフェイスブックをやられているようだが、私はまだ見れていない（渡辺氏については、もっといろいろ書きたいが、ここはその場所ではないので、最小限にとどめた）。

他にも種村氏のエッセイ集は演劇的、見世物的展開をみせる、読ませる文章が満載だが、ここでは省略するしかない。

『書物漫遊記』から

私は前述の種村本を久々に読み、こんなにも読者を楽しませてくれる氏は、やはり卓越した書き手だと感心した。それで、遅ればせながら、他の晩年のエッセイ集も読んでみようと思い立った。早速大型書店に足を運んで、氏の単行本が多く文庫化されているちくま文庫の棚を探したが、どういうわけか、殆どが品切・絶版になっていて見当らない。澁澤龍彥本の方は、未だ河出文庫や中公文庫で沢山出ているようだが。その後、天神さんの古本祭りや古本屋、ブックオフでも探したが、

なかなか目につかない（ただ『吸血鬼幻想』（河出文庫、昭和五十八年）は見つかり、元本の装幀と同じなので懐かしく購入した）。

業をにやした私は、ネットの「日本の古本屋」で探すことにした。まず一番面白そうな『書物漫遊記』（ちくま文庫、昭和六十一年）を検索すると、神奈川にある尚古堂が出品していたので早速注文した。そういえば、神奈川は晩年の種村氏が住んでいた所だ。

本書は、ありきたりの読書案内記や書評集ではなく、二十章にわたって、各々氏にとって懐かしい一冊を取り上げ、その本をめぐっての自伝的思い出や友人、知人（怪人、奇人、変人が多いが）との交流のエピソードがふんだんに出てきて、ぐんぐん引き込まれてしまう。一つひとつの話に謎や偶然、どんでん返しやオチがあって、まるで短篇ミステリー小説を読むみたいな趣きがある。それに自伝的回想では、戦中戦後の東京下町の情景や空気感も伝わってくるようだ。取り上げている作品は（ここではごく一部だが）、色川武大『怪しい来客簿』、種村『吸血鬼幻想』、武田百合子『富士日記』、内田百閒「遊就館」、谷崎『秘密』などなどである。

実はまだ半分程しか読み終ってないのだが、今回のテーマに格好の章が再び出てきたので、紹介しておこう。

　まず「2　畸人ぎらい」は、前述の色川武大の小説を取り上げている。そこでの一節にこうある。

「余談になるが、私は色川武大さんを個人的に存じ上げている。はじめてお目に掛ったのはかれこれ二十年程前、私は駆け出しの小説単行本編集者で、その年『黒い布』という小説で第六回中央公論新人賞を受けた作家色川武大に書き下し長篇を依頼しに行ったのである」と。氏の学生時代の同級生、井出孫六（『アトラス伝説』や『秩父困民党』を出した小説家）か、すでに編集を担当した夏堀正元（同・『明治の北海道』『北に燃える』など民衆中心の小説を出した）に紹介されたのだという。色川氏のその後の活躍を思うと、さすが編集者としても先見の明があったように思う。しかし、新宿のバー（筆者注・後述する「カヌー」であろう）でボソボソ話し合った結果は「言葉の上では色よい返事だったが、当りの感じでは外れであった」と。氏もそのうち編集者を辞めたが、その後もバーなどでよく顔が合った。色川氏も暁方まで飲んでいて、これから麻雀屋に行くのだと言う。後年、阿佐田哲也名で麻雀のプロとしても活躍しているのを知った。このペンネームは「朝だ徹夜」から来ている、というのは私には初耳で、面白い。

　氏がもう一人、何としても依頼したかった作家は、当時、同人誌『近代説話』初号に発表された小説の作者、清水正二郎（こちらが本名で、ペンネームが胡桃沢耕史）だった。記憶が定かではないが、たしか「カメラ」という題ではなかったか、という。軍人の父と不良少年の息子との父子葛藤の物語だそうだ。ただ、実際に清水氏に依頼しに行ったかどうかは書かれていない。

『近代説話』は当初三号までは大阪の六月社から発行されていた（四号から東京に移る）。六月社は昭和二十九年、創元社から独立した永井利彦ら若い二人がつくった出版社で、創元社時代の私の上司、東秀三も創元社に入る前、しばらくここに勤めていた。同誌は昭和三十二年に一号を発行、昭和三十八年十一号まで出ている。同人は寺内大吉、司馬遼太郎、黒岩重吾、伊藤桂一、尾崎秀樹、杉本苑子、永井路子など錚々たる人たちである。発行元との縁であろう、司馬氏は本名の福田定一名で新書判の『名言随筆・サラリーマン』（昭和三十年）を六月社から出している。これが処女出版で、今では古書でとんでもない値段が付いている。司馬氏自身は、この本の自己評価は低いようだが、処女作で珍しい本だからだろうか。

実は私、数年前に中之島図書館へ出かけた折、郷土資料室をのぞいた際に、棚に『近代説話展』（茨城県、古河文学館、平成十二年）を見つけ、珍しい図録なので、すぐ直接、文学館に連絡して送ってもらったのを持っているのだ。同人だった各々の作家たちの『近代説話』時代の思い出が多数書かれているし、写真も多く、貴重な図録である。その巻末に『近代説話』の総目次が載っているので、一号を見ると、清水氏は「蛮地の神」を書いている。幸い、一号のみ目次図版があり、添えられた簡単なあらすじを見ると、間宮林蔵の紀行文に取材したものらしい。初号というのは、どうやら種村氏の記憶違いのようだ。そう思って、総目次を改めて一覧すると、第六号（昭和三十五年十二月）の巻頭に清水氏の「カメラやつれ」が出ている！　こちらではなかろうか。むろん、種村氏の記憶する作品かどうかは読んでみないと分からないが。なお、清水氏は周知のように胡桃沢名で、昭和五十八年『黒パン俘虜記』を出し、直木賞を受賞している。それ以前は、清水正二郎著で、いわゆるお色気小説も多数出した作家である（ちなみに私は、令和四年四月末から開かれた四天王寺の古本祭りに出かけた際、『近代説話』復刻版第一集（養神書院、昭和四十三年、四〇〇頁）を均一コーナーで見つけた。本書は一～四号までの収録で六号は第二集に収録されていて、残念ながら「カメラやつれ」は未読だが、復刻版も出ていたとは今まで知らなかった）。

　ともかく、色川氏にしろ清水氏にしろ、後に直木賞をとって活躍するのだから、若き日の種村氏の編集者としての眼力はすこぶる冴えていたと言える。

「4　吸血鬼入門」も愉快なエッセイだ。ある夏の深夜に、奇妙な電話が掛ってくる。中年女性の声で、慣れ慣れしい口調なので、旧知の女性らしいが、ウィスキーが体に大分回っているので、思い出せない。根本と名乗り、高校生の娘が吸血鬼に凝っているので、どんな本を読んだらいいか、教えてやってほしいと言う。氏はひょっとして、過去の不吉な女性関係の結末の娘かも、などと狼狽する。娘さんにも直接、電話を替り、自分の『吸血鬼幻想』はもう、手元に一冊しかないので、貸すことにして本を送った。数日後、娘の母親からお礼の葉書が届き、末尾に「岩橋邦枝」と記さ

れてあった。それでやっと分かったのだが、岩橋さんは旧知の女流作家で、昔、「石原慎太郎の『太陽の季節』の直後に『逆光線』という小説で彗星のようにデヴューした学生作家であった」と（ちなみに、この短篇は現在、講談社文芸文庫、『戦後短篇小説再発見』三巻「さまざまな恋愛」の中に収められている）。彼女は女慎太郎などとマスコミに騒がれ、嫌気がさしたのか、しばらく小説は書かなかった。その頃「私はある職場で彼女と席を並べた」と言い、「軽薄なところのまったくない人柄に、私はひそかに敬意を払っていた」と書いている。そこで、岩橋邦枝のウィキペディアを見てみると、お茶の水女子大在学中から小説を発表し、短篇集『逆光線』（三笠書房、一九五六年）を出版、卒業後はしばらく小説執筆をやめ、種々の職に就いたのち、一年間『女性自身』でルポライターを務めた、とあった。種村氏が席を並べたのはこの期間だったのだ。

種村氏は続けて、「彼女はまもなくその職場の私の友人の同僚と結婚した」と言う。その相手が、根本英一郎氏であり、種村氏も結婚式に招かれた由。「一女をもうけた」とウィキ（略）にあり、それが氏が自著を送った娘さんなのだった。

私は小説家、岩橋邦枝は名前は知っているものの、小説は全く読んだことがない。調べてみると、

『浅い眠り』『伴侶』『浮橋』『評伝　長谷川時雨』『評伝　野上彌生子』などで数々の文学賞を受けている。平成二十六年、七十九歳で亡くなった。私はこのエピソードを読んだ機会に岩橋さんの小説も一冊位読んでみようと思いたち、ネットで検索して、まず『浅い眠り』を注文した。「現代の夫婦の情景」と、オビのキャッチフレーズにある。妻が亭主の浮気に気づきながら、離婚の決心がなかなかつかず、あいまいな状態を続けている夫婦の情景を丁寧に描いているようだ。積ん読になるかも、だが、これから読むのが楽しみだ、と型どおり書いておこう（後日、『伴侶』（新潮社、昭和六十年）を古本で入手して読んだ。本書は夫のがん治療のための入院生活に五ヵ月余り付き添った妻の姿を、正確・無比な筆致で刻明に描いた自伝的小説で、私は引き込まれて一気に読まされた）。

最後に、氏の編集者時代の失敗談もごく簡単に紹介しておこう。「18　書かれなかった本」で正直に告白している。

「私の勤めていた出版社はいわゆるベストセラー出版のはしりのような企画を打ち出して、無名の新人ライターを企画力と宣伝力で一気に市場に送り出すことで有名な会社だった」と言い、「事実、その実績もかなりあったので、一山当て込んだ自薦他薦の持ち込み原稿が毎日山のように送られてくる。その読み分けをするのが新入社員の仕事である」と続けている。氏は社の週刊誌編集者から紹介され、ある時四方八郎なる人物と会う。四方氏は戦時中、ビルマ戦線に出征し、復員後、東大法学部に再入学、卒業後外務省に入り、ビルマ大使館詰めとなる。帰国後は代議士の娘と結婚し、妻の父親の秘書をしていたが、離婚して失職中、という経歴のふれこみだった。「『ビルマ革命の内幕』をもう半分書いたが、ベストセラー間違いなしです」と語り、さらに、これはノンフィクションだが、将来は五味川純平の『人間の條件』に匹敵する四千枚の小説も書いて出したい、と言う。いろいろ話には矛盾もあり、疑問もあったが、氏はあながち誇大妄想とばかりはいえない、とつい信用してしまう。その頃、担当編集者として知り合った梶山季之に四方氏の話をすると、梶山氏は万端遺漏なく調べ上げた上で、「これはひどいガセネタだねえ……（中略）……あの人は精神病院から出たばっかしだってこと、きみ、知ってたの」と電話で告げられ、冷汗がとまらなかった、という話である。四方氏はその後、行方不明のままだそうだ。私は、氏が後年、詐欺師やペテン師についての本を書くようになったのは、この苦い経験が元になっているのかもしれない、などとつい妄想してしまう。

それにしても、種村氏はわずか三年間の短い編集者時代に、このように様々な記憶に残る体験をしたものである。それだけ密度の濃い時代だったのではないか、と思う。ただ、いずれも断片的エピソードなので、氏が吉行淳之介が書いたような、編集者時代の自伝的エッセイをまとめてくれていたら、と惜しまれる。

なお、本稿を書き終えた頃、新海均『カッパ・ブックスの時代』（河出書房新社、平成二十五年）が出ていたのを知った。怠けてまだ入手もしていないが、ひょっとして本書に種村氏も登場してくるかもしれない（後日、古本屋で見つけて、パラパラ点検してみたが、どうも出てこないようだった）。

（二〇一一年十月三十日）

（追記1）『贋物漫遊記《にせものまんゆうき》』から

十月三十日、京都、百万遍の知恩寺で開かれた秋の古本祭りの初日、私は思いきって出かけた。ただ、神戸からはさすがに遠くて、最速でも片道一時間半はかかる。到着したのはすでにお昼前で、林哲夫さんのブログによれば、京都勢の古本者たちは午前中にほぼ漁を終えていたようだ。人出も多かったが、数少ない古書仲間の知人たちには出会わずじまいだった。十月末にしては日ざしがきつい日で、体力がない私はフラフラになった（そろそろ引退かな……）。

収穫も大してなかったが、昭和十三年発行の丸善のPR誌『GAKUTO』――柳宗悦や庄司浅水の随筆が載っている号――や、神戸で学生時代を過ごした書物エッセイスト、故植村達男の『本のある風景』（勁草書房、昭和五十三年）――以前持っていたのだが、引越しの折、処分してしまった――を三〇〇円均一コーナーで入手できたのはうれしかった。

もう一冊が、これも三〇〇円で見つけた種村季弘の『贋物漫遊記』（ちくま文庫、平成元年）である。今は絶版になっており、私は未読であった。早速、帰りの京阪特急の中で読み始めた。すると、初めの方の「2　ガセネタくらべ」にも、編集者時代のことが出てくるではないか。長くなるので、省略して紹介しておこう。

種村氏と同じ頃、大宅壮一の引きで光文社に入社してきた人物が喜入真《きいり》である。父親が喜入冧太郎で、水野成夫らと『赤旗』を創刊した人だが、三十七歳で夭逝した。息子の真氏は「早熟児であり、その年でもう、一人の人間の一生かかって遭遇する出来事をあらかたやり尽しているように思えた」と種村氏はその印象を記している。高校時代にすでに自殺を企っており、詩も書き、大酒飲みでもあった。生と死の境界が薄い人独特の一種の軽みがあった、とも。『女性自身』編集部で一年間程机を並べていたが、同世代共通の体験も多く、毎夜のように一緒に飲み歩いていた。〝ガセネタくらべ〟に励んだ時期があり、一番印象に残っているのに、喜入氏の「膣盗難事件」の取材記事があった。詳細は原文に当ってもらいたいが、編集会議で一応は筋の通った話をでっちあげ、それを確認するため、デスクのOさんが、被害者のバーの女性の写真までとりに行ったという。結局、女性週刊誌としては品がないので没にされたが、一件はうやむやに終わった。「どうも一杯食わされたらしい」という話である。

種村氏が書籍部に移ったので、めっきり疎遠になったが、喜入氏は数年後、大きな交通事故に遭い、奇跡的に命はとり止めたものの、前額部にプラスチックの板を埋め込んだ。その十年後、組合事務所の二階からゴミバケツを階下に運ぶ途中、転倒して後頭部を打撲し、死去した。世に知られた光文社の労働争議の最中であろう。弱冠三十八歳であった。同僚編集者の強烈な想い出である。

もうひとつは「5 影を売る男」に出てくる。野坂昭如の実録（?）小説、『新宿海溝』（文藝春秋、昭和五十四年）に登場するニセモノ作家が、新宿の文壇バー「カヌー」に着流しで現れては、書き上げたばかりの小説をマダムに読んで聞かせるのだが、このマダム、庸子の文学的教養はかなり高度のものだったらしい。

「それも道理で、この女性は『宿命に唾を吐きかけろ』という小説を書いた元ベストセラー女流作家で、何を隠そう、実をいえばかくいう私がその小説の編集者だったのである」と。

当時親交のあった日劇の演出家、丸尾長顕からの売りこみで、企画したものという。この女流作家は、今はなき日劇ミュージックホールの美人踊り子でもあって、原稿をもらうために、日劇の細い別入口からエレベーターに乗って楽屋へ日参した、なつかしい思い出がある、という。私はむろん全く知らない作家で、スマホでよくよく検索してみると、関根庸子の出した、正しくは『私は宿命に唾をかけたい』（光文社、昭和五十四年。傍点筆者）という小説であった。当時はベストセラーになったようだが、その後は執筆をしばらく止め、バーのマダムになったらしい。種村氏も社を辞めてしまったので、この作家を育てるフォローもできなかったのだろう。

ところで私は、このバー「カヌー」が実在した店かどうか、グーグルで調べてみると、何と、森泉笙子の『新宿の夜はキャラ色』――副題が「芸術家バー・カヌー」（三一書房、昭和六十一年）――が出てきたのである。続けて出てきた、ある読者による本書の感想文を読んだ私は、あっと驚いてしまった。関根庸子は森泉笙子のペンネーム（あるいは逆か？）だったのである。文筆家として再デビューしていたのだ。本書のカバー書影も載っており、そこにバー「カヌー」に集まった作家や映画人五十人の錚々たる名前――田村隆一、色川武大から三島由紀夫、武田泰淳まで――が列挙されている。もちろん、種村氏の名前もあがっている。埴谷雄高が跋文を寄せている由。本書には関根庸子の自伝も書かれているという。「カヌー」は今はもうないようだ。

本書で種村氏がどのように描かれているか、大へん興味がある。彼女の以上の二冊とも、古本で手に入れて読んでみたいが——とくに森泉名のドキュメントは面白そうだ——昨今、積ん読本がどんどんふえている現状なので、今しばらく入手は控えておくことにしよう（逃げの一手ですが……）。

（二〇二一年十一月五日）

（付記）　その後、森泉笙子は『天国の一歩手前』『青鈍色の川』『食用花』などいろいろな小説を出していることが分かった。私の不勉強であり、ウィキペディアにも載っている作家であった。詳細はそちらを参照して下さい。森泉笙子もペンネームで、師事した埴谷雄高からつけてもらったという（本名は、渡辺美佐子）。「カヌー」のマダムを務めたのは六年間で、店を止めたのが三十二歳のときである。主婦でもあり、晩年は画家としても活動している。

（追記2）　『彷書月刊』のインタビューから

最近、『彷書月刊』のバックナンバーで、未読だった号を見つけては面白そうな特集号を時々買っている。また昔、持っていたが、引越しの際にかなり処分してしまい、再び読みたくて入手したものもある。とりわけ「書物のアルケオロジー」特集号（平成四年十一月号）などはその一つで、今は亡い明治から昭和の〈出版社の風景〉——金尾文淵堂、竹村書房、ボン書店など——や〈編集者の仕事〉が、大屋幸世、関口光男、曽根博義、竹松良明氏ら錚々たる研究者の筆によって簡潔に紹介されている得難い内容である（執筆者の多くがすでに故人になっている）。

先日、手に入れたのが未読だった「ずぶろくずぶしち」特集号（平成十五年十二月号）で、様々な文学者――『荒地』の詩人たちや大泉黒石、正岡容、立原正秋、それに画家、長谷川利行などの酒豪ぶりとその人生を描いている。それらも面白いが、私が本号を買ったのは、巻頭に種村季弘へのインタビュー「焼け跡酒豪伝」が九頁にわたって載っていたからである。種村氏が戦前、戦中、戦後、東京下町や池袋、新宿あたりで出会い、つきあった文学者や無名の人々などが次々に話に登場し、リラックスして縦横無尽に語られていて、めっぽう面白い。

その中にやはり、光文社時代のことも一寸出てくるのだ。氏はこう語っている。

「僕は池袋方面の担当だった。山手樹一郎、水上勉、横山光輝、高松町あたりに固まっているんだね。で、一回りしてきます、って行きゃあしないんだけど（笑）」と。作家の奥さんに、今日来ていることにしてください、とアリバイづくりの協力を頼み、高松町の寿司屋によく入りびたっていたという。さらに、前述の日劇の踊り子、森泉さんの本造りとバー「カヌー」のことも割とくわしく語られている。これらは前述した通りなので省略するが、彼女の単行本が売れ、当時で印税を百、五十万くらい払ったと言う。印税支払いは大抵、担当編集者が伝票を切るから、この証言は確かなものだろう。おそらく、その資金で彼女はバーを開いたのだろう。バーには吉行淳之介や井伏鱒二も来ていたという。

もう一つ、種村氏の回想談で印象が強烈な話も簡単に紹介しておこう（詳細は原文に当たって下さい）。『ユリシーズ』の訳者の一人、永川玲二のことである。永川氏は終戦の半年前に広島陸軍幼年学校を脱走し、全国を歩き回り、ついに脱走に成功した（但し、永川氏の弟の証言によると、この経歴はフィクションで、実際は幼年学校を卒業している、と言う〔ウィキペディアによる〕）。この人が丸谷才一の『笹まくら』のモデルになった人物、というのは私には初耳であった。山崎努主演の映画の方を私は見た記憶がある。永川氏は種村氏の都立大学教師時代の同僚で、よく一緒に飲み歩いたらしい。氏は都立大を辞め、イギリスへ行き、そこからポルトガルのリスボンに移って定住する。最後はコインブラ大学の教授になる。定年後、帰国してからも日本中を転々としていたが、ある会の折り、新宿のギョーザ店で酔っぱらい、近くの急な石段から落ちて亡くなったという。著名な英文学者の意外で数奇な人生を知り、感慨深いものがあった。

（二〇二二年三月二十六日）

（付記）この聞き書は後に最後のエッセイ集、『雨の日はソファで散歩』（ちくま文庫、平成二十二年）に収録されている。

（追記3）　澁澤龍彦の編集者時代を垣間見る

さて、ここからは余談になる。

種村氏のよき友人でもあった幻想文学の総師、澁澤龍彦の編集者時代についても、ごくわずかだが、言及しておこう。

私は、澁澤本についても、さほど熱心な読者ではなかった。それでも、若い頃は種村本と同様に、その単行本の装幀や造本の魅力にひかれて、古本で数冊は入手している。とくに『夢の宇宙誌』『エロティシズム』『ヨーロッパの乳房』『思考の紋章学』などを憶い出す（今はもうすべて手元にない）。中身の方は拾い読みする程度であった（と書くと、澁澤ファンに怒鳴られそうだが……）。ただ、『玩物草紙』は大体読んだ気がする。というのは、私の編んだアンソロジー『書斎の宇宙』（ちくま文庫、平成二十五年、絶版）にその中から「地球儀」を収録させていただいたからだ。遺作エッセイ集『都心ノ病院ニテ幻覚ヲ見タルコト』も入手して、その表題エッセイは印象深く、切なく読んだことを憶い出す。

ところで、今ふいに思い出したのだが、澁澤氏についても、私の創元社在社時代に、ごく数分の電話の声による接触が一度だけあったのである。それで、私が担当したどの本の時であったかを確認しようと、急いでいくらか保存してある担当本を取り出し、見当をつけて調べてみたのだが、いっこうに分からない。しかし最後に、半日程たった後、ふと、この件について自身が少しふれた文章を収めた本、すでに絶版だが、私が初めて出した『編集の森へ』（北宋社、平成六年）のことを憶い出した。急いで頁を繰ってみると、第一部「編集者の自画像」の中に収めた様々なエッセイ中に「『引用』には気を遣う！」があり、そこに少しだけ書かれていた。

自分の文章で気恥ずかしいが、次に引用しておこう。

「（前略）……倉持弘『愛と嫉妬』という本で、澁澤龍彥氏の著作からその主旨を要約した箇所があった。私はその頃、それほど澁澤氏の著作を沢山読んでいたわけではないが、かねてから高名は伺っていて尊敬していた。どういうわけで許可を求める気になったのか、今では思い出せない。ちょっとしたファン心理もあったのかもしれない。／ドキドキして電話し、お尋ねすると、『ああ、いいですよ、私はあまり引用にはこだわりませんから』とあっさり言われたのを覚えている」と。

今、確認してみると、『愛と嫉妬』（創元社、昭和五十四年）の著者、倉持弘氏が、澁澤氏が『國文学』に書いた「谷崎潤一郎とマゾヒズム」中の、テオドール・ライクの言うマゾヒズムの四つの基本的性格を、要約して紹介したものであった。原文の長い引用でもないのに、どうしてわざわざ澁澤氏に電話で引用許可を求める気になったのか、今でも謎である。ミーハー気質のある私は、澁澤氏のお声を急に聴きたくなったのかもしれない。それにしても引っこみ思案の私が、よくぞ思いきった行動をとったものである。澁澤氏がかすれ声だったこともかすかに憶えている。著作などから、少々気むずかしい方かと想像していただけに、そのお返事にホッとし、いささか拍子抜けしたことも……。私が三十三歳頃、はるかに四十三年も前の出来事である。

ちなみにこの『愛と嫉妬』はすぐれた精神科医で精神療法を行なっている倉持氏が、豊富な臨床事例とともに、東西の広範な文学や絵画も援用して広い視野から考察したもので、実に読みごたえある、書き下しの力作である。続いて氏には同様のアプローチで『変身願望』も書き下していただいた。これには画家、内川義香氏（幻想画家、建石修志氏の弟子）に頼んで装画と、見事なペン画の挿絵も多数描き下してもらい、内容にぴったりの雰囲気をもつ作品群だと、今でも気に入っている。

ついでながら、私が創元社時代に手がけた佐竹洋人・中井久夫編著『「意地」の心理』（昭和六十二年）や山野保『「未練」の心理』（同書）も、土居健郎『「甘え」の構造』（弘文堂、昭和四十六年）に続く、真にオリジナルな名著であり、以上の本などは（いずれも絶版のため）現在、もし学術文庫あたりに入れれば、より多くの読者を獲得するのだが……とひそかに思っている（佐竹、山野氏は家裁調査官の人）（これらの本をもし古本で見つけられたら、ぜひ入手して読んでみられることをお勧めします）。

そういえば、後年、私はアンソロジー『誤植読本』（東京書籍、平成十二年）を編集した際、澁澤氏の「校正について」という短文を収録させていただいたが、氏の死去から十三年後のことであった。

さて、私は随分長い間、澁澤本を手に取らなかったのだが、昨年だったか、古本屋かブックオフで、たまたま河出文庫の『私の戦後追想』（平成二十四年）を見つけ、手に入れた。『私の少年時代』に続く、文庫オリジナル編集の自伝的回想エッセイ集である。パラパラと中をのぞくと、澁澤氏の編集者時代のことを回想した二、三のエッセイが目についたからである。

まず「終戦後三年目……吉行淳之介」で、鎌倉の自宅の近所に住む故姫田嘉男氏——数々のフランス名作映画のスーパーインポーズを手がけ、かたわらヤクザ小説も書いた親分肌の人物——の紹介で、東大受験に失敗した澁澤氏は出版社「新太陽社」に勤めることになった。昭和二十三年、氏が二十歳前のことである。社では『モダン日本』と『アンサーズ』という二種の娯楽雑誌を出していた。若き吉行淳之介が『アンサーズ』の編集長であり、その下で働いたのである。

澁澤氏はこう書いている。

「たった一年間の短かい期間ながら、この昭和二十三、四年の雑誌社勤めは、若い私にとって、じつに貴重な経験だったと思っている。吉行さんも若かったが、二十四歳という年齢の割には老成していて、いっぱしの編集長ぶりには瞠目すべきものがあった」と。興味深いことに、後に吉行氏も『私の文学放浪』の中で澁澤氏に対し同様な感慨をもらしている。

印象に残る吉行氏のエピソードもいくつか紹介しているが、ここでは省略しよう。

続けて「ああモッタイない」の一文でも、氏の『アンサーズ』編集部時代のことが書かれている。編集部には、『モダン日本』の表紙を描いていた東郷青児がふらりとやってきたり、一度だけ小林秀雄や田中英光が来たこともあったと言う。氏の手元に一冊だけ、『アンサーズ』昭和二十三年六月号が残っていて、その編集後記に書かれた吉行氏の「うまい文章」（澁澤評）を引用している。

最後は「久生十蘭のこと」である。新太陽社の雑誌編集者として多くの作家や挿絵画家、漫画家に出会ったが、なかでも最も強烈な印象を与えたのが、久生十蘭であったと言う。最初に会ったのが、十蘭がそれまで戦争中疎開して住んでいた千葉から鎌倉の材木座に引っ越してきたとき、引っ越しの手伝いに（社命だろう）行った際であった。書物のぎっしりつまったミカン箱を肩にかついで、縁側に累々と積み上げたそうだ。

氏は「当時から鎌倉に住んでいたので、社から命ぜられて、材木座の十蘭の家まで、出勤の途上、よく原稿をもらいに行ったことがある」と言う。

ある朝、例によって原稿受け取りに十蘭宅を訪問すると、どてら姿の十蘭が出てきて、奥さんに命じて、ビールとコップを持ってこさせ、なみなみと注いだコップを差し出す。氏が飲みほすと、すぐに奥さんがまた注ぎたして、とうとうビール一本あけてしまった。フラフラになったところへ、十蘭がにやにや笑って、「じつは原稿が出来てないんだ。また明日、きてくれたまえ」と言われたという、笑えるエピソードを語っている。十蘭の原稿延期作戦にまんまと引っかかったのだ。

最後に昭和三十年頃、鎌倉の駅前ロータリーでたまたま十蘭と出会ったときの印象も書いているが、ここでは省略しよう。それが十蘭の姿を見た最後であったという。

ところで、私は澁澤晩年の小説集『ねむり姫』や『うつろ舟』も読んでおらず、最後の連作長編小説『高丘親王航海記』もその高い評価は知りながらも、今までとうとう読まずじまいであった。最近、どこかのブックオフでたまたま目に止ったのが、澁澤の原作を忠実に元にした近藤ようこの同名マンガ二巻であった。横着な私は、せめてマンガだけでも読んでみようと、早速読み始めたところ、たちまちその魅力に引きずり込まれ、あっという間に二巻は読了。あと二巻出たというので、こちらは近所の書店に注文して取り寄せた。

とくに最終巻で、高僧、高丘親王が今まで従者とともに目ざして旅してきた天竺を目前にしながら、のどの病いに倒れ、最後は自ら虎に食われて亡くなるところは、澁澤氏自身の死去の原因となったのどの病いを投影したもので、実に切ない想いにさせられた。本シリーズは、最初、南伸坊氏にマンガ化を勧められ、躊躇《ちゅうちょ》しながらも資料しらべを重ね、心配しながら執筆を始めたものという。結果は大傑作となり、各巻の解説を親友であった巖谷國士、東雅夫（文芸評論家）、南伸坊が担当し、各々絶賛している。近藤ようこのマンガは昔から好きで、いろいろ読んできたが、この四巻を読み終え、彼女もまたまぎれもなく奇才であるとの感を深くしたのである。原作も余力があれば、読んでみたいと思うが、どうも心もとない……。

ちなみに私はその後、近藤ようこ描く、折口信夫原作のマンガ『死者の書』(ビームコミックス、全二巻)も読み、静かな深い感動を与えられたことを報告しておこう。(二〇二二年六月二十五日)

二　森泉笙子《しょうこ》『新宿の夜はキャラ色』を読む

――「バー・カヌー」の六年間を垣間見る

前章の（追記2）の最後に、私は森泉さんの『新宿の夜はキャラ色』は面白そうだが、当分読むのは控えておく旨、書いた。しかし、しだいに読みたいという欲求が押えきれなくなって、結局「日本の古本屋」で検索して注文してしまった。たしか東京の古本屋に一件しか出ていなかったと思うから、今では貴重な本であろう。

到着後、早速読み始めたら、予想以上に面白く、ぐんぐん引き込まれてしまい、断続的ながら十日余りで読了した。

白状するが、私は酒にも弱いせいか、バーなるものにとんと無縁の人間である。せいぜい、現役時代に上司に連れられて、一、二度のぞいた程度だ。ただ、のぞき趣味は人並みにあるので、映画やTVドラマでその舞台になっているバーでの人間模様は垣間見ている（清張の「黒革の手帖」のドラマ化はバーの内部が舞台だが、大抵は断片的シーンだ）。閉店記念に、文壇バーの思い出を著名な文学者たちが綴ったものは何冊か出ているが（例えば『風紋25年』『風紋50年』など）、当の店主のマダム自身がその内部の様々なドラマを詳しく回想してまとめた本はわずかしかなく、私は初めて読んだのである。バー「カヌー」は彼女が二十六歳の若さで昭和三十四年、靖国通りに面した仲通りの入口の角店で開店した。途中、火事に遭って、新宿区二丁目四九の店に移転、昭和四十年十一月に閉店している。

まず、本書は、私という一人称で語るのではなく、庸子というマダム名で一貫して自分をつき放して書かれている。全体の構成は時系列に沿ってではなく、各章が客層のグループやテーマ別になっていて、前者では「文学者と芸術志望ホステス」「映画グループ」「詩人たち」「日劇ミュージックホールの女たち」、後者では「借金」「バーのトイレ」「火事」「安保闘争」「バー・カヌーの終焉」などとなっている。中でも後者の「口説き」の章は（一）から（三）まで飛び飛びにあって、圧巻である。彼女は最初の方でこう書いている。

「バーのカウンターの外側と内側とは、舞台とそれを見る観客ほどの差がある。内側と外側の関係が逆の場合もあるが、何といっても自然な名優で演じてくれる客たちの思いもかけぬ変った経験や、そのひと特有な持味は、観客である側の庸子と謙ちゃん（筆者注・バーテンダー）を存分に楽しませてくれずにはおかない」と。私は、これを読んで、ミステリー作家の森村誠一が作家になる前、ホテルのフロントにいて物語のネタを拾ったことも憶い出した。

読んでゆくと、庸子さんは人間観察術に大へん長《た》けていて、各々の客の特性を鋭く簡潔に描き分けている。

私も俗物人間なので、「口説き」の章はとりわけ面白く読んだ。彼女は美人な上に知性も兼ね備えた、大へん魅力的な女性だとみえて、様々な分野の著名な芸術家の客から度々「口説」かれている。実際、本書の口絵に、客でにぎわう店内の写真と店前で写した、斜め横顔の庸子さんの写真が載っていて、一寸女優の岸惠子の若い頃に似た容貌の人である。むろん彼女には心に決めた結婚予定の相手がいるので、いつも誘惑を巧みにかわし、全く「口説き」に応じなかった。その口説きの手管や技術《テクニック》を各々ケースごとに詳しく報告しているが、ここで逐一紹介する必要はあるまい。彼女はこう述懐している。

「吉行淳之介は、バーで粋な口説き、をし（筆者注・本書には登場しない）、安岡章太郎は野暮な口説き、をするというのがこの世界では有名だったが、それにしても、月報の文章まで口説きの手段にするとは、文学者は、あの手、この手を七変化以上に限りもなく使うものだと（後略）」。ここで月報由々というのは、その頃亡くなった北原武夫の全集の編纂《さん》委員になっていた、お客の一人である安岡から、北原の思い出を月報用に書いてくれと依頼され、苦労して四、五枚書き上げたのに、その後、安岡からも出版社からも何の連絡もなかった件を指している。その場だけの口説きの手段だったらしいのだ。また、井上光晴などは口説くのが女性に対するサービスだという説の持ち主だったという。

また彼女は「バーの女を口説くいちばん近道は『送る』ことから始まり、『送る』ことに終る」と書き、その危なかった体験も報告している。その中でも、お客の一人の文学者をはげます会に庸子も花束贈呈役で駆り出され、その後数人の常連客と食事に出かけた際、偶然、分乗したタクシーに、I氏（出版社社長で「サド裁判」にも被告人としてかかわった）と二人きりになった。突然白熊のように両手を広げたI氏に襲いかかられ、彼女はバレーで鍛えた脚で膝つぼめ作戦をとって必死に抵抗し、事なきを得た、というアクシデントには驚かされた（原文では登場する著名人はすべて本名で書かれている！）。ラジカルな思想（この場合は国家権力による文学表現への弾圧、規制への抵抗だが）の持ち主ではあっても、男性の性的欲求とは全く関係ないことを如実に証しているケースである。裁判によるストレスのせいか？　というのは言い訳にすぎない。正直、アホか、という感想しかない。同じ男性として、ふがいない限りである。「つまり、食事へ誘うというのは名目だけで、ほんとうの目的はくどくことにあるという客の数があまりに多い」と彼女は嘆いている。

I氏のような暴力的な表現はともかくとして、凝ったプレゼントをしたり、詩を朗唱して相手をけむに巻く優雅風など、様々な口説きのテクニックを紹介している。それにしても、口説きの事実を書かれた文学者、芸術家たちは本書を読んでどんな反応をしたのだろうか。まぁ、許容範囲でほほえましいのもあるが、とくに不快でヤバいアプローチをとった人たちは……。事実なら、反省したり、抗議するのも野暮だからと、沈黙を守ったのか。もし妻がいる身なら、事実を知られたら、こっぴどく怒られたことだろう。本書刊行後、どんな書評が出たのかも知りたいものだ。口説きの章に登場した人物たちがもし書評を依頼されたら、さぞ書きづらいに違いない。

あれこれ癖のある客の中で比較的好意的に描かれている文学者の一人に、直木賞作家になる前の長部日出雄がいる。「長部が飲んで議論するときの風貌は、はたで見ている庸子をも魅き込むほどの青春のほとばしる熱情と、一種の純粋さが覚えられる説得性をもち、その熱弁ぶりにおいて、酔客No.1であった」と。長部は夜ごと泥酔しては、「いまに見ていろ、ぼくだってー」と言うのが口癖だったという。

長部の方も後にある雑誌の「わたしの有縁血縁」の頁に、次の一文を寄せている。

「……十何年かまえ、わたしは毎晩のようにこの人に会っていた（筆者注・客として店内で、の意）。新宿で一世を風靡したバー「カヌー」のママだったからである。浦山桐郎、石堂淑朗とつるんで出かけ、（中略）ずいぶん迷惑をかけたが、よく面倒を見てもらった。さりげなく人の美点を褒めるのが得意で、私は手を褒められた。ほかに褒めるところがなかったのだろう。最近は文通だけの間柄だが、その文面からも相変らず優しい微風のような人柄が漂って来る」と。

もう一人、好人物として描かれているのが、梶山季之である。「組織のなかの編集者とはかなり違って、トップ屋から一本立ちしている梶山の場合、その性格からも、いつも鷹揚で気さくな面がそのまま酒の飲みかたについても誰にでも好感をもたれずにはおかないといったふうに現れていたと記憶する」と。

「日劇ミュージックホールの女たち」の章では、まず直木賞を取る以前の色川武大にふれ、いつもうす汚れた身なりで、精気なくぼんやりしており、密かに「昼あんどん」と呼ばれていた、と回想している。色川はナルコプレシーという奇病にとりつかれていたので、ムリもない。

そして、日劇ミュージックホールの有名な演出家であった丸尾長顕のことに筆を及ぼしている。長顕氏は大へん面倒見のいい人で、深沢七郎の文才を見出して育て、『楢山節考』を世に出した人だが、日劇で踊っていた庸子さんの才能にも注目し、原稿用紙の書き方も知らなかった彼女を二年間も熱心に指導し、前述した『私は宿命に唾をかけたい』を出版するに到ったのだと言い、「庸子の人生で出会った最初の恩人なのだった」と記している。元々氏は関西学院高等部を卒業、戦前、上京するまで宝塚少女歌劇団文芸部の雑誌『歌劇』や、上京後も『婦人画報』の編集長も務めていた人で、編集者としての役割も大きかった人物なのだ。私はよく知らないまま抱いていた長顕氏の俗っぽいイメージが本書の文章で大分変らされたように思う。

「安保闘争」の章では、大へん印象に残るシーンも語っている。「カヌー」の内部でも、庸子の知らぬうちに「組織」がつくられていたという（それに気づいたのはずっと後のことと書いている）。ある日の閉店後、後に映画評論家になった松田政男に連れられ、埴谷雄高と彼女は封鎖中の近くの早稲田大学に侵入すると、真夜中の午前二時にもかかわらず、教室でセクトの「教祖」といわれる講師の黒田寛一の「講義」が行われていた。百人近い学生は男性ばかりで、その夜赤いオーバーを着た紅一点の庸子の姿に一勢に視線が集まったにちがいない。元日劇の踊り子が聴講に来たという噂が大学内で広まり、一つの小さな伝説を生み出したらしい。こんな事実も私は本書で初めて知った。

最後の章はいよいよ「バー・カヌーの終焉」へと進む。店じまいの最後の夜には、常連客六十一名を招待して、パーティを開いている。庸子がスピーチし、抽選で一等賞やら皆勤賞、借り倒し賞（！）などの名目で各々工夫を凝らしたプレゼントを渡している。彼女はスピーチの最後をこう結んでいる。

「夜な夜な口説かれつづけての六年間、とうてい一人の女の一生では、経験しきれないほど豊富な男性たちの楽しい襲撃からいま身をひくことの感傷の中にいます（後略）」と。

この章では埴谷雄高への言及が多い。初めて埴谷氏が「カヌー」へ現れたのは、河出書房の伝説的編集者、坂本一亀が連れてきた一夜だった。――坂本一亀については、前著『古本愛好家の読書日録』で一篇書いている――それ以来、庸子を気に入って週に二回ぐらい顔を見せるようになった。彼はその後、辻邦生や大岡昇平――ピアノもひく人なので、「カヌー」にピアノが置かれているのを気に入ったらしい――、平野謙――酒を一滴も飲めず、ジュースだけで静かに「だべる」のが好きだった――なども連れてきた。辻邦生は常に夫人同伴で、外国流の奥方孝行ぶりに庸子はびっくりしたという。埴谷氏は最後の閉店の夜も残ってこう語った。

「ママの魅力は、男性のすべてに及んでいるのだから、ぼくもそのひとり。しかも、僕は、無限思い込み型だから、ママの表面の美人ぶりばかりでなく、精神が絶えず何かいまを超えるものを欲している渇望性にもひかれたんだね」と。埴谷氏らしい名文句である。

一方、庸子も、埴谷氏のことを次のように述べている。「……（前略）……作家としての厳しく強靭な精神の風貌とは逆の、普段は優しい人柄だった。誰にでも解りやすい親切な言葉と公平な態度で接するので（後略）」と。実際、「われわれにも全く同じ態度で接してくださるから、尊敬しちゃうな」などとバーテンダーも証言している。「やがて非常に話しやすい人柄を知るに及んで、それは安心感となり、庸子も、彼なら何でも打ち明けて相談できそうだった」とも。実際に埴谷は店の閉店後も、庸子の二人の子供の教育、夫君の店の拡張、父母の入院、さらに彼女の執筆に及ぶ数々の相談役を務めてくれたという。なかなかできることではない。埴谷氏のこうした暖かい人柄については、私も前著『古本愛好家の読書日録』の一篇で、関西の小田実や高橋和巳ら若手作家や、とくに武田百合子母娘とのつきあいなどを通して、少しばかり紹介したので、やはり一貫したものだったのだと、納得し感嘆した。

埴谷氏は本書にも格調高い跋文を四頁にわたり寄せている。まず、戦後における新宿の酒場の変遷を具体的な店名をあげながら述べ、文学グループと絡めて展望している。「カヌー」はその三期に当ると言い、「文学においては、戦後派とそのつぎの第三の新人達の現存を含めたなかで、さらに新しい作家たちがそれぞれの多様性を携えながらつぎの登場を待って犇きあっていた時代がその『カヌー』の時期といえるのである」と位置づけている。カヌーの向い側には「風紋」——林聖子が経営した有名な文壇バーで、本も三、四冊出ている——「詩歌句」「アンダンテ」もあった。そして、よく通うようになったのは、彼女の生い立ちを何げなく聞き、不意にドストエフスキーの『白痴』に登場するナターシャの姿を連想したのがそのきっかけになった、と述べる。いかにも埴谷氏らしいきっかけである。彼は最後にこう書いている。

「過ぎ去ったものは、恨みも喜びもすべて薄絹のヴェールをかけて想い出され、『バー・カヌー』も、また、その薄闇の白銀色の回想のなかで遠く黄色に輝くひとつの懐しい灯火となったのである」と。この文章は、「カヌー」に限らず、今はもう亡い、書店（神戸では海文堂……）、古本屋（神戸では後藤書店や黒木書店、大阪では浪速書林や高尾書店）、映画館、劇場（大阪では朝日会館）など、人気の高かったあらゆる文化施設への、見事な追悼の表現となっていると思う。

最後になるが、私が本書を読むきっかけになった、種村季弘がどんな風に描かれているのか、については正直、拍子抜けの思いがした。というのは、種村氏は次の一節に一言書かれているだけだったからである。

「東大独文科同級生の三人組のひとり、『俺はヒモになりたいー』と大声で呟くのが気持ちよく酔ったときの癖であるらしい脚本家の石堂淑朗。変ったもの好みで悪魔学の種村季弘。いつも着流しでカヌーに現われる松山俊太郎」と。彼女は編集者、種村氏のことを本当によく覚えていないのだろうか。私の今までの経験や読書では、無名の時代に初めて自著を担当して世に出してくれた編集者に対しては、大抵恩義を感じ、いつまでも覚えている人が多いという印象がある。これは私の全くの想像だが、シャイな(?)種村氏のこと、彼女の執筆の報告を受け、私のことは書かなくていい、といった釘をさす密約でもあったのかもしれないと思ってしまう。まぁ、それよりもずっと世話になっている埴谷氏のことを充分書きたかったのかもしれないが。

あと、タイトル中の「キャラ色」というのは、調べてみると、日本の伝統色の一つ、伽羅色のことで、「黄色がかった暗い黄褐色」のことである。回想すると、そんなイメージなのだろうが、今ひとつピンとこない。それよりも副題にある「芸術家バー・カヌーの六年」などとした方がもっと売行きがよかったし、後世にも残ったのではないか。最後に一寸ケチをつけてしまったが、それは決して私の本意ではない。本書は読者がもし古本屋で見つけたら、即買わないと絶対に損をする、格別に面白い本であることを、保証します（もっとも、今はなかなか古本屋に現れない本とは思うが……）。彼女がその後出した小説『天国の一歩手前』『危険な共存』などもいずれ手に入れて読んでみたいものだ。

森泉さんは御健在なら、現在八十九歳になられる。健やかな晩年を送られていることを祈るばかりだ。

（二〇二一年十二月十日）

（付記）令和四年の春、「街の草」で、前述の埴谷氏も跋文であげていた新宿のスナック「詩歌句」の主人、伊東聖子が書いた『新宿物語』（三一新書、昭和五十七年）を見つけた。伊東さん自身も詩人、作家であり、そこに集まってきた詩人たちややけんか早かった中上健次、さらに埴谷雄高、井上光晴なども登場する興味深いドキュメントである。なお、吉本隆明が読ませる推薦文をカバー裏に寄せている。新宿という街の風俗そのものも描いている。読むのが楽しみだが、長くなるので、詳しい紹介は今回もまたの機会にしよう。

（二〇二二年四月二十日）

（追記）『晴浴雨浴日記』から――山ちゃんのこと

酷暑の中、元首相の大事件や参院選などが続いたすぐあとに、神戸では初めての阪急デパートでの古本展が七月十三日から催された。コロナも再拡大しているので、臆病な私は初日、午前中の密を避け、午後から出かけた。予想していた以上に広々とゆったりした会場に、三十店程が出品して

いて、見ごたえがある。聞けば、大阪の矢野書房を中心に企画され、神戸の主な店はもちろん、例えば岐阜の徒然舎、富山の「いるふ」――初めて知る店で、店名は「ふるい」の逆さ言葉――金沢のオヨヨ書林、伊勢の古本屋ぽらんなども参加していて、なかなか良質の本が沢山並んでいる。

充分に回り切れなかったが、その中でどの店かは失念したが、種村季弘の単行本『晴浴雨浴日記』（河出書房新社、平成元年）を見つけた。書名は知っていたものの、実見するのは初めてで、その凝った装幀、造本にまず驚かされた。あの奇想天外なナンセンス・イラストレーター、井上洋介の装幀、挿絵で、見返し、目次、本扉、五部に分けられた各扉頁、奥付、裏見返しにも、井上氏の種々の猥雑な木版画――温泉場やケーブルカー（?）、ストリップ嬢の奔放でエロティックな姿態など――が朱の印刷で飾られていて、ある面、井上洋介の作品集の趣きさえある。あとがきによると、「『真赤な本にしましょう』と湯上がりのゆで蛸みたいな本を作って下さった井上画伯……（略）」と種村氏が書いている。これほどの喚起力をもつ装幀も珍しい、と思う。私は一ぺんに魅せられてしまったが、これが六〇〇〇円！（定価二五八〇円）というから、買わなくては損である。井上氏の作品集や画集も今後、探求してみたいものだ（絵本も多数出している）。

さて、中身の方だが、まだあちこち拾い読みを始めただけで、これからゆっくり楽しもうと思っている（またか！）。大半は各地方の温泉場の体験記のようだが、最後の五部は東京各地の盛り場（新宿、浅草、池袋など）を話題にしている。

そのへんを繰っていたら、「風紋の神武《ずんむ》たち」というエッセイがあった。これを読むと、本稿や種村氏の編集者時代にわずかながら関連する記述が出てきたので、労を惜まず、一寸報告しておこう。

この一文は初出一覧によると、元々、新宿の文壇バーとして有名な「風紋」の記念出版『風紋25年』に寄せたものである。

ここは、文学者だけでなく、若手の独身編集者のたまり場でもあって、平凡社のある編集者などは会社が終ると毎日のようにまっすぐに風紋へ来ていたという。自分も同じようなものだった、と種村氏は言う。次に光文社で同僚だった人物のことを語っているので、引用しよう。

「山ちゃんがいた。思い出したが、風紋にはじめて連れていってくれたのはこの人である。同じ出版社の、こちらが単行本編集者の時期に少年雑誌を編集していた。この人がまたかならずいた。こちらがカヌー、びきたん、ロック、と飲んで最後にたどりつくとそこににんまりしているか、コースを風紋からはじめても、前記三カ所かそれ以外に呼び出し電話が掛かってきて、最後はやはり風紋で打ち上げになる」と（傍点筆者）。

この文章によれば、種村氏にとって「カヌー」は必ず寄るバーの一軒ではあっても、それほどの執心はなかったようである。
山ちゃんには特技があって、インテリ客が国家社会の問題に気炎を上げていると、頃合いを見計い、片隅から声低く、「美でないねえ」とつぶやき、一ぺんにその場の熱を冷ませたという。

（二〇二二年七月十五日）

（付記）令和五年二月になって、古本で加藤郁乎の『後方見聞録』（学研M文庫、平成十三年）を手に入れ、加藤氏の自伝的で華やかな交友録を読んでいたら、「田村隆一の巻」のところに、バー「カヌー」が出てきたので、おっ！と思った。
加藤氏は昭和三十九年頃、土方巽《ひじかたたつみ》や松山俊太郎とそれまでも飲みに行っていた「カヌー」で、ある日、田村隆一と出逢い、声をかけられたのがきっかけでしゃべり合うようになったという。それ以来、御二人は「カヌー」でよく会っていたようだ。他の文学者が「カヌー」にふれたエッセイは珍しいので、ここに報告しておきたい。

（二〇二三年二月十九日）

三　創元社（戦前の東京支店）のある編集者のこと

——松村泰太郎の事蹟と小説から

私は昭和四十四年から約二十年間、大阪の創元社の編集者として、四十歳すぎに病いで入院するまで自分なりに懸命に働いた。主に臨床心理学や精神医学分野の企画を立て、本造りに励んだものである。ただ、戦後の創元社は文芸物は殆ど出さないというのが社の方針で、私は多少の物足りなさを感じていたが、戦前は東京支店編集部を中心に、小林秀雄、河上徹太郎、青山二郎を顧問に、川端の『雪国』、横光の『時計』、中原中也『在りし日の歌』、織田作之助『夫婦善哉』、谷崎『春琴抄』、戦後も大岡昇平『野火』など、名作を次々世に送り出した文芸出版社であった位は知っていた。しかし、社の創業（大正十四年）から戦前、そして戦後の私が入社するまでの詳しい歴史は断片的にしか知らなかった。ところが、昭和六十三年に、文芸評論家、大谷晃一氏が、社の全面的な協力を得て豊富な資料を駆使し、『ある出版人の肖像――矢部良策と創元社』を私家版で出し、社の歴史を編年体でまとめられた。私も早速、手に入れて興味津々で読み、長年の知的飢えを充分満たすことができた。本書で、社員人事としては、丁度私が昭和四十四年秋に入社したのが最後で、昭和四十八年、良策氏の御死去で、評伝は終っている。ちなみに本書は現在、「日本の古本屋」サイトで在庫検索すると一件しか出てこず、貴重な本となっている。

それでも、長年古本漁りを続けていると、本書で取り上げてない創元社の本にけっこう出会うし、触れられていない資料もわずかながら見つかった。そこである時、自分なりにささやかな創元社像をスケッチしてみようと思い立ち、集中して一気に書き下ろした。それが『ぼくの創元社覚え書』で、幸い金沢の独り出版社、龜鳴屋さんがすぐに原稿を評価して出版して下さったのである。本書には、晩年わずかに交流のあった、今は亡き高橋英夫氏に跋文をお願いしたら、創元選書の思い出を中心に快く書いて下さり、うれしく思った。これは『毎日新聞』に川本三郎さんが小さな書評を書いて下さったり、『本の雑誌』巻頭でも紹介してもらったが、龜鳴屋本は書店に出さないせいもあってか、——最近では、京都の古書善行堂では新刊を販売しているが——限定五百四十部の在庫がまだけっこう残っている（と、ちょっと宣伝してしまった）。本書では、戦前、六か月程編集部にいた、夭折した作家、丸山金治氏（唯一、『四人の踊子』改造社、昭和二十四年、を遺す）、佐古純一郎氏、戦後も後に人気の高い時代小説家となった隆慶一郎氏、そして上司であり、退社後、小説家になった東秀三氏（評伝『足立巻一』、『中之島』—小島輝正文学賞受賞—、『神戸』など）、東洋医学分野の本を多数造った長老の編集者、保坂富士夫氏らの著作や仕事を紹介した。ただ、戦前の東京支店の社員の実態は資料もなくて不明だったが、唯一、古本で見つけた戦前のPR誌『創元』の〈消息欄〉に十二人程、人名と役職が列挙してあったのを見つけ、そのまま引き写しておいた（昭和十七年時点での記録）。例えば、編集長は岡村政司氏で、横光利一氏に師事し、小説も書いた人。編集部次席が秋山孝男氏で、戦後東京支店が独立して東京創元社となった折、支店長、小林茂氏の後任で社長になった。その中に松

村泰太郎氏もいて、調査課、となっていた。これがどういう仕事をする部署なのかよく分からない。むろん、名前だけなので、どういう人物なのか、知る由もなかった。ところが、である。

保昌正夫『暮れの本屋めぐり』から

今年六月だったか、いつも送られてくる仙台市の福島書房の目録——A5判（?）の紙にパソコンで横組みに本が並べられた五、六枚のもの——が届いた。この古本屋さんの目録は多くが文学系の本だが、後半に珍しい雑誌や小冊子（例えば、作家たちの追悼号や林哲夫さんらの『sumus』など）がいろいろ出ていて、私も一冊位はよく注文する。それに、注文品が届いても気に入らなければ返品自由、送料無料という、いたって大らかな店なのだ。

今回、見てゆくと、保昌正夫『暮れの本屋めぐり』（日本近代文学館、平成十五年）が目に止まった。私は今までにも保昌氏の味のある文章が好きで何冊かは読んでいるが、——実は昔、『誤植読本』を『週刊読書人』で好意的に書評していただいたというご縁もあるのだ——このタイトルは初耳である。競争者が多いのでは、と心配しながらも早速注文した。幸いにもすぐに私共の元に送られてきて、喜んだ。グレー地の、細かい凹凸のある紙装表紙で、中央にタイトルと副題、保昌正夫《文学館》文集、が刷られている。中身も12Q二段組で64頁の小冊子。内容は、主に氏が長く理事をしていた日本近代文学館の館報や「ニュース」に執筆された短いエッセイを四十篇収めている。タイトルの一文を始め、館の様々な企画展示や行事のこと、諸文学者寄贈の文庫について、また館と深いかかわりのあった文学者たち（野口富士男、高見順、稲垣達郎、小田切進ら）の思い出話、それに文学の古本ファンには格好の、今はない戦前の出版社やそこから出ていた雑誌やPR誌（例えば『若草』『作品』『やぽんな』『金星』――金星堂から出ていたPR誌で私は全く知らなかった――、小山書店から出ていたPR誌『秋』など）を紹介した滋味豊かな文章が盛り沢山に綴られていて、楽しく読める。関西の古本者には、横光の初期の未発表作品の原稿が広島市の黒木正男氏（後に神戸の元町に移った黒木書店主！）から全集編集部に送られてきたエピソードなど、とても興味をそそられる。さらに「PR誌の今昔」で、あの山王書房、関口良雄氏から、昭和十五年九月の月報『創元』をいただき、その内容の豊富さに驚いた、とも紹介している。私も他の号を二冊だけ入手しているが、縦長型の堂々たる冊子である（青山二郎の表紙）。そんな本文を読んでゆくうちに、「松村泰太郎旧蔵資料をめぐって」という一文に出会ったのである。私はボケが徐々に進んでいる自覚があるが、さすがに一度本に書いたことのある名前は脳に刻印されているらしい。あ、あの創元社東京支店のスタッフの一人だった人だな、と思い出した。

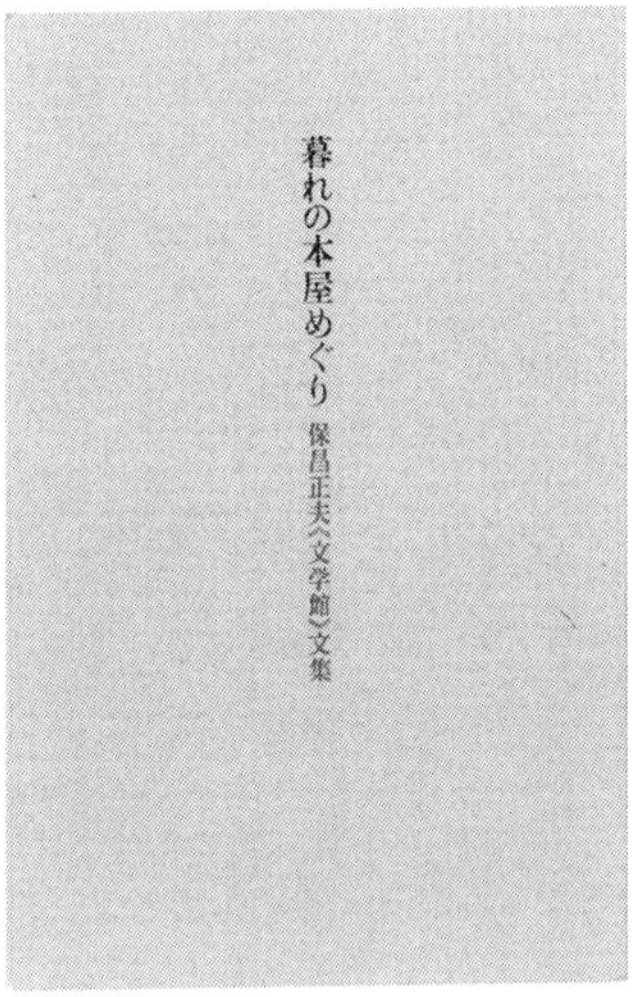

一寸紹介しておくと、館は松村氏の遺族から計二百二十五点もの旧蔵資料を頂いたとして、その内容を報告している。その一つ、昭和十三年に横光氏の

『家族会議』が創元選書に入れられることになった際、氏は原本の非凡閣版に徹底的に手を加えた。保昌氏は初めてそれを見て、その改訂のすさまじさに驚嘆したと書いている。松村氏は若い日から横光氏を格別に信愛し、手紙などで交流していた。横光氏の葬儀の日、選ばれて柩を運んだ人たちの中に松村氏もいたのを記憶しているという。氏は明治四十二年生れで、「創元社で長らく編集の仕事にあたってこられたのである」ともあるので、前述の調査部というのは名目上だけのことかもしれない。ただ、残念ながら詳しい履歴や没年は書かれていない。横光全集の書翰篇に松村氏宛のものが収録されているので、それを見れば、もっと詳しいことが分かるかもしれない。将来の課題としておこう。

もう一つ、うれしい情報が一文中にあった。館が催した、横光没後十五年記念展のことを八木義徳氏が短篇「師弟」(『家族のいる風景』福武書店、昭和六十年、に所収)に書いていて、そこに松村氏も登場する、と言及しているのだ。私はこれはぜひ読まねば、と思い、すぐにスマホの「日本の古本屋」で在庫を検索し、一番安く出ている(いつものことですが……)埼玉の岡本書店にFAXで注文して送ってもらった。

ごく簡単に紹介しておこう。その催しは昭和五十七年、西武デパートの美術館で開かれた。実行委員の一人にむろん、保昌氏もいた。八木氏も昔、友人の船山馨から強引にぶんどってきた横光氏の軸物——元々、船山氏が林芙美子からもらったという——を催し用に出品したので、二度、会場を見に出かけた。開会セレモニーの後、旧知の松村氏、横山氏と出会い、昔話に興じた。「二人とも早稲田の学生時代から横光家の門を叩いた同時代の友人」とあるので、出身大学が判明した。そこへ戦前の『文學界』系の小説家や創元社の連中もよく飲みに集った、出雲橋にあった小料亭「はせ川」の主人の娘で、今は長谷川画廊の店主になっている長谷川葉さんからも声をかけられる。レセプションが終わってからも、松村、横山氏と一緒に駅前の喫茶店に入っておしゃべりをしたが、そこで松村氏は、会場で『旅愁』の生原稿を見て、ふと昔の辛いことを思い出したという。戦後まもなく、横光家を訪ねた折、師から、改造社から『旅愁』の続きを書くように言われたが、君はどう思う？　と尋ねられ、松村氏は即座に「反対です」と答えた（十重田裕一氏の『出版メディアと作家の新時代』〈『文学』平成十七年三月号〉によると、当時、山本実彦社長の指示で、担当の木佐木勝から依頼されていた。なお、改造社で戦前は水島治男が横光を担当し、数々の名作を世に送り出したという）。氏がその理由をゴタゴタ並べていると、師の雷のような声が落ちて、「……ぼくはこれを書かなければ死に切れんのだ」と、凄い形相で氏を睨みつけたという。さらにその後、八木氏が芥川賞作家、多田裕計と横光家を訪ねた折も、多田氏が中断中の「旅愁」を、もうお止めになったら、と言うと、師は部屋中に響きわたるような声で大喝した。以後の話は省略するが、横光氏は晩年、弟子二人の〝反乱〟に遭ったわけである。この小説も、松村氏一人に焦点を合わせているわけではないので、氏の詳しい人間像は分からないが、松村氏が作家たちに重きを置かれる編集者だったことが充分うかがわれる。

その後、古本で入手した八木義徳の随筆集『まちがえた誕生日』（花曜社、昭和五十九年）でも、伊藤整の意外な一面を語った一文の中で、八木氏が昭和二十五年頃、早大の先輩である松村氏に連れられて、東京郊外の伊藤家を初めて訪れたことを書いている。あいにく伊藤氏は留守だったという。このように、松村氏は小説家同士を結びつけようとする、親切な媒介者の役目も果たしていた人のようである。

実はもう一冊、貴重な資料として、現社長、矢部敬一氏から御好意でいただいた、二代目社長、矢部文治氏——私が在社中、親しく接していただいた、懐かしい人である——の遺稿集『本・三代』（平成十八年、私家版）がある。本書は、少部数のせいか、古書界にまだあまり知られていないようだ。興味深いエッセイ集だが、あまり原稿が長くなってしまうので、その詳しい紹介は他の機会にゆずろうと思う。

（二〇二一年八月三十日）

（追記1）　松村泰太郎の小説を読む

以上の原稿を手書きで仕上げたので、私は旧知の元町の古本屋、花森書林店主の方に活字化をお願いしたところ、快くパソコンで打って下さったので、読みやすいものになった（彼女に感謝！）。それを厚かましいとは思いつつ、関心をもっていただけそうな知人、数人に送ったのである。すると、いつもお手紙などで交流いただいている英文学者で古書通の中島俊郎先生からすぐにお葉書が届き、そこには私があっと驚く情報が記されていた。松村氏が、戦後、世界文化社からしばらく出ていた文芸誌、復刊『文學者』の一号と五号に小説を発表していた、というのだ。松村氏が小説を書いていたとは、全くの初耳であった。先生はおそらくパソコンを駆使して、詳しい情報を探って下さったのだろう。いつもながら、感謝の言葉しかない。私は早速、当りをつけ、何度かコピーを依頼したことがある日本近代文学館にまず問合せてみた。すると、復刊『文學者』は当館に一号～四号が所蔵されており、一号にやはり松村氏が「代将旗」という短篇を載せている、という答え。喜んで私はＦＡＸでコピーを依頼した（ここはコピー代が見開き一枚百円だが、表紙、目次、奥付頁を加えても、八枚であった）。その折、受付の女性に五号の収蔵館を調べてもらったところ、国会図書館にデジタル化されたものがある、と言う。そこで、続けて国会図書館関西館に連絡した。当館ではコピー利用にはまず、「利用者登録」が必要という。むろんインターネットでも申込可能なのだが、私はできないので、申請用紙を送ってもらい、同時に同封のコピー申込書に書き込んで送り返した（こちらは一枚が約十七円から一三三円位なので、合計四十一枚程度でもそれほど費用はかからない、読者の参考のために）。

日本近代文学館から早速、待望のコピーがまず届いた。奥付を見ると、復刊『文學者』第一号は昭和二十三年十月一日発行、編集発行人は廣西元信、世界文化社は中央区銀座西七―一 電通ビルにあった。目次で私の知っている人をあげておくと、評論や随筆に、青野季吉、暉峻康隆、石川達三、寺崎浩、八木義徳、創作では六人のうち、松村氏と野村尚吾があげられる。ひょっとしたら、八木氏が旧知の松村氏を雑誌編集者に紹介したのかもしれない。世界文化社発行の『文學者』は五号で休刊、早稲田色の濃い文芸雑誌であった。その後も再復刊し、丹羽文雄経営・主催の同人誌として一七四号まで続いた。この同人誌から河野多恵子、瀬戸内晴美、吉村昭、津村節子ら多くの作家が育っている。

私がほぉー、と注目したのは、奥付欄の下に「高見順氏寄贈」のゴム印が押してあったことだ。周知のように、高見氏は日本近代文学館の設立に病を押して大きな貢献をした小説家であり、文献資料面でも貴重な貢献をした証の一端がここにもあるのだ、と感慨深かった。

さて、肝心の松村氏の小説「代将旗」を、ごく簡単に紹介しておこう（大幅な省略があるのをお許し願いたい）。書き出しは次の如くである。「もう六月だというのに、地の厚い黒サージの背広を着ていた。（中略）ズボンもポツポツとシミに喰われ、米つぶほどの小さな穴があいて、ところどころ、毛ずねが見えるといった工合である」と。そのあとも蝶ネクタイや軍靴、帽子、靴下などの細々した描写が続き、要するに、冬物づくめの古物で身をかためた六十過ぎの人物が主人公である。かつては海軍で巡洋艦に乗船、支那の沿岸警備にあたっていた。マスト高く代将旗をひるがえし、司令塔で指揮をとっていたのが彼の全盛期であった（辞書によると、代将は大佐と少将の間の将校名とのこと）。昭和十七年に大佐で退役して恩給生活を送っていたが、戦災で妻を亡くし、建築技師だった息子も結婚後、南方で亡くなったので、残された息子の嫁と孫たちとの生活を維持するため、終戦後、出版社に入って校正係として働いているのである。仕事柄、彼には赤インクに染みたペンダコがある。職場では若い同僚から「司令」というニックネームで呼ばれていた。

彼がフランス革命史の校正をしていたときのこと、若い編集部員に、〝アクサン〟の記号が全部反対だと指摘されると、穴にでも入りたいように恥ずかしがった。彼は英語はできたが、フランス語は読めなかったのだ（〝アクサン〟はフランス語のアクセントのことだから、無理もないと思うのだが……）。

このあたりから、私はもう、この老人が戦後、創元社東京支店で働いていた人を何らかのモデルにしているのでは？　と想像してしまう。戦後しばらく、創元社や筑摩書房などでも、フランス文学関係には力を入れていたし、私が『ぼくの創元社覚え書』で紹介したように、後の人気時代小説家、隆慶一郎が東大仏文科を出て、昭和二十三年に顧問の小林秀雄に引かれて創元社に入社、外国文学の翻訳書を独りで担当して約三年間奮闘している。老人の校正のミスを指摘した若い編集部員とは、ひょっとしてこの隆氏だったのかも、と想像すると面白い。

老人の勤める出版社が神田にある、というのもその傍証にはなる。創元社東京支店は昭和十五年十一月以来、神田三崎町に移って社屋があったからだ（大谷晃一氏の前述の著作による）。

ただ、小説によると、戦後すぐの東京支店に校正係が複数人いたというのは、私にはいささか驚きだった。というのは、私は昭和四十四年、大阪の創元社に入社し、二十年余り編集部で働いた者だが、編集部は大体八人で、私が担当する本の量が格段にふえてきた後年までは、原稿整理から校正まですべて独りでやっていたからだ。中小規模の出版社の編集者は大抵そうではないか（東京の事情はよく知らないが）。しかし考えてみると、創元社は特に東京支店では、戦前から戦後にかけて、「創元選書」が百冊以上刊行中だったたし、戦後も「百花文庫」や「創元文庫」の制作で、編集者はとても校正にまで手が回らなかったのだろう。

また小説の後半に「老人が最近校正した、ある科学者の著述の中で……」という件りが出てくるが、これも創元社は戦前から「創元科学叢書」を出しているし、――後の科学史家、平田寛が担当部長だった――戦後も「百花文庫」で科学関係のものをいろいろ出していたので、うなずけるところだ。

さて、小説に戻ると、ある日、老人は帰宅途中、うっかり所用のある郵便局の前を通り過ぎてしまい、携帯していた『芭蕉小文集』に挟んでいた、九州に嫁いでいる娘から窮状を見かねて送られてきた小為替を、礼状と一緒に近くにあったポストに本もろとも投げ入れてしまう。かように、体力とともに気力の衰えが目立ってくる。

老人は会社への往き帰りに、俳句をよくつくり、俳書もよく読んでいた人とのことだが、これも松村氏自身の趣味、志向を主人公に一部投影しているのかもしれない。というのは、松村氏は前述のように横光利一の熱烈な弟子であり、横光氏が俳句をよくつくっていた人だから、その影響をもろに受けた可能性が大きいからである。

老人に突然、大きな災難が襲いかかった。月給をもらった日、飯田橋の方へ歩いていて、食料品の売り出しが目に止まり、孫たちのために好物の玉子を十個ばかり買った。満員の電車に乗り、玉子を頭上に高く支えて立っていたが、急に電車が大型トラックに側面衝突して横転する大惨事に遭ってしまう。老人は無我夢中で列車からはい出したが、玉子も弁当箱も帽子もふっとび、内かくしに入れていた月給袋もどさくさに紛れ、すり取られてしまった。

それ以来、老人は死の恐怖を病的に増し、電車事故を恐れて、自宅から神田の会社まで六キロはある道のりを歩いて通うようになった。

ある梅雨曇りの日の午後、老人は又、例の場所で玉子を買って、四谷から紀ノ国坂を下っていた。背後から貨物を満載したトラックが近づき、急停止したはずみに、車体はもんどりうってアスファルトにめりこんだ。左タイヤが目にも止まらぬ速さで飛んできて老人に当たり、全身が電柱にぶち当てられた。あっという間の出来事で、即死であった。

会社から少しばかりの費用が出て、自宅で葬儀が営まれた。通夜の席で、校正係の同僚が壁に貼られた葬儀順序の紙をつくづく眺めて、「あれ！『茶毘』という字が『茶毘』となってますね。あれは誤植です」（傍点筆者）そう言って、棒を一本加えた。彼は続けて、すこし前に「司令」が新聞の死亡広告を自分に見せて、同じ誤植を指摘していたと言う。「虫の知らせという奴です」と、勤続三十年を誇る会計係長が断言した。そのとき、お茶を運んできた嫁がこう言った、「でも、お父様はお仕合せでした。死ぬとは知らないで、孫たちの玉子を抱えて亡くなったのですから……」と。

何ともいえない悲劇で小説は終るが、晩年、校正を務めにしていた老人らしい最後のエピソードではないか。私はもっと早く読んでおれば、この小説も私が編んだ『誤植文学アンソロジー』（論創社、平成二十七年）に収められたのに、と一寸残念に思った。さらに、ないものねだりになるが、松村氏の編集者としての経験も東京支店を舞台にして小説に描いておいてくれたら、などとも思った。

（二〇二一年九月二十八日）

（付記）　五十二頁でふれた花森書林の店主、森本恵さんが令和五年五月二十八日、四十三歳の若さで亡くなられた。闘《とう》病されていたことも知らず、突然の訃報に私は言葉を失った。私も移転前のトンカ書店以来の客で、店をのぞく度に、明るく楽しく接していただいたものだ。しばらく私の古本棚を設けて下さったり、『タイトル読本』の出版記念に林哲夫氏と共にトークショーを催してもらったりした。この紙面を借り、心からご冥福をお祈りします。なお、現在は弟さんが店を引継ぎ、活発に営業している。

（追記2）　戦前のPR誌『創元』から

ここまで読んで下さった読者に、深くお詫びしなければならない。（追記Ⅰ）の原稿をようやく仕上げた夜、私は何気なく、『ぼくの創元社覚え書』をパラパラとめくっていて、アッと驚いてしまった。

本書の付録として、私は巻末に「石橋秀野『桜濃く』を読む」を二十四頁程書いているのだが、その中に、すでに松村氏について少しばかり調べて言及している箇所が出てくるのだ。今の今まで、そのことを全く忘却していたとは、お恥ずかしい限りである（これは確実にボケが進行している証拠で、我ながらぞっとします）。

石橋秀野は、著名な文芸評論家、山本健吉の最初の奥様だが——後に、大阪の創元社で会計係として勤務していて東京移住後、日産書房にいた宍倉静枝と再婚する——、昭和二十二年、三十九歳の若さで、六歳の娘を残し、結核で亡くなった。妻の死を悼んで、山本氏が遺稿句文集を編み、二十四年に創元社から出したのが『句文集　桜濃く』である。本書で、第一回川端茅舎賞を受賞した程のすぐれた俳人であった。彼女が最後に入院する際につくられた「蝉時雨子は擔送車に追ひつけず」は広く知られている。彼女は交流した多くの文学者や俳人から、その人柄を愛された、美人で魅力的な女性だったらしい。

その出版に深くかかわったのが実は松村氏であり、氏は生前の秀野さんと親交があったひとなのだ。横光利一が主宰していた俳句の会「十日会」に入っていた松村氏に誘ってもらって秀野さんは初めて「十日会」の句会に参加した、という。彼女の追悼句会での松村氏の一句、「樹肌ぬるゝほどの雨なり黄楊芽ぶく」も引用している（以上の事実は、西田もとつぐの詳細な評伝『石橋秀野の世界』和泉書院、二〇〇二年、に基づく）。

さらに私は、それまでに古本で入

手していた戦前のPR誌『創元』二冊に書かれた松村氏のエッセイ、評論も紹介していた。その一つは、一巻二号（昭和十五年三月号）に発表された「校正の話」なのである。そこで氏は専門校正者の立場から、漢字の二字熟語や英語、フランス語の誤りやすい実例などをあげている。さらに、作家の全集の校訂で、最初の底本にした単行本での誤りが、次の他社の全集にも引継がれ、それが創元選書にも及んだ例もあげている。例えば、梶井基次郎の短篇「過去」中の「霜解」が二つの全集では「雪解」になっているという。

氏は最後に、自分の夢として、「読者の側からも、書籍の中に校正者の名前を入れる事を要求する事にしたらどうだろう」と提言し、「もしそういふ日が来たら出版社は、良質堪能の校正者の引っこ抜き争奪戦を始めるかもしれない」「某著者と某校正者のコンビという大広告も出るようになるだろう」と結んでいる。氏の校正者としての矜持を示すものだろう。確かに現在でも、校正者は埋もれた存在であり、奥付にその名前が出ることはない。出版社が一考を要する課題ではなかろうか。校正者としてのアイデンティティに悩んでいる人は多いのだから。この文章から判断したのだろう、私は松村氏のいた調査部が主に校正を実務にした部署であろう、とも書いている。

もう一つの松村氏の文章は『創元』二巻一号（昭和十六年正月号）に載った、「嘉村礒多の倫理と郷土」と題する評論で、嘉村文学の底流に流れる義太夫の要素を鋭く指摘している。その中で氏は、自分も嘉村氏と同じ山口市の出身だと書いている。氏の出身地もすでに明らかにされていたのだ。

さて、私は次に、念のためにと思って、幸いまだ大切に保存していた『創元』を本棚の片隅から探し出し、「校正の話」の頁（小活字で四段組み、三頁にわたる）を開いてみた。すると、冒頭の書出しが次のようになっていて、またもやアッと驚いたのである。

「某新聞社の校正を専門に、四十年勤め上げた老社員が、その臨終にあたって、「世間では茶毘という字を茶毘と書き誤って刷物にする向きもあるが、校正に一生苦しんだ自分のだけは、是非ともさうした恥を曝さないようにしてくれ」と近親に言ひ残して、息を引きとったといふ」と。

これはまさしく、小説の最後に出てきた誤植のエピソードではないか。ということは、かの老人は、仮に松村氏の部下にモデルがあったにしても、最後のエピソードは前述の伝聞から採ったことになる。また、老人が俳句をやっていたというのは、確かに松村氏自身の投影であろう、などと、いろいろ妄想するのも楽しいものである。

今回も怠け者の私は、書き直しもせずに新たな追記を重ねてしまった。お許し願いたい。ただ、『ぼくの創元社覚え書』は読者にあまり知られてない本なので、この機会に宣伝も兼ねて紹介させていただいたしだいである。

ちなみに、もう一篇の小説「八日間」は、二段組みで約二十頁の中篇。八月十五日の戦争終結に伴い、軍隊の解散と混乱、そして故郷の自宅へ帰還するまでの苦難の道のりと様々な人間関係を、おそらく松村氏の実体験をもとに描いたもののようだが、正直いって私は戦争ものに殆んど食指が動かず、その上、活字が小さくコピーも不鮮明で読みにくいこともあって、未だに読み通せていない。

（二〇二一年九月三十日）

四　創元社二代目社主、矢部文治遺稿集『本・三代』を読む

前章で約束しておいたので、最近、矢部文治氏の『本・三代』をざっと通読した。私の印象に残ったところを簡単に紹介しておこう。

まず口絵に、満面笑みの矢部氏の写真が載っているのが懐かしい。内容は三部に分かれ、Ⅰ、本・三代、Ⅱ、祖父とキリスト教、Ⅲ、大阪の出版・昔と今、と題し、各々数篇ずつエッセイが並んでいる。Ⅰ、Ⅱは矢部氏の自伝的文章や趣味にまつわるものが多い。

タイトルにもなった「本・三代」で、金沢から大阪に出てきて、取次店福音社を引継いだ祖父、矢部外次郎、創元社を創業した父、矢部良策を簡単に紹介した上で、自己の来歴を語っている。氏は出版社の跡継ぎに望まれたが、自身では本当は学校の先生（研究者）かマスコミに入りたいと思っていたという。大学生のとき、海軍の軍隊に入り、その時のムリがたたったのか結核になり、四年間病床に伏していた。やっと回復して神戸大経済学部に復学、昭和二十八年に卒業。戦後の不況で、父、良策氏経営の創元社も倒産しかけていたのを見かね、入社しようとするも労働組合から反対され、布井書房での見習いを経て、六、七年間、新元社名で独りで大学テキストを中心にした出版を行った。そして、昭和三十五年にやっと合併という形で創元社に入り、専務となった（後、社長に）。私が入社してからも、氏が造った教科書は生きていて、大学テキストに毎年採用されていた。後年、こんな経緯があったのを知った。若い時分、相当苦労されたわけである。

「終戦五十年」では氏の戦争体験が語られている。二十歳、神戸商業大（現・神戸大）在学中に、海軍予備生徒として海兵団に入隊し、旅順で予備兵として六ヵ月間、厳しい訓練を受ける。その後半に、特攻隊を希望するかどうかのアンケートも配られたという。昭和二十年七月、長崎の特攻隊基地に配属になり、当地に向かったが、そこは空襲で壊滅していた。特攻機に乗らず、氏は命拾いしたのだ。それで急遽、横須賀砲術学校に向かい、そこで天皇の終戦宣言を聞いたが、その時は中身が分からなかったという。帰郷命令が出て、退職金三百円をもらい、八月二十三日早朝、やっと武庫之荘の自宅に戻ってきたそうだ。入隊のとき、岩波文庫の『万葉集』一冊のみ持っていったが、それを読む余裕は最後までなかったと言う。私が在社中、このような戦争中の体験談はむろん、伺ったことがなかった。そういえば、私の父も中隊長として、中国大陸やインドネシアを転戦したようだが、家で戦争中の話を聴かされた覚えがない。後年、その隊の記録が出たのを読んで、あらましを知った位である。

「詩人との出会い」はとりわけ印象深い文章だ。昭和二十三年三月頃、まだ大学生であった氏の自宅に、三好達治と伊東静雄が二、三日のうちに相次いで、良策氏に会いに来た。客間で談笑中の父に呼ばれて氏も両人に会ったそうだ。その折の二人の印象や風貌を語っている。合わせて、三好の有名な詩、「乳母車」と「いしのうへ」を引用している。すでに氏は三好氏の『春の岬』（創元選書、昭和十四年）

を愛読していたので、さぞ感激したことだろう。父が出版社社主でなければ、自宅で高名な詩人に続けて会うことなど出来ないもので、幸運な体験ではある。氏が詩集も読む人だとは在社中、とんと知らなかった。さらに、海軍予備学生として旅順で訓練を受けていたとき、偶然隣りで寝ていたのが、山本鼎《かなえ》の息子で北原白秋の甥にあたる詩人、山本太郎だったと言う。以来、終生、山本氏との親しい交友が続いたと伺っている。この話は社内でも何かの折に二、三度聞いたことがある。

その他、「音楽入門」というエッセイで、氏が六十歳になってヤマハ音楽教室から紹介された三人の若い女性から次々、自宅に出張してもらって週二回もピアノのレッスンを受けていることを告白している。老年になって、こんなに意欲的に取り組む趣味があったことも私は全く知らなかった。そういえば、大学ではグリークラブに属していたと言うし、会社での仕事以外の食事会の帰り途などで、機嫌のいいとき、よく軽快に口笛を吹いておられたことを憶い出す。そんなときは、お年の割に若々しいな、と感じたものである。

私は一介の編集者にすぎなかったから、仕事上の話は交しても、社長の氏からこうしたプライベートな話を伺う機会はなく、本書を総じて興味深く読んだのである。

さて、「祖父とキリスト教」では、明治十八年、金沢から大阪へ出てきて、キリスト教主義の福音社（印刷、取次、出版）に入り、社長、今村謙吉氏の感化を受け、キリスト教に入信。今村氏の死後、福音社を引継ぎ、矢部福音社を創めた祖父、矢部外次郎のおもかげを偲んでいる。祖父の生活ぶりは大へん質素で、朝夕の食事前の礼拝を欠かさず、しかも長くて、奥さまから文句を言われたそうだ。氏は祖父の上に明治のクリスチャンの典型を見た、と書いている。

ちなみに以来、矢部家は敬けんなクリスチャンの一家となり、良策氏の葬儀も大阪教会で盛大に行われたのを覚えている。文治氏も四十八歳のとき、洗礼を受けている。

ここで一つのエピソードを挟もう。私は最近、久々に思い立って、神戸西部の西代にある、キリスト教本専門の小さな古本屋、古書つのぶえに出かけた。この店は以前、元町にあり、古い木造の建物の狭い急な階段を登っていった二階にあった。私はどちらかというと、信仰をもたない者で、キリスト教にもさほど関心はないのだが、ここは他の分野の本もいろいろ棚に並んでおり、時折その中に珍しくて安い本も混じっているのである。雑誌コーナーでも以前、戦前に大阪で出ていた『大毎美術』が一冊一〇〇円でかなり沢山積まれていたので、選んで数冊入手したことがある。著名な日本画家たちの随筆や回想文が多数収録されている。

今回もまず店先の均一本（一〇〇円）コーナーから、最近私のはまっている作家、『円地文子集』（「新潮日本文学」37）――江藤淳解説――など見つけたのだが、中に入ってなおもキリスト教本の棚あたりを見回っていたとき、棚前に積まれた本の山の上に、色彩豊かな表紙の文庫判位の本が目についた。よく見ると、表紙は夢二風のイラストで、三人の子供たち（兄弟姉妹？）に本を読んで聞かせている後ろ姿の婦人（母親？）が描かれている。タイトルは『お伽説教』とあり、私はふと奥付をのぞいてみた。すると、そこには、大正五年印刷発行、大正十四年三版で、編者は長谷川四窓、発行所が福音社書店、発行者が矢部外次郎、印刷者、井下精一郎となっているではないか。創元社

の前身である福音社書店の出版物だったのだ。値段もたった三〇〇円なので、喜んで買ったのは言うまでもない。帰宅の車中で改めて点検すると、本書は編者の子息、長谷川一郎氏が父の七周忌の記念に、昭和五十七年に再刊した複製本で、元はB6判の本を縮小したものと言う。原作者は、シカゴの長老派基督教会牧師、ヒュー・T・カアルで、日曜学校の上級生徒や教師諸君向きのお話を材料としてまとめた『幼年お伽話説教集』から抜粋して訳したものという。全部で十五の話が載っており、少年、少女の巻に分かれ、その中には「ミケランゼロと一少年」や「北極探検と伝書鳩」、「小鳥の大西洋横断」といった面白そうな話もある。

それはともかく、改めて表紙をじっくり見ると、左下の隅に㋜のサインがあるではないか。大阪の夢二と呼ばれた宇崎純一《スミカズ》のイラストだったのだ。二重にうれしい収穫であった。

さて『本・三代』に戻ろう。

古本好きの人や出版史に関心をもつ読者にもっとも注目され、参考になるのが、Ⅲの「大阪の出版社・今と昔」に収められた三篇であろう。私なりに要約して紹介しておこう。

まず「心斎橋筋の本屋」は『大阪春秋』に載ったもので、父の良策氏が晩年、少年時代に見た心斎橋筋の思い出を書いた文章に基づいている（私家版で出ている由だが、むろん古本でも見たことがない。ちなみに良策氏の『心に残る人々』も私家版で出たらしいが、読みたくても探す術はない）。

明治四十年頃、北は平野町から南は心斎橋筋一丁目まで、五十軒ぐらいの本屋があったという。江戸時代から続いていた店が多く、大抵、出版、取次、小売りを兼ねた店であった。洋書だけを扱う丸善大阪支店だけは例外で、四階には風月堂が入っていた。各店の店員が、自店にない本を『セリ物帖』に書いて本屋を回り、仕入れるために様々な駆け引きをしつつ、争って商売をした（かけ率のことなども詳しく述べているが、省略）。出版社としては、立川文庫の立川文明堂や、良策氏が生涯、敬愛していた、文芸書で名高い金尾文淵堂があった。

創元社の前身、福音社は大正十四年に心斎橋九宝寺町から四ツ橋筋の靭《うつぼ》本町一丁目に移転している。この鉄筋三階建ての建物は、電通別館として今も残っているという（昭和六十三年現在のことで、今は不詳）。

なお余談になるが、大正期から戦争末期の大空襲で焼失するまでの「日本橋の古本屋」については、天牛書店の名物店主、故天牛新一郎氏が、『大阪古書月報』に書いており、私が昔編集したアンソロジー『古本屋の蘊蓄』（燃焼社、一九九七年）に再録している。当時およそ三十七、八軒の古本屋が並んでいたという。天牛書店も日本橋南詰にあった。

さて、次の「戦前・戦後の創元社」は大阪府立情報センターで行われた講演の記録で、二十頁にわたっている。大へん明快にポイントを押えて社の歴史を語っていて興味深い。

まず金沢から出てきた祖父、矢部外次郎が今村謙吉の福音社を引継ぎ、矢部福音社と改名、心斎橋から靭《うつぼ》本町に社屋を移した。

外次郎の長男が電鉄会社に入ったため、次男の良策が跡継ぎとして急遽、金沢から呼び寄せられた。良策氏は取次の仕事にあきたらず、もっとクリエイティブな仕事がしたいとかねがね思っていたところへ、関東大震災が起り、出版業の東京一極集中に危うさを感じ、チャンス到来と出版業に手を出し始めた。大正十四年六月出版、『文藝辞典』が最初の出版であった。その初期に毎日新聞〈社?〉にいた児童文学作家、尾関岩二の童話集『お話のなる樹』(昭和二年)を出した際、同社の文化部長だった明治以来の高名な詩人、薄田泣菫を紹介してもらい、随筆集『猫の微笑』『艸木虫魚』『樹下石上』などを次々出し、売行きも好調であった。泣菫は創元社創業時の恩人とも言うべき人であろう。その後も竹内勝太郎の詩集『室内』、小出楢重の『めでたき風景』など豪華な装幀で出してゆく。谷崎本の出版(これは後述)や横光の、ジュラルミン製の珍しい装幀の本『時計』などはとくに評判になった。東京に支店をつくり、支店長、小林茂が若き日の小林秀雄と近づきになり、そのグループから編集者を入れて企画を立てるようになった。家元流派を超えた企画『茶道全集』全十五巻が昭和十年から刊行が始まり成功を収めている。昭和十二年には川端の『雪国』初版、十三年には中原中也の『在りし日の歌』も出している。

また昭和十三年には、小林秀雄が中心となり、創元選書の刊行が始まっている。青山二郎の装幀である。これは東西の編集部で企画を立てたが、昭和二十年代までに三百余点が刊行されている。

例えば柳田国男の『昔話と文学』など数々の創元選書が当時の知識層に大きな影響を与えた。

昭和十九年、出版社は戦時統制で、全国で二二五社に統合されたが、幸い創元社はそのまま残った。戦争中もあまり戦争と関係ない本を出し続けている（例えば堀辰雄『菜穂子』『ニイチェ全集』野上豊一郎『能楽全書』全六巻などなど）。

戦後、倉庫にインディアンペーパーが焼け残っていたので、百花文庫というシリーズを出し始めた。文学では伊東静雄の『詩集・反響』も出している。当時、比較的よく売れたのは、川端『雪国』の完結篇や大岡昇平の『俘虜記』、桑田忠親の『豊臣秀吉』などであった。

戦後、資金ぐりが決定的に悪くなったのは創元文庫の刊行後だと言う。文庫の販売合戦は厳しいものがある。まず東京支店が昭和二十九年に倒産、大阪も人員整理が始まり、労働組合によるストライキも起った（高橋和巳の『憂鬱《うつ》なる党派』にその情景が一寸描写されているという。高橋氏は元々中国文学専攻で、若い頃、昭和三十七年に共著『漢詩鑑賞入門』を創元社から出している作家だ）。

昭和三十五年に文治氏が専務として創元社に入社。昭和三十七年に、東京創元社は別法人として再出発している（秋山孝男が社長に就任）。

その後もデール・カーネギーの大ベストセラー『人を動かす』『道を開ける』など、戦後の歩みも話されているが、私もここらで息切れしてきたので、省略しよう。私の退社後、二度目の経営危機があったようだが、それを乗り越え、現在は三代目社長、敬一氏をリーダーとして、様々な新しい分野を開拓して、活発な出版活動を展開している。とくに女性編集者の企画に面白いものが多く、評判がよいようで、私も注目している。

なお、創元社の詳細な出版活動の歴史や社の編集の動きについては、大谷晃一の『ある出版人の肖像――矢部良策と創元社』が昭和六十三年に私家版で出ているので、参照してほしいのだが、今は貴重本になっており、「日本の古本屋」では一件しかヒットしない。ただ、私も及ばずながら、『ぼくの創元社覚え書』(亀鳴屋、二〇一三年)で、大谷氏の本を紹介したり、私の在社中の上司の編集者のことなども書いているので、関心のある方はそちらも見ていただくとうれしい(本書では戦前、戦後東京支店、編集部にいた文学者たちについても言及している)。また、創元社のホームページにも「創元社の歩み」が詳細に書影入りでまとめられている。

最後は、芦屋市にある谷崎潤一郎記念館の「ニュース」に寄稿された文章である。

創元社から昭和二十年までに出た谷崎の本は私家版を含め、十六冊あるという。

初めに昭和六年、『倚松庵随筆』を出している。谷崎を創元社の矢部良策に紹介したのは、小出楢重か毎日新聞写真部の北尾鐐之助と言われているが、他の説もあるらしい。北尾はすでに昭和四年、創元社から『近畿景観・阪神篇』を出していた。谷崎は関東大震災をきっかけに関西に来ており、創元社の「良書を良い装幀で」という出版方針で出している実績を評価したらしい。その頃、慶應大を出た和田有司《ありつか》という青年編集者が創元社におり(社員一号だった由)、正確で誠実な人柄が谷崎に信頼され、以来長く担当編集者を務めた。この随筆集には目次がなく、「何處が初めで何處が終りといふこともなく、全体が鎖のやうにつながつてゐると思つて貰ひたい」と「序」に書かれている。著者自装、四六変形桝型和装本である。

昭和八年には、限定五百部の自筆本『蘆刈《あしかり》』が出たが、製作中に谷崎は井下印刷所へ何度も出向き、気に入った筆の色が出るまで何度も刷り直しさせたという。

次に谷崎本の中でも、とくに古書界で人気の高い『春琴抄』の制作について。本文の仮名は変体がなを使うのが大変である上に、校正も七校まで全頁取ったというから、印刷所泣かせで、凝りに凝ったものである。装幀も表紙が漆塗《うるし》りで、松子夫人の筆になる書名を中央に金文字で乗せたが、黒色と朱色の二種類を見本でつくった。しかし朱色の方は金文字が鮮明に乗らず、黒色に決まる。ところが見本に作った数冊の朱色本がいつのまにか流布され、後に稀覯本として古書界に現れることになる。本書は昭和九年十二月に初版一万部刷られたが、たちまち売り切れ、重版になったが、漆職人の手仕事のため、手間がかかり、出来上がりが遅れてしまった。数版を重ねたが、職人が注文があっても出来ないと音をあげてしまい、絶版にし、その後は薄黄色の和紙を別漉きにし、ソフトカバーで製本は中綴じにした『新版春琴抄』を出し、六十版を数えるベストセラーとなった。

昭和十年に早稲田大を出た田代信行が編集部に入り、その後和田氏を助けて谷崎本の校正をずっと担当した。この田代氏は私が在社中も健在で、編集部の片隅で、いつも姿勢を正して、原稿整理や校正を黙々とやっておられた。柔和だが、古武士のようなたたずまいを見せている方であった。当時の私は戦前の創元社について無知で、もっとその頃の本造りについて聞いておけばよかったと残念に思う。

よく知られていることだが、昭和十八年、『中央公論』に連載が始まった「細雪」は時局にそぐわないと軍部に目をつけられ、連載二回目で中止となる。それでも谷崎氏は秘かに原稿を書き続け、私家版にして残したいと、その制作を創元社に依頼する。その頃、魚崎に住んでいた谷崎氏の自宅へ、病気で倒れた和田氏の代わりに田代氏が打合せに出向き、会社との間を往復した。本文和紙の配給にも苦労したが、二百部限定の『細雪』上巻が昭和十九年七月ようやく完成し、見本二冊がすでに関西を去っていた熱海の谷崎氏に届けられた。二〇〇部限定だが、実際は二四八冊出来たという。中巻も原稿は進んでおり、浜田印刷所に渡っていた。しかし、田代氏も軍隊に召集され、後を金子達夫が担当する。昭和二十年三月十日の大阪大空襲で印刷所が全焼し、組版は灰になり、校正刷りだけが残った。最後に、印象深いエピソードが語られている。

昭和二十一年三月のある日の午後、大学生の文治氏が一人で自宅にいた折、谷崎氏が訪れ、「これから阪神の家を引き払って京都へ行く」とのことで、あいさつに伺ったのだと言い残して去っていった谷崎氏の後ろ姿を文治氏は見送っている。文治氏にとって、忘れられない文豪との出会いのシーンとなったことだろう。その他にも、『初音　きのふけふ』や『潤一郎・六部集』などの製作のいきさつも書かれているが、ここでは省略した。

以上で本書をなぞっただけの簡単な紹介は終るが、多忙な社長業の合い間にこれだけ様々なエッセイや講演もこなされたのだから、りっぱなものと思う。

思い返すと、私が入社初期にそれなりに苦労して臨床心理学の分野を開拓し、実績をあげているのを評価して下さったのだろう、それ以降の編集会議では私の企画の多くを支持し、後押しして下さった。今でも有難いことだったと感謝している。

文治氏は平成十一年三月、七十三歳で急逝された。奥さまの矢部道子さんのあとがきによると、日頃から「時間ができたら、一冊くらいは自分の本を書いてみたい」と言われていたそうだ。奥さまの発案で七回忌の記念に本書を出版できたのを泉下で喜ばれていることだろう。

（二〇二二年二月二十日）

（追記1）『春琴抄』重版無表示の謎

『細雪』出版の詳細については、山中剛史氏がそのユニークな著作『谷崎潤一郎と書物』（秀明大学出版会、令和二年）の中で一章をとって考証している。私も交流いただいている近代文学研究者、木股知史先生から贈って下さったのを、ざっと一読した（先生に感謝）。山中氏は古本で現物を多数点検した上で『春琴抄』漆塗りの初版の重版表示が奥付に見当らない謎を追求している。裏付ける資料がないので、今のところは謎のままだそうだ。氏はさすがに参照資料として文治氏の前述の文章や大谷氏の本も挙げている。出版史の謎は、当時の編集者や出版社主、かかわった作家が書き残したものがまことに少ないので、なかなか解明が難しいものである。

（二〇二二年四月三日）

（追記2）三好達治と伊東静雄の和解についての年譜を疑う

私は最近、何かの目録で、戦後版の『四季』（伊藤整追悼号、第七・八合併号、昭和四十五年十月、潮流社）を安く見つけたので、注文した。春山行夫や大木実、子息、伊藤礼の追悼の文章などとくに興味深く読んだ。

本文では、伊東静雄の〈人と仕事〉をめぐる白熱の座談会（小高根二郎、井上靖、樋谷秀昭、西垣修、宮城賢）が大へん面白く、とくに伊東の『わがひとに与ふる哀歌』への高い評価を教えられ、不勉強な私は、これから読んでみようという気にさせられた（私、本当に詩についてはど素人なのです）。

座談会の後ろに、小高根二郎による、伊東氏の略年譜が二段組で三頁あり、何げなく読んでいると、次の記述に出会った。

「昭和二十三年（一九四八）四十二歳。二月、桑原武夫の肝煎《きもいり》で三好達治と武庫荘の矢部創元社社長宅で和解の盃を交した」と。

これは座談会でも三好と伊東の詩の比較や対立などがいろいろ語られているが、年譜にも次のように出てくる。

「昭和十年（一九三五）二十九歳。四月、『日本浪曼派』第二号から同人に参加。十月、処女詩集『わがひとに与ふる哀歌』を保田与重郎の世話で『コギト』発行所から刊行。十一月、東京で出版記念会が催された。席上、萩原朔太郎は、「日本にまだ大詩人が残っていた」と激賞。三好達治は過褒《ほう》があると割引きを強要したが、朔太郎は応ぜず、後にシコリを残した。ために達治は静雄を意固地に疎外した」と。達治はライバル視していた静雄の詩の仕事を師匠である朔太郎が激賞したので、以後根にもったらしい（ごく単純に言うと、嫉妬の感情であろうか）。

その二人の間の長年の確執を、十三年後、共通の友人、桑原武夫の仲介で、創元社、矢部良策の自宅で仲直りの儀式（？）が行われた、というのだから、詩史の上で重大な出来事であろう。この記述では同じ日、三人で会ったと受け取れる。

私はすぐに、前述の矢部文治氏の回想文を思い出した。読み返してみると氏の文章では、三好氏がまず、二月のある晩に矢部氏宅に来て、良策氏と杯を交わしているのを目撃し、その二、三日後、伊東も来宅した、とある。文治氏は次のように書いている。

「……後になって、小高根二郎『詩人伊東静雄』を読み、京大の桑原武夫教授が、お二人の仲を斡旋するよう、父矢部良策に依頼されたと知った。もっとも、お二人はその後、私の家で会われることはなかった」と（傍点筆者）。

文治氏は毎日、自宅から神戸商業大学へ通っていたとしたら、家での事情に通じており、この証言に誤りはないだろう。おそらく、信頼されていた良策氏が別々の近い日に双方に仲直りの意を伝え、二人ともそれを了承したのではあるまいか。

伊東氏は、昭和二十八年三月、亡くなっている（四十八歳とは、早すぎる！）。その年の七月、創元選書で『伊東静雄詩集』が出版された。これは当時、多くの文学者に影響を与えたようだ。今では古書でもなかなかいい値段がついている。翌年の昭和二十九年十一月、故郷、長崎の諫早城に伊東の詩碑が建立されたが、その詩句の揮毫は三好達治によるものの由で、二人の関係が実際に修復された証であろう。

小高根氏の年譜の一節がその後、訂正されたのか、まだ怠けていて確認していない。

（二〇二二年七月二十日）

（追記3）『伊東静雄詩集』出版の変遷――創元選書から新潮文庫へ

ここまで書いてきて、私はふと、ある予感を抱いて、近くにある口笛文庫に電話して、新潮文庫の『伊東静雄詩集』がないですかと尋ねた。幸いにも一冊、在庫があるという。喜んだ私は早速、六甲道の坂道をフウフウ言いながら登ってゆき、一〇〇円の文庫を受け取った。

帰宅して本書巻末の「文庫版におさめるにあたって」をまず見ると、創元選書の方は長く絶版になっていたが、編者の桑原氏は「伊東の詩は昭和を代表して後世にのこるべきものと確信しているので」、新潮社と交渉して、快諾を得、新潮文庫の一冊として昭和三十二年、刊行された。富士正晴作成の註（ヴァリアント）と桑原氏の解説もそのまま、と言う（校正は富士氏がやった由）。私の入手したのは昭和五十年刊で二十刷となっていて、その後もロングセラーだったと思われるが、現在では絶版になっている。私は若い頃、桑原武夫の本を夢中になって読んだ愛読者なので、一入喜んだ。解説は、伊東氏の詩への高い評価だけでなく、伊東氏とのつきあいから印象に残る、様々なエピソードも語っていて、その高潔な人柄も浮び上がらせた名文である。桑原氏は伊東氏に会うと、いつもせっかちにそろそろ次の詩集を出してはとか、散文もうまいからもっと書きなさいなど言うので、伊東氏は圧迫を感じていたらしい、とも正直に書いている。知らず知らず桑原氏は編集者的な接し方をしていたようである。氏は解説の謝辞の部分の最後にこう書いている。

「伊東静雄の芸術に深い理解を示し、編者たちの自由を最大限にみとめられた創元社の小林茂、毛利定晴両氏に深く感謝する」と。

創元選書として刊行されたのが昭和二十八年、当時の小林氏は東京支店の支店長だった人だが、毛利氏は直接担当した編集者だろう（この人の名は初めて目にした）。東京支店は翌年倒産するという、経営が大へん苦しい折、よくぞ出してくれたものである。

それにしても、今頃になって、ようやっと『伊東静雄詩集』を手にするとは遅ればせにも程がある！　と深く反省する。これから、追々伊東氏の詩を読んでみようと思う。（二〇二一年七月二十五日）

（追記４）『定本　伊東静雄全集』の年譜から

三好達治と伊東静雄の和解についての年譜をあと少し追跡してみよう。

その後、人文書院から『定本　伊東静雄全集』が出ているのを憶い出し、神奈川近代文学館に、その年譜部分と「後記」のコピーを依頼して入手した。後記はやはり桑原武夫と、全集の編集に参加した小高根二郎が書いている。

桑原氏によると、人文書院社長、渡辺睦久に依頼され、富士正晴と小高根氏も参加して編集したという。詩、散文、日記、書簡の順に配列され、五六〇頁もある堂々たる大冊である。初版は昭和三十六年発行、一二〇〇部限定出版だったが、十年後の昭和四十六年、増補改訂して、定本として刊行している。

年譜はやはり小高根氏作成によるもので、二段組み五頁にわたり、以前より詳しいものになっている。例えば、昭和十年に出された処女詩集『わがひとに与ふる哀歌』（コギト発行所）は限定三百部、と記されている。ただ、「昭和二十三年（一九四八）四十三歳」の項では、「二月、桑原武夫の斡旋で、西下した三好達治と尼崎武庫荘の創元社社長宅で再会、会食して和解した」となっており、殆ど変っていない。果たして矢部文治氏の前述の証言とどちらが正しいのだろうか。

本書には日記も収録されているから、その昭和二十三年二月の日記を見れば、よりはっきり解明されるな、とはたと気づき、神奈川近代文学館の係の人にコピー依頼の前に電話で尋ねたところ、その期間の日記は欠けていて、収録されていないと言う。

一方の三好達治は日記を書いているのだろうか。遺されているとしても、活字化されていないのではないか。そこまで調べる気力はもはや、ない。残念ながら、私のささやかな探索はここまでで終わりそうである。

（二〇二二年九月十四日）

（追記5） 年譜は正しかった！

以上の追記を書き終えて数日後、私はまたもや、ふと思いついた（遅きに失した、と深く反省……）。大谷晃一『ある出版人の肖像』にこの件についての記述があるかもしれない、と。急いで、本を取り出し、調べてみる。本書は編年体で矢部良策の生涯をたどっているが、年度ごとに見出しが付いているわけではないので、なかなか該当箇所が見つかりにくい。しかし、昭和二十三年の記述の段に入り、驚いたことに、十行にわたって、ちゃんとこの件に次のように言及されていたのである。

まず、伊東静雄が仙台にいた桑原武夫にあてた手紙の一部を引用している（桑原氏は当時、東北帝大法文学部に助教授として赴任していた）。少し長くなるが、再録しておこう。

「三好さんと会えるように色々とお骨を折っていただいたこと後でしり、ほんとうに有難かったです。……二月の八日かに三好さんが大阪の創元社長の宅（武庫の荘《ママ》）に見えられた時、やっとお会い出来、一緒に食事しながら、ゆっくりお話を承ることが出来ました」と。これによって、年譜の事実の方が正しかったことが証明された。大谷氏は続いて、伊東氏の出版記念会での朔太郎の絶讃によって、以来伊東氏と三好氏の間が気まずくなったが、伊東氏が昭和二十二年に創元社から出した『反響』を三好氏が評価しているのを知った桑原氏が、良策氏に和解のあっせんを頼んだこと、さらに「良策はまず一人ずつを呼んで下ならしまでした」と書いているのだ（傍点筆者）。文治氏が自宅で別々の日に三好、伊東氏に会ったというのはこのことだったのである。

その前に大谷氏は昭和十八年四月、文治氏が神戸商業大学予科（現・神戸大学）に入学したことにふれ、神戸商大は全寮制なので、文治氏は家を離れた、と書いている。ここからは私の推測になるが、大学が春休みに入り、たまたま自宅に帰っていた折、文治氏は父親に呼ばれて別々の日に二人の詩人に会い、その数日後、二月八日までに大学の寮に戻ったため、良策氏はあえて後日の事実を息子に知らせなかったのではないか（大谷氏も評伝のどこかで、良策氏が家では口数が少なかったように書いている）。いや、よく考えてみると、大学の新学期は通常四月から始まるのだから、文治氏は二月八日をはさんで、どこかへ春休みの旅行にでも出かけていたのかもしれない。氏は自分が経験した記憶のみが残ったのであろう。

私は初め、文治氏の証言で、むしろ年譜の方が誤っているのではという疑いを抱いてしまったが、事実はそうではなかったのである。あやうく赤っ恥をかくところであった。

私はすぐに、念のため、神奈川近代文学館に問合せ、『定本　伊東静雄全集』に、その手紙（二月十三日付け）が収録されているのを確認し、その部分のコピーを送ってもらった。全体は便箋二枚位の分量であり、大谷氏が引用した文面に続いて、「会ひたいと思ひ初めてから十年が経過しました。評論や随筆から気むづかしい印象をうけてゐましたのでびくびくしてゐましたが、案外気楽に話せました。老生した人のやうな、ゆったりした感じをうけました」とも、三好氏の印象を語っている。

何事も早トチリは禁物、という教訓を得た経験であった。

（二〇二二年九月二十七日）

（付記）令和四年十月中旬、大阪、天神さんで開かれた古本祭りの二日目に出かけた私は、厚生書店で、創元選書の『伊東静雄詩集』を見つけて喜んだ。サービス価格なのか、何と二〇〇円で！（や、安すぎる！）本書には口絵に伊東氏の写真、その裏には「倦んだ病人」と題する詩（「反響以後」中の一篇）の鉛筆の書出し原稿の図版が載っている。これらは新潮文庫にはないから貴重であろう。

五　白鳥省吾童謡集『黄金のたんぽぽ』との出会い

——金星堂主人、福岡益雄と二人の編集者

十月末に催された京都、百万遍知恩寺での古本祭り初日に出かけ、強烈な日ざしの下、休み休みあえぎながらも大体、会場を見回り、最後にたどり着いたのが石川古本店である。箱に戦後すぐの児童向け物語の本がいろいろ並んでいる一角があり、その隅に、日に焼けたいかにも古めかしい函の背文字が見えたので、抜き出してみると、『黄金のたんぽぽ　白鳥省吾童謡集』（金星堂児童部、大正十五年）であった。

函の表裏の意匠といい、本体表紙の装幀といい、どうも見覚えのある面白いスタイルの線描画である。どこにも装幀者の名前は記されていないが、裏広告を見ると、白鳥省吾の他の童話集にも（武井武雄画）とあるし、武井の自装の童話集『ペスト博士の夢』も出ている。人物のデフォルメの仕方も独特で、武井の装幀にちがいない、と私は思った。とくに本体表紙の中央、赤い丸の中にタイトルを入れ、その周りを影絵の子供たちがぐるぐる回っている意匠はユニークなもので、ぐっと惹きつけられる。

私はとくだん、童謡集に関心があるわけでもなく、白鳥省吾についても、近代日本の民衆詩派の代表者の一人という位しか、知識をもち合せていない。値段も二千円なので、散々迷ったが、それでも大正時代の珍しい本だし、装幀の魅力にも勝てず、買うことにした。

白鳥省吾については『日本近代文学大事典』を参照した程度にすぎないが、ごく簡単に紹介しておこう。明治二十三年、宮城県の農家に生まれ、早稲田大学を卒業。第一詩集『世界の一人』を出版。早くから口語自由詩を発表し、大正六年に結成された「詩話会」の中心人物として活躍する。北原白秋との、詩の芸術性をめぐる論争は有名である。詩誌『地上楽園』を創刊。そこで民謡の創作や研究、童話、童謡にも力を入れた。戦後も活発に詩作を続け、おそらく海外旅行の成果だろう、詩集『灼熱の氷河』『ロッキー残雪』などを出している。昭和四十八年没。

私はせっかく買ったのだからと、帰宅後、珍しく早速パラパラと頁をひもといた。一頁ごとに童謡の上部に同じ飾りカットが添えられていて面白い。惜しむらくはあと数種類、違うカットもほしかったが。昔の本の活版活字はくっきり、しっかり印刷されているので、読みやすい。

まだ拾い読みしただけだが、その中でも私がとくに面白いと思った作品を三つだけ紹介してみよう。

『黄金のたんぽぽ』
（上図）函、（下図）表紙

川

川はふしぎな鏡のやうだ
どこへ行つて見ても
ちがつた景色が映つてゐる

川はふしぎな楽器のやうだ
どこへ行つてきいても
ちがつた音をたててゐる

川はほんたうに面白いな
私も木の葉のやうに流れて見たいな
海の入り口まで。

森の大木

大きい樹立の枝ぶりは
大きい家を見るやうだ。
二階には雀
三階には烏《からす》
四階には梟《ふくろう》
いちばん下にはみそさざい
いちばん上には鷹《たか》が居る
軒には蜂の巣があつて
地下には蛇も居るであろ。

大きい大きいビルデイング
夜になつたら室々《へや〳〵》に
星がたくさん光つてた。

春

野山にひいた霞《かすみ》の中に

姿かくした手品師が
風を起そと虹出そと
心のままに日を暮らす。

一、二、三と掛声すれば
柳が萌えるしすみれも踊る
みごとな手品を囃《はや》すのか
雲雀《ひばり》はピーチク空に啼《な》く

如何だろうか。子供は時たま、大人が思いもよらぬような発想の発言をして驚かされるが、ここにはそれと似た鮮かな発想や見立て、比喩の楽しさがあるように思う。他にも引用したい童謡は多いが、長くなるので省略しよう（なお、原文にはすべての漢字にルビがついているが、ここでは私が必要と思うものだけに限定した）。私は白鳥の童話や詩集も機会があれば読んでみたいな、という気にさせられた。

金星堂の歩み

さて、私は本書の版元が、金星堂児童部（東京都神田区今川小路一丁目四番地）であることにも興味を引かれた。発行者は福岡益雄である。金星堂といえば、大正後期から昭和初めにかけて、日本のモダニズム文学の出版を先駆けてリードした出版社である。幸い、金星堂はウィキペディアにも出てくる。大正七年（一九一八年）福岡益雄によって創業された。まず、今も愛蔵して時々参照する紅野敏郎の『本の散歩・文学史の森』（冬樹社、昭和五十四年）を見当をつけて見てみると、ありました！「金星堂の『名作叢書』」の一項が。そこに、「金星堂の『名作叢書』は『文藝時代』の人々とまだ結びつかない時期、関東大震災（筆者注・大正十二年九月一日）前の時点における金星堂の企画である」と書かれている。これらはポケット形の小型本で、茶色の表紙に森田恒友の菫の花の意匠だという。ここではすべての題名はあげないが、正宗白鳥『人さまざま』、田山花袋『曠野の恋』を始め、菊池寛、徳田秋聲、里見弴、佐藤春夫、谷崎など、それに加能作次郎『恭三の父』、広津和郎『死児を抱いて』他、主なものだけでも十七冊をあげている。錚々たる作家たちの名作を収録したシリーズだが、私は加能氏の本以外、古本屋や古書目録でも見かけたことはない（あきつ書店にはあるかもしれないが）。

大正十三年十月、まだ東大生であった川端康成の相談を受け、モダニズム文学系の最初の同人雑誌『文藝時代』を創刊。同人は川端、横光、片岡鉄兵、中河與一、菅道雄、佐佐木茂索、十一谷義三郎、今東光（大正十四年に脱退）ら十四名。途中から稲垣足穂や岸田國士も加わった。この雑誌に〝新感覚派〟の作品が主に発表された。表紙画には前衛芸術グループ「アクション」のメンバー、山本行雄、吉田謙吉、中川紀元、宮田重雄、それに村山知義らが起用された。昭和二年五月、全三

『生活の花』表紙

十三冊で終刊。この流れから、『文藝時代』同人の小説集、川端の第一作品集『感情装飾』（大正十五年）『伊豆の踊子』（昭和二年）――いずれも吉田謙吉のモダンな装幀――、横光の『御身』（大正十三年）、戯曲集『愛の挨拶』（吉田謙吉装幀、昭和二年）、稲垣足穂『一千一秒物語』（大正十二年）『星を売る店』（昭和元年）『第三半球物語』（足穂自装、昭和二年）、吉田一穂《いっすい》『海の人形』（童話集、武井武雄装幀・口絵、大正十三年）同『海の聖母』（詩集、亀山巌装幀、大正十五年）、それに今東光『痩せた花嫁』（吉邨《よしむら》二郎装幀、大正十四年）、宇野千代『幸福』（藤井達吉装幀、大正十三年）、十一谷義三郎『生活の花』（吉邨二郎装、昭和三年）などを出している。

一方でプロレタリア文学系のアプトン・シンクレア『拝金芸術』（昭和五年）やイワノフ『装甲列車』（昭和五年）なども出している（二冊とも吉田謙吉装幀）。

私が注目するのは、その後、昭和七年五月から同九年末まで、編集部に伊藤整が務めていたことだ（二十八歳時、伊藤の年譜による）。伊藤整の企画で『文藝レビュー』同人仲間の上林暁『薔薇盗人』や福田清人『河童の巣』、那須辰造『釦《ボタン》つけする家』（以上、昭和八年）それに自身の『生物祭』（昭和七年）——各々処女小説集——を出している。足穂と交友のあった神戸出身の衣巻省三の『パラピンの聖女』（昭和八年）も（タイトルからして読みたくなるではないか）。さらにジイド全集を企画し、一部翻訳も担当している。金星堂時代の伊藤整について何か、自身で回想を書いていないか、全集の随筆篇を調べれば分かるかもしれないが、まだ怠けて調べていない。以前四巻程持っていた伊藤の随筆集『我が文学生活』（全六巻）にも何か出ていたかもしれないが、引越しの折手放してしまって手元になく、残念である（言い訳が多くてすみません）。今後の課題としておこう。

ところで、金星堂には児童部もあり、本書のような本が出ていたとは、今まで全く知らなかった（知らないこと、多すぎます……）。とりあえず、裏広告に出ている童話集を列挙しておこう。

白鳥省吾『魔法の小馬』（武井武雄画）、武井『ペスト博士の夢』（自装、大正十三年）——大正十五年に叢文閣から出た『ラムラム王』は代表作として有名で、復刻版も出ているが、本書の方はあまり知られていないかもしれない。武井の四冊目の本のようだ。——、金子洋文『チョコレート兵隊さん』（柳瀬正夢画）——本書については、林哲夫氏が『文字力一〇〇』（みずのわ出版、平成十八年）の中で、書影とともに短く紹介している（64・65頁）——、前田晁（博文館『文章世界』の元編集者）『銀の翼』（川島昌介画、大正十三年）、吉田助治・武井武雄合著『絵噺　動物の智慧』。各々広告の下

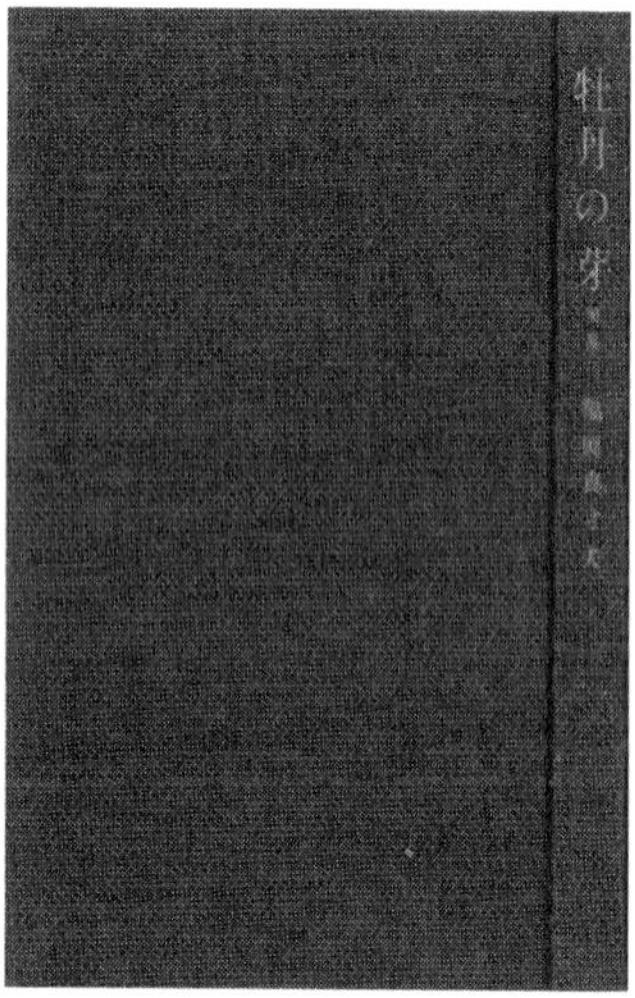

に小さく書影も出ているが、印刷がボヤケているのが残念だ。

大正期後半は丁度、日本の創作童話の勃興期に当っていたようだ。武井は大正十一年創刊の『コドモノクニ』の企画ブレーンとして務めており、十二年に処女童話集『お噺の卵』を目白書房から出している（後に講談社文庫に入る）。

この辺りの金星堂の本については、児童文学史上の古書を多数蒐集していた研究者、鳥越信や上笙一郎の著作に当れば、詳しく書かれているかもしれない。そういえば、中野書店から時々届いていたカラー書影が入った大判の目録の児童文学特集にも、探せば金星堂の本が見つかるかもしれないが、これらも引越しの際、処分してしまったので、これ以上の探索はもはや、ムリである（ひらき直りか？……）。

ここで私は、ウィキペディアで金星堂を調べて見て、またもや驚いてしまった。私の不勉強で恥入るばかりだが、金星堂は戦前の文芸出版社で、今はもうないのだと思い込んでいた。ところが、「文芸作品の出版からは戦前で撤退。戦後は語学系出版社として、英語・中国語教科書、英語・英米文学研究書を扱っている」とあるではないか（金星堂の方々に深くおわびします）。代表者は福岡正人氏で、千代田区神田神保町三―二一に社屋があると。出版方針を戦後、文学から語学に転換したのは、私がかつて勤めていた創元社にも似ている（分野は違うが）。賭けやリスクの要素が大きい文芸出版から、堅実な語学や教科書中心へとシフトしたのだろう。

なお、福岡氏は戦後、日本書籍出版協会副会長も務めており、晩年、福岡真寸夫名で自社から句集『牡丹の芽』『白牡丹』を出している。やはり、自身も文学的才能があった人物なのだ。昭和四十五年没。そういえば、もう一つ、私は昔、門野虎三――金星堂の営業幹部であった人――の『金星堂のころ』を古本で入手して持っていたのだが、ちゃんと読まないまま、これもいつのまにか手放してしまい、肝心のときに参照できないのが悔まれる。本書はたしか、豊中の岡町にあった今は亡き青山書店で入手した記憶がある。亡き店主とはよく雑談を交したもので、懐かしい。

さらに、編集者としては、戦前の金星堂の全体像や福岡氏の人物像について、すぐれた近代文学研究者、曽根博義先生に一冊、まとめていただきたかったのだが、残念なことに平成二十八年七十六歳で亡くなられた。実は、私の『関西古本探検』（右文書院、二〇〇六年）を氏に献本した折、長い親切なお便りをいただいて以来、時折お便りしてそのあたりの希望ももらしていたのだが。昭和初期のモダニズム系出版社、紀伊國屋書店についても多数の資料を蒐めておられたと思う。なお曽根氏の『伝記　伊藤整　詩人の肖像』（六興出版、昭和五十二年）は精緻な資料に基づく名著である。

奥付の印刷者に、南天堂の松岡虎王磨を発見！

さて、私はもう一つ、本稿で目玉になりそうな事実を奥付表記に見出した。印刷者が松岡虎王磨、印刷所が京華社分工場、となっていて、私はえっ、と驚いてしまった。虎王磨は近代文学史上の舞台となった、一部で有名な南天堂の主人だからだ。それが印刷者として表示されているとはどういうことなのか？　南天堂については、故寺島珠雄が大部で詳細きわまる探究書『南天堂』（皓星社、一九九九年）を遺作として残している。本書カバーの紹介文を少し拝借しよう。

南天堂は大正六年、本郷白山上に開業した店で、一階は書店、二階はカフェー・レストラン。その二階には夜毎、アナーキストやダダイスト、辻潤や詩人たち、さらに林芙美子や平林たい子、高見順らの作家たちが集っては談笑し、時にアナ・ボル派の連中が乱闘もくり広げた所である。寺島氏の、本書の資料博捜ぶりにはただ脱帽するばかりだ。実は私も前著『古本愛好家の読書日録』（論創社）の中で、南天堂二階を舞台にした作家群像を描いた、詩人で小説家の神戸《かんべ》雄一（太宰とも親交があった）の珍しい中篇「蜘蛛の族」（『番人』図書研究社、昭和十八年所収）を発掘し、ささやかながら紹介した。もちろん、執筆の際に、寺島氏の著作も参考にさせていただいたのだが、正直に告白すれば、原稿に役立つ所をあちこち拾い読みした程度で、全頁を読破したわけではなかったのだ。それで私は、あわてて再び本棚から『南天堂』を引っぱり出し、ざっとではあるが頁を繰って、調べてみたのである。今回も細部は省略して要点だけまとめて紹介しよう。

昭和二年頃、それまで繁盛していた南天堂にも〈昭和金融恐慌〉の影響が波及してきて、経営がだんだん傾いてくる。寺島氏は、それまでに南天堂が出版事業もやっていたことを示している――例えば、石神井書林目録によれば、雑誌『戯曲時代』創刊号（大正十三年）は、南天堂書房から発売されている――が、昭和二年発行、生田長江、赤松月船共著の『新しき詩の作法』の奥付を図版に掲げ、考察している。発行所は資文堂、そこでも印刷者が松岡虎王磨になっているのだ。印刷所は表示がない。しかし、須藤出穂氏の証言で、その父、須藤紋一が当時、印刷所、京華社にいて虎王磨も共に働いていたことが分かっている。南天堂は左前になっていたものの、その時点ではまだ営業していたという。つまり、南天堂の方は妻の池山薫子に全面的に任せて、虎王磨は京華社の幹部として働いていたのである。

京華社は九段の中坂にあり、以前から『南伝大蔵経』（全六十五巻）の印刷などを目玉にやっていた。大正十二年に南天堂出版部から出した『新しき俳句と其作法』の奥付では京華社の印刷者は猪木卓二になっている。この頃からすでに虎王磨は京華社に出入りしていたのではないか。京華社の幹部七人の写真も載っていて、社長の猪木の横に虎王磨も坐って写っている。眼光鋭く、精悍な顔つきの人物に見える。寺島氏の推測では、南天堂は昭和五年末頃まで看板を持ちこたえたのでは、と述べている。これについては、神戸出身の民衆派詩人、縄田林蔵が昭和六年に争議の主唱者として首になるまで京華社で印刷工として働いていたという例証もあげている。

石神井書林、内堀弘氏の提供した資料、『文藝抗争』昭和五年十二月発行、創刊号の裏広告に、南天堂の文字だけの一頁広告が図版で出ている。おそらくこの広告が南天堂の最後の表示になったものと寺島氏は見ているようだ。

そして虎王磨は京華社になお二年いて、その後幹部支配人だった友人の須藤紋一が京華社を退社して起こした三鐘印刷の創業に参加したと述べている。

『新しき詩の作法』発行が昭和二年で、私の見た『黄金のたんぽぽ』は大正十五年六月十五日発行なので、虎王磨はもう少し前から京華社の幹部（？）になっていたことになる。

後日、分かったことだが、同大正十五年発行の川端康成の処女出版、『感情装飾』も、印刷者は虎王磨になっており、当時、金星堂との取引が密だったことが推測される。

寺島氏は、印刷者名は代表者で、必ずしも社長ではなかったように書いているが、私の理解では、印刷者はよほどの社内事情がない限りは、印刷会社の社長名なのがふつうであり、やはり社長だったのではないか。とすれば、大へん早い出世だが、それだけ氏に人望があり、指導力もあったので、任命されたのでは、と推測される。ともかく、寺島氏の本には出てこない一事例をここに若干紹介できたことは幸いに思う。一冊の古本だけで、これだけいろいろと探索できるのだから、やはり古本の世界は奥が深いなあと改めて思う。

（二〇二二年十一月十五日）

（追記1）　門野虎三『金星堂のころ』から——曽根博義氏の解題を読む

前稿を書き終えてしばらく経ってから、突然私は思い出した。たしか金沢市の金沢文圃閣から、以前まとめて送ってもらった出版物の大量のチラシの中に、門野虎三『金星堂のころ』復刻版の刊行物もあったはずだと。そこで急いで、押入れにある箱に入れたファイルの束の中から、時間をかけてやっとそのチラシを探し出した。復刻は一冊でなく、『語ろう会のころ』との二冊セットで、何と一万四千円！（むろん私に手が出せる代物ではない）。ただ、よく見ると、解題を前述の曽根博義先生が書いているではないか。それで私は早速、以前にも何度かお願いしたことがある神奈川近代文学館に電話で問い合わせ、所蔵しているとのことだったので、解題部分のみのコピーを依頼したのである（金沢文圃閣さん、すみません）。奥付を入れて全部でも二十頁位なので、コピーは見開きで十枚位だから、大して代金はかからない。こんな時、近代文学館の存在は有難いものだといつも思う。

すぐに届いたコピーを私は早速ワクワクしながら通読した。本当はその原文すべてを書き写したい位だが、そうもゆかない。ここでは教示してもらった、私が前文で書けなかった事柄を、多少私の見解も交えながら要約して紹介してみよう。

まず、金星堂の歴史は、作家たちの思い出話や紅野敏郎の論考はあるものの、福岡益雄によっても社史としても書かれていないという（二〇一一年時点のことだが）。それだけに、この門野氏の回想録は貴重であろう。ただ、本書『金星堂のころ』は門野氏が五十年程前のことを記憶を頼りに語ったものを、知人の児童文学者、阿貴良一氏がテープに取って文章化したものという（それだけに記憶違いもいろいろあることだろう）。

福岡氏の簡単な経歴から紹介しよう。氏は明治二十七年に京都で生れ、看護婦の母との母子家庭で育った。小学校四年生で退学し、京都の有名な古本屋、山中巌松堂に奉公に出され、次いで東京の富田文陽堂に入店、そこで出版のイロハも覚えた。大正七年、二十五歳の時独立して上京し、出

版と卸しの上方屋書店を開いた。その翌年、近くの神田郵便局でたまたま、上京したての十八歳の門野氏と出会い、母親と同じ滋賀県生まれというので親しみを抱き、その場で入店を勧めたという。そのときが、二人の運命的出会いだったと言えよう。連れて行かれた店は間口三間程で、福岡の母と三人程の店員がいた。

住所は初め、神田区美土代町二―一、だったが、表神保町十番地に移り、その頃から文芸ものの出版に本腰を入れだす。まず、博文館の『講談雑誌』主任編集者だった生田蝶介に近づき、生田の『歌集　宝玉』（総革装の豪華な袖珍本）を大正八年十一月に初めて金星堂の版元名で出した。おそらくその人脈からか、かつて博文館発行『文章世界』の編集主任だった田山花袋の知遇を得、大へん気に入られる。実際、今に残る金星堂の看板は花袋の揮毫によるという。明言はしていないが、当時の文壇の大御所、花袋の肝入りもあってか、大正十年から「随筆感想叢書」と「金星堂名作叢書」を続々刊行してゆく。

後者は前述したが、前者の方は久保田万太郎『三筋町』、佐藤春夫『藝術家の喜び』、芥川『点心』、谷崎『藝術一家言』、里見弴『赤き机に凭りて』、花袋『夜坐』、近松秋江『秋江随筆』など、大正十四年から昭和二年まで全十三冊が出ている（原文ではすべての本が発行年とともに列挙されているが、私は研究者ではないので、大分省略した。お許し願いたい）。こちらのシリーズの本は私も以前古書展などで見つけて、佐藤春夫や里見弴のものは持っていたことがある。たしか、新書判に近いものでこれも森田恒友の装幀だったと思う。この叢書についても、紅野敏郎先生が『大正期の文藝叢書』で詳述しているという。なお、別に花袋の長篇小説は単行本で『春雨』『残る花』など八冊（？）、歴史小説も『源義朝』など三冊出している。

ただ、金星堂の文芸ものは大体初版三千部位で、売行きはそれほどよくなかったらしい。それでも短期間にこれだけ一挙に出せたのは、一方で上方屋出版部の裏看板で、関西の他社の紙型を沢山買い取って造った実用書や謡本、楽譜本、浅草（風俗？）本などを書店に卸して得た収益を、文芸出版に注ぎ込んだためである。その上方屋の営業責任者が門野虎三であった。

このような経営の実態を曽根先生は、金星堂のPR誌『金星』（四六判、二〇頁）――毎月出ていたらしい――の大正十年十一月号を見つけ、その目録や広告から書名もあげ、実証的に考察している。私はむろん、古本展でも『金星』に一冊もお目にかかったことはない（東京の古書展でないと、どだいムリだろう）。曽根先生、さすがである。

大正十二年の関東大震災で、金星堂の社屋は消失したが、大正十三年には神田今川小路一―四、に店舗を構えて再興し、外国の戯曲集「先駆芸術叢書」（大正十三年～十五年、全十二篇）、さらに雑誌『文藝時代』を大正十三年十月から出し始める。この頃、編集部にアナキストの飯田豊二がいたという。以降もモダニズム文学の出版が続くのだから、二、三人の編集者はいたと思われるのだが、他の編集者の名前はあげられていない。各本のあとがきに編集者への謝辞があれば、分かるかもしれないが。

飯田氏の企画で「社会文芸叢書」や、「社会科学叢書」も出たが、売行きはあまりよくなかった。『文藝時代』の赤字も年々増えてゆき、モダニズム文学の単行本も、売れるものはごく一部に限られていた。経営は火の車だったという。門野氏は誠実な人柄で、全国に出張して販路を広げ、献身的に社のために働いてきたが、昭和四年にとうとう見切りをつけて独立し、神保町に取次の門野書店を開いた。金星堂はその後も、昭和十年代、戦争中と、よくもちこたえて経営を維持した。戦後、前述したように、出版方針を大転換したのは、戦前の文芸出版で数々の苦渋の経験をなめたからだろう。それはともかく、このような興味深い解題を残して下さった曽根先生に改めて感謝したいと思う。

（二〇二一年十一月二十五日）

（追記1）の清書を終えてホッとしている時に、私はまたも思い出した（ボケがすすんでいるせいか、一度に二件は思い出せないのだ……）。別稿で、私は戦前の創元社東京支店、編集部（校正部？）に務めていた松村泰太郎のことを書いたのだが、そのきっかけになったのは、古本目録で入手した保昌正夫の珍しい小冊子（六十四頁）『暮れの本屋めぐり』（日本近代文学館、平成十五年）であった。その中にたしか、金星堂のＰＲ誌『金星』について書かれた短文があったはずだと……。それで、急

（追記2）高見順『昭和文学盛衰史』から――『文藝時代』創刊の頃

いで、その小冊子を取り出してみると、「雑誌『金星』のこと」という一文が二段組み二頁近くだが載っていた。

保昌氏が初めてこの雑誌を目にしたのは、ノーベル賞受賞（昭和四十三年）記念に催された川端康成展のときであった。金星堂の福岡益雄が出品したもので、展示終了後、日本近代文学館に大正十四年の六、十、十二月号が寄贈されたという。こういう出版社のPR誌は散逸しがちなものであり、おそらく社主の福岡氏もそれほど保存してなかっただろうから、出版史の資料として貴重である。そして『金星』の中身の概要も紹介している。「このスクラップ編集でおもしろいのは各新聞、雑誌からの時評、感想、文壇雑報等の抜き書きや整理である」などと。文学者のゴシップ記事も多いという。さらに私が注目したのは、「この編集にあたっているのは金星堂の『名番頭』といわれた飯田豊二（飯田は今東光らの『文党』の「党人」でもあり、高見順『昭和文学盛衰史』にいくどか、その名が現れる）」とある箇所だ。「名番頭」というのが金星堂内のどういう位置《ポジション》づけになるのか、よく分からないが、幹部に当たるのはたしかだろう（番頭というと、営業部のイメージが強いが……）。

これを読んで、私は早速、文学史の資料として役立つと思って今も保存している、高見順の当書の角川文庫版を本棚から探し出して参照してみた。何しろ8ポ活字で六四〇頁にも及ぶ大冊なので、飯田氏の出てくる箇所も探し出すのは大変だな、と一瞬とまどったが、幸い巻末に人名索引が十九頁付いているので、助かった。改めて索引の必要性を思う（私の旧著には索引を付けてないのが多く、反省しきり……）。飯田は全部で七ヵ所の頁に出てくる。当ってみると、殆どが今東光らの雑誌『文党』同人としてや、プロレタリア系雑誌『文藝戦線』、『文藝解放』の執筆者として名前が列挙されているだけだが、一七八頁には少し詳しく言及されている。その一節によれば、『文藝時代』も飯田氏が編集しており、さらにアナーキストになってからの飯田氏が企画した「社会文芸叢書」をざっと紹介している。その多くがロシアのアナーキストたちの本の翻訳で、私の全く知らない人ばかりなので、ここでは書名だけあげておく。第一篇『夜』（佐々木孝丸訳）、第二篇『芸術の危機』、第五篇、人形劇『誰が一番馬鹿だ？』（前述書か？）、第四篇『装甲列車一四六九』、第六篇、戯曲『法の外に』、第十一篇『悪指導者』などであり、各々飯田氏によると思われる簡潔な広告文も添えている。飯田氏が『文藝時代』も編集していたのは初耳であった。ただ、中身の企画、編集、校正は同人の作家たちが二人ずつ持ち回りで担当していたというから、飯田氏は編集実務担当だったのだろう、むろん、編集者も紙面のレイアウトをし、校正し、紙や製本の手配をするわけだ。

せっかくの機会なので（実は高見順の本書もまだじっくりと通読はしていなかったのだ）、何げなく一章からしばらく読んでゆくと、すぐに『文藝時代』のことが出てきたのである。少し長くなるが、引用しておこう。

「私はその大正十三年の春、高等学校（筆者注・第一高等学校）に入った。（中略）私たちは、あの『文藝時代』の創刊号をどんなに眼を輝かして手にしたことか。本屋は大学前の郁文堂だったと思う。四十銭であった。私は『文藝時代』を買って本屋を出るとすぐ開いて、歩きながら読んだ。ここに、私たち若い世代のかねて求めていた文学が初めて現れた」と。そして創刊号の五篇の小説を列挙している。歩きながら、とはよほどのことで、驚く（創刊号は、金星堂によると、五千部だったということ）。

第二章でも、冒頭に「『文藝時代』の発行所は神田今川小路の金星堂であった。ここは、新進気鋭の集まった『文藝時代』の発行所たるにふさわしい、これまた新進気鋭の文芸出版社だった」と書き出されている（筆者注・その頃、「東都の空に輝く金星堂」といううたい文句を掲げたという）。続いて菊池寛の『文藝春秋』を始め、「随筆感想叢書」の書名を次々あげて紹介し、さらに横光や川端たちのモダニズム文学の単行本も列挙してゆく。「いずれも瀟洒《しょうしゃ》な装釘で新鮮な本であった」とし、それらが前衛画家のグループ「アクション」同人らによるものであったことを強調している。

そして、その「アクション」同人の一人、古賀春江と親交があった川端康成が『末期の眼』で書いた古賀の追悼文にふれ、「前衛画家古賀春江と川端康成との親交ということは、個人的な意味を超えたひとつの象徴的なものとして私には考えられる。それは、新感覚派文学の当時の前衛芸術との密接な親交性、内的な親近性を私に告げるのである」と述べている。具体的には『文藝時代』の創刊号の表紙を描いた「アクション」の山本行雄を始め、中川紀元、吉田謙吉、そして村山知義である。吉田謙吉は当時から舞台装置家としても名高く、「築地小劇場の舞台装置は人々を瞠目させたものだった」と。この話題の劇場と関連して、高見はまたもや金星堂の出版物にふれている。

『文藝時代』創刊の前後に出された「先駆藝術叢書」の第一篇、ゲーリングの『海戦』、第二篇、チェコのチャペックの『ロボット』、第三篇、イタリアのマリネッツイ《ママ》の『電気人形』（神原泰訳）、

第四篇『休みの日』（小山内薫訳）、第九篇、ピアンデルロ『六人の登場人物』——以上、いずれも「アクション」の中心画家、神原泰の同意匠の装幀——の台本によって、次々と築地小劇場で上演されており、「金星堂は当時、他の出版社にさきがけてこうした海外の先駆芸術の紹介を行ったのである。すなわち、『文藝時代』の発行所というのは、こうした先駆的出版社だったのである」と高らかに告げている。いずれも相当熱のこもった、思い入れの強い書きぶりである。事実、築地小劇場には、金星堂の出張書店もあったという。

ここで、テーマとは逸れるが、高見が紹介している、同時代の大正十三年七月、伝説的同人誌『マヴォ』を長隆舎から出し、あらゆる分野で前衛的運動を展開したグループ、「マヴォ」の命名の由来も抜群に面白い。その頭目の村山知義の回想によれば、「村山知義、尾形亀之助、柳瀬正夢、大浦周蔵、ブブノヴァの五人がおのおの名前をローマ字で書いて、一字一字に切ったその紙を掌から吹き飛ばして、遠くに落ちたものから拾って、字を合わせるとmavoとなったので、それをグループの名前にした」というのだ。即興性、偶然性を制作のキーワードにした、戦後、芦屋で生まれた吉原治良をリーダーとする「具体」の、先駆的団体とも言えよう（もっとも、後日参照した美術史家、五十殿《おむか》利治《としはる》の卓抜な研究書、『〔改訂版〕大正期新興美術運動の研究』（スカイドア、一九九八年）によると、この命名には諸説ある、と言う）。

本書はこうして一部を読んだだけでも、ぐんぐん引き込まれてしまうので、怠け者の私だが、今後、ぼちぼち読んでゆこうと思った。

（二〇二一年十二月三十日）

（追記3）編集者、松山悦三の『作家追想』から

さて、私は前述の曽根先生の解題を読み、その中にもう一篇、先生がまとめた「出発期の金星堂――『文藝時代』終刊まで」（『日本近代文学館年誌―資料探索』3号）他も紹介し、重なる部分もあるが読んでいただければ、と書いてあった。それで早速、また神奈川近代文学館にコピーを依頼して取り寄せた。二段組み、十八頁の力作である。ここでは、私が注目した部分を要約して紹介しよう。

まず、金星堂の文学史上の役割に初めて光を当てた伊藤整と高見順――高見の本については略々前述した――の仕事を評価し、研究者では保昌正夫、とくに紅野敏郎の著作の成果を紹介している。『文藝時代』終刊後、金星堂が再び息を吹き返したのは前述のように伊藤整が入社してからだが、伊藤氏が企画したクォータリー雑誌『新文学研究』や『チェーホフ全集』『ジイド全集』なども売行きはふるわなかったという（おそらく門野虎三の証言によるのだろう）。

また先生は、創業から終戦までの国会図書館の発行所ごとの蔵書数を調べ、金星堂は計五一二冊、改造社二三七〇、新潮社一九六三、春陽堂一九〇四、講談社一〇九七、平凡社九六五、第一書房六九七、厚生閣九一二、中央公論社七五二、河出書房六九七、白水社四八五冊をあげている。わが創元社は五六〇冊なので、金星堂と同じ位の出版規模だったと分かる。こういうマクロな数字によるアプローチは初めてで、新鮮に感じる。このうち、改造社、第一書房は戦後姿を消した。

次に門野氏の本から、重要な証言をまとめている。創業時分の頃、当時博文館に勤めていた大木

惇夫《あつお》（のちに北原白秋に師事し、詩人となる）が夕方になると、店に手伝いに来ていた。福岡氏は彼と相談して、文芸出版に乗り出すことにした、というのは私の知らなかった新事実である。二人とも二十代の同世代だから話が合ったのだろう。その後の生田蝶介は、大木の紹介かもしれない。大木の娘さんで中央公論社の元編集者、宮田毬栄さんが評価の高い父親の伝記『忘れられた詩人の伝記』を出しているが、そのあたりのことが出てこないだろうか。未読なので、調べてみたいものだ。

続いて、私が知りたかった金星堂の飯田以外の編集者のことも次のように書かれている。

「大正十年に金星堂の正式社員として松山敏（悦三）が加わり、続いて今西成美（筆用者注・男性）が編集部に入った」と。後に作家になった池田みち子も短い間編集手伝いに来ていた、とあるが、池田については曽根氏は疑問視している。理由は書かれていない。「大正十二年春、松山敏がやめたあと、新進気鋭の小説家だった中河与一（筆用者注・『文藝時代』同人）が入り、今西成美のかわりに飯田豊二が入った」とも。

このうち、実は松山悦三については、私は松山の遺した『作家追想』（教養文庫、昭和四十年）を昔、古本で見つけ、旧著『著者と編集者の間』の中で簡単に紹介したことがあるのだ。明治から大正、昭和にかけて、松山が接した三十四人の著名作家ごとに、自己宛ての書簡を図版を添えて引用しつつ、その知られざるエピソードを綴った非常に興味深い回想記だが、当時本に書いた折は、金星堂のことは殆ど意識していなかった。本書ももう手放してしまったかと思いきや、探してみると、本棚の二重に並べた文庫群の奥からひょこっと姿を現わしたので、ホッと胸をなでおろした。今回、急いで再び拾い読みして分かったことを報告しておこう。

まず、奥付によると、松山氏は明治三十一年、宮崎県に生まれ、昭和五年東京外国語大学を卒業。本文によれば、『時事新報』記者（菊池寛と同期入社）や『人間』（久米正雄、里見弴、山本有三らが同人で、直木三十五が編集し、玄文社――ここに、若き日の長谷川巳之吉が編集者として勤めていた――から発行していた同人雑誌だが、玄文社から出せなくなり、松山氏が編集長を引受け復刊した）編集長――これも復刊後は金星堂が発行している。などを歴任している――著書に『名作はこうして生まれた』『貧しき人々』など。翻訳も多数ある。ネットで調べてみると、退社した（？）大正十三年から、松山敏名で金星堂から詩集『若き日の夢』、他社からホイットマン、シェリー、ヴェルレーヌ、ハイネの詩集を小型本で出しており、昭和八年には金星堂からも『ダンテ詩集』を出している。

本書に登場する田山花袋、谷崎、里見弴、正宗白鳥、佐藤春夫、宇野浩二、近松秋江などの項を見ると、すべて大正十年、おそくとも十一年に各々初めて自宅を訪れており、金星堂の編集部長として随筆集の書名もあげて、原稿依頼したことを記している。即ち「随筆感想叢書」のことである。例えば佐藤春夫のところでは、最初の随筆集『藝術家の喜び』に収める、一小文を新潮社の編集者からもらってほしいと頼んだり、同時に出版した佐藤の童話劇『薔薇と真珠』（大正十一年）の本文の組み方に注文をつけたり、見本刷を二頁程拝見したい、などという佐藤からの手紙を引用し、編集に苦労したことを語っている。

門野氏の証言では、松山氏が入社したのが大正十年とのことだから、その年中にすぐに多くの作家を精力的に訪問して交渉し、依頼したことになる（編集実務は彼一人ではなかったにしても）。

ただ、これも神奈川近代文学館からコピーで入手した、貴重な福岡益雄の「『文藝時代』創刊の前後」（『文藝時代』復刻版の解説中に所収）によれば、福岡氏も菊池寛宅を訪れ、「金星堂名作叢書」と「随筆感想叢書」出版のお願いをしたと書いている。つまり編集部の長として、松山氏と手分けして作家たちと交渉したのだろう。そういえば、私がいた創元社でも、社長である矢部文治氏は編集部の長でもあり、多くの企画を立てて、著者との交渉もされていた。二つのシリーズも福岡氏の企画した可能性が大きいと思う。

ただ、川端康成の項で、松山氏はこう書き出している。「私が川端康成氏を知ったのは、大正十三年の秋、新感覚派の雑誌『文藝時代』を金星堂から創刊するときであった。そのとき氏は横光利一、中河与一の諸氏と編集や校正に従事していた。当時の私は『人間』の編集長として、金星堂の編集部長を兼ねていたので、よく顔を合わせていたが（後略）」と。『文藝時代』の創刊は、大正十三年十月なので、前述の門野氏の証言、「大正十二年春、松山敏がやめたあと……」というのと、くい違う。おそらく創刊からしばらくは、まだ金星堂にいたのではないか。実際に、松山氏は前述書の中で、中川、川端、横光が『文藝時代』の編集・校正作業に来る度に顔を合わせていた、と書いている。三人は毎朝、出勤が遅く、印刷所から校正の催促を受けるので困った、と言う。その後を、飯田豊二が編集（実務）を引き継いだのだろう。私は松山氏が金星堂時代のことを社の内部事情も含め、詳しく書き遺してくれていたら、と残念に思う。ともかく、金星堂で大きな仕事をしながら、短期間でなぜ退社したのかは不明である。なお、本書は金星堂の一級資料として重要だと思われるが、私の知る限り、どういうわけか、曽根先生も取り上げていない（と、ちょっぴり自慢になるが……もし、先生が御健在だったなら、多少は喜んでもらえたかもしれない）。

編集者、飯田豊二の仕事

再び曽根先生の文章に戻ろう。先生は「随筆感想叢書」と「金星堂名作叢書」の書名や刊行年月を逐一列挙して、前者が同時代に出た新潮社の『感想小品叢書』、後者が春陽堂の「ヴェストポケット傑作叢書」によく似ていると指摘している。そして新興の金星堂がこれだけ短期間に集中して出版できたのは、花袋や博文館編集者の人脈をうまく利用できたこと、『金星』や新聞広告で巧みな宣伝を行なったことなどをあげ、「それらを含めて福岡益雄がまだ二十代の青年でありながらすぐれた出版の才覚とセンスを持っていた」ことを強調している。また福岡氏は絵心をもち、カメラにも熱中していたといい、私見ではそれが「アクション」の画家たちを受け入れる素地にもなっていたのではないか。事実、大正十一年から写真雑誌『アマチュア』を出しているが、これには杉浦非水も参加している。

なお、飯田氏が企画したという「先駆芸術叢書」の命名者が佐藤春夫だった、とも書いている。「新興の文学と演劇と美術の出会い」の項では、横光『御身』、吉田一穂『海の人形』、金子洋文『鷗』（柳瀬正夢装幀）、今東光『痩せた花嫁』、中河与一『ある舞踏場』（中川紀元装幀）、川端『感情装飾』の書誌とともに、おそらく飯田の文だと思われる各々の広告文を引用している。ここでは、そのうち、一つだけ私がもっとも感心した宇野千代『幸福』の広告文を孫引きしておこう。

「文運の隆盛今日の如きはなき時、独り女流作家のみその影を潜めつゝあるは吾人をして洵に奇異の感を起さしめる。一葉逝き、素木しづ子死し、田村俊子また海外に去つて帰えらず、一二の名を知らるるものありと雖も名声曾て揚らざる間にあつて、女流の兎もすれば陥り易き安価なるセンチメンタルと見え透いた深刻がりとを避け、堂々たる筆触、冷酷なる解剖、一作毎に世評を震はし、男子をも後に瞳（瞠）若たらしめてゐるものはひとりわが宇野千代氏である。その近業十篇を集め美麗なる装幀を凝らして新しくこの一巻を成した。脂粉の蔭に美を装ふて微笑める永遠の謎なる女性も、一読、本書に依つて真実の姿を現はさずにはおくまい」と。

いささか古風な文体ではあるが、一読、読みたい気にさせられる見事な宣伝文ではないか。この一文だけでも相当な文学的教養と文才の持ち主だったことが分かる。もっとも、その後、今東光の『文党』などに短篇小説も寄せているのだから、当然かもしれないが。

ただ、飯田氏については、『文藝時代』や『金星』に深くかかわったにもかかわらず、明治三十一年生れである以外は正体が不明だと、先生は書いている。門野氏の記憶では大正十一年入社し、昭和三年まで六年余りいたというが、その後戦争中も『感激実話全集』を飯田の企画でつくったり、編集で『皇国に身を捧げて』を金星堂から出している。今で言う、フリー編集者としてその後も金星堂の仕事を時々していたのかもしれない。曽根先生はこのへんを若い研究者に調べてもらいたい、と期待している。

金星堂は、他にも単行本で片岡鉄兵の『モダンガアルの研究』（昭和二年）や諏訪三郎『ビルヂング棲息者』（昭和二年）も出しているが、売行きはよくなかったらしい。だが、前者などは今、古書で出ると、五〜六万の値が付く代物である。諏訪三郎は昭和十一年にも、金星堂から『父の肖像画』を出している。昭和四年には『就職戦線をめがけて』を出し、こちらはハウトウ本だからけっこう売れたのではないか。なお、氏は昭和六十一年に半澤成二名で『大正の雑誌記者』（中央公論社、昭和六十一年）を出している。こちらが本名で、諏訪三郎はペンネームの由。本書は、中央公論社から大正五年に創刊された『婦人公論』の記者として、その主幹、嶋中雄作や、有島武郎との心中事件で有名な波多野秋子、竹内てるよ（後に詩人として活躍）ら、編集者たちの実像や生々しいエ

ピソードをありのままに回想した興味津々の出版史の資料として、実に読みごたえがある回想記だ。実は、諏訪氏は『文藝時代』の創刊同人でもあった人なのである。昭和四十九年没。

曽根先生の評論には書影もいろいろ入っていて、楽しく読める。以上、雑な紹介で大幅に省いた部分もあるが、私には知的刺激に満ちた好論考であった。私は、先生のこれらの文章、さらに「厚生閣（書店）とモダニズム文学出版」や、紀伊國屋から出た北園克衛編集の『LESPRIT NOUVEAU』の幻の七号の探索記や『紀伊國屋月報』『レツェンゾ』について書いたエッセイなどを一冊にまとめ、『モダニズム出版社の時代』といったタイトルで、どこかの出版社が出してくれないだろうか、と切望する。あっ、出版方針とは異なるが、それこそ金星堂が出してくれれば、一番ふさわしい出版かと思われるのだが……（後にこれらは『私の文学渉猟』〈夏葉社〉に収められた）。

（二〇二一年十二月一日）

（追記4）　ようやく飯田豊二の略歴が判明する！

前稿を書き終えて二週間程たって、またもやヒョイと思い出した。私は旧著で、ある全く不明のアナキストについて触れたのだが、その本の書評を今は亡き、『彷書月刊』編集長、田村治芳氏がある書評紙に書いて下さった。なかなか手厳しいコメントで、そのアナキストについても、すでに『日本アナキズム運動人名事典』に立項されているとの教示を受けた。そちらの方面には全くうとい私の勉強不足であった。とすると、飯田豊二もその事典に立項されているかもしれない！　私は早速、日本近代文学館資料課にＦａｘし、もし出ているなら、とコピーをお願いした。予想は的中し、すぐにその部分が送られてきた。横組み二段で、半頁程取り上げられている。ここから、簡単に主な履歴を紹介しておこう。

明治三十一年愛知県に生れる。明治三十五年大阪の寺へ小僧に出され、二年後、三重県伊賀の山寺に入り、二十歳まで暮す。大正六年上京し、東京工業学校機械科を卒業。製図工として職を転々としたが、大正十一年八月、金星堂編集部に入社。福岡益雄が飯田の前衛的な企画を受け入れた理由の一つは、このような苦労をなめた育ち方に共感したからだろうか。大正十五年、編集していた『文藝時代』（大正十五年九月号）に短篇「我等の配列」を発表して注目される。金星堂に六年余在籍した。その後、今東光らの『文党』――これも金星堂から発行され、飯田が編集している――や『文藝解放』『黒色戦線』などに作品を発表した。昭和二年十月、劇団解放座を組織し、築地小劇場で、演出責任者として翻訳劇『悪指導者』（金星堂刊）を公演する。昭和六年には解放劇場を組織して「ボストン」（サッコ・ヴァンゼッティ事件を主題とする）を公演。没年は不明である。秋山清の飯田評が引用され、その誠実な努力型の人柄を追想している。驚いたことに、平凡社の『新興文学全集8』に村山知義・林房雄ら七名の作家とともに飯田豊二の短篇も五篇出ているという。見てみたいと思うものの、「日本の古本屋」では一件もヒットしなかった。

それでまた本書の一部のコピーを依頼した。プロレタリア文学系の自伝的な短篇「我等の配列」はざっと読んだが、残念ながらあまり心に残るものではなかった。一番の収穫は作品の後に、各々の作家自身による「小伝」が二段組みで一頁余り付けられていることで、既述の略歴にも、そこから私が追加した。中でもうれしかったのは金星堂の在職年が特定されたことで、大正十一年八月入社、昭和三年頃までいたことになる。自伝的小説によると、腕のいい製図工だったというから、雑誌のレイアウトなどお手のものだったに違いない。最後に「妻一人子供二人。目下失業状態にあるが、ほんとの仕事はこれからだと思っている」と書かれていて、その後の演劇方面の活動には筆が及んでいない。従って、事典の後半生の記述は別の文献（秋山清『アナキズム文学史』あたりか？）からまとめたものだと思われる。

（二〇二二年一月二十日）

（付記）　私は、「古本屋ツアー・イン・ジャパン」こと小山力也氏の毎日のブログをいつも楽しく拝見しているのだが、令和四年四月二十七日のそれを見ていたら、次の一件が目に飛び込んできた。小山氏は古書ワルツ荻窪店で、新文社の『世界名著物語文庫』の一冊、イプセンの『人形の家』（昭和二十一年）を入手したが、それは戯曲でなく、飯田豊二による翻案の物語だというのだ。内容からして、我々が取り上げてきた飯田豊二と言ってまちがいあるまい。

なお、私は念のために「日本の古本屋」で、新文社刊行で検索したところ、同シリーズで、モーパッサン『女の一生』も飯田豊二訳がヒットした（昭和二十一年）。また、昭和二十五年に『ノートルダムの傴僂男《せむし》』を「世界名著物語文庫」の一冊として青葉書房から出している。このように飯田氏は戦後もしばらくは（？）出版界で仕事をしていたようである。

（追記5）『本の手帖』で飯田豊二の新資料を見つける

令和五年の夏、異常ともいうべき酷暑が九月に入っても続き、私も毎日心身共に喘いでいたが、ある日、ふと思いついて「日本の古本屋」サイトで、著者、飯田豊二で検索してみた。すると、前述の飯田の「世界名著物語文庫」三冊の他に、『海のつはもの』『殉国の女性』（以上、昭和十七年）『義人烈士の面影』（編書、金星堂、昭和十一年）などがヒットした。どうも国策に沿った本もいろいろ出していたらしい。この原稿執筆の際、すでに売れたのか抹消されていたが、たしか少年向けヒトラー伝も出していたようだ。

残念ながら、戦時中は詩人を始め、大半の物書きが戦意高揚に資する本を出していたのが現実であり、飯田氏ひとりだけを責められない（いわゆる「転向」の問題は重大だが、私の手に余る）。

さて、順々に出品を見てゆくと、一件だけ中村書店から『本の手帖』（昭森社）の「アナキズムと文学」特集号（76号、昭和四十六年）が出ているのに目が止った。それをクリックすると、目次が列挙されており、その中に夏川小吉「二つの劇団と飯田豊二」があった。私はおっ、これは！と驚き、すぐFaxで中村書店に注文した。

無事届いたのを見ると、表紙には洋画家、林倭衛《しずえ》の「大杉栄像」が大きく載っていて、大杉の眼光鋭いおもかげが活写されている（正確なタイトルは「出獄の日のO氏（大正八年）」。林倭衛は青年時代、大杉栄や辻潤らアナキストたちと交流があった。この絵は二科展に出品されたが、警視庁から撤回の命令があり、大きな話題になったという。その後、大正十年、フランスに渡り、パリで六年程滞在、マチスの影響を大きく受ける。フランスでも大杉と三ヵ月交友した。帰国後、春陽会会員として活躍したが、昭和二十年、五十一歳で亡くなっている）。

この特集号は、アナキズムを主唱した日本近代の様々な雑誌と、中心になってそれにかかわった文学者たちが各々の雑誌発行のいきさつや流れ、関係した同人たちの動向、対立などを生々しく回想したもので、これを通読すれば、近代日本のアナキズムとその文学が充分展望できる貴重な一冊になっている。

私はアナキズムの思想に格別関心があるわけではないが——むろん、私とてあらゆる権力を否定して自由に生きるという基本的考え方（?）には共感できるが——古本者の常として、その雑誌群像には好奇心を持っている。内容の一部をあげると、『赤と黒』『ダムダム』を岡本潤が、『文芸解放』を壺井繁治、『銅鑼』を陸すすむ、『弾道』を小野十三郎、『文学通信』を秋山清、「萩原恭次郎論」を伊藤信吉、「小野十三郎論」を同じく秋山清が執筆している。

まえおきが長くなったが、私はまっ先に「二つの劇団と飯田豊二」（二段組み、六頁）を通読した。

これは私の知る限り、飯田豊二を主題にした唯一の文章ではなかろうか。

私の注目したところを簡単に紹介しておこう。まず冒頭で、夏川氏は戦後昭和二十三年の末に、杉並区長をやめたばかりの新居格《にいいたる》――戦前、アナキズムの評論家、作家として多方面で活躍した――に高円寺の駅のホームでばったり出逢い、「飯田君、逢うかね、どうしてるかねェ」と聞かれ、「生きているから、とにかく何とかやってるだろう、よくやる人だから」などと答えたエピソードを記している。新居氏はかねがね、「有能な人だな、飯田君という人は……」と慨嘆していたという。

それから、夏川氏と飯田氏のつきあいの歩みや飯田氏の仕事をふりかえって紹介している。むろん、金星堂に勤めていたことも忘れずに書いており、アナキズム関係の翻訳書を三冊程あげているが、『大杉栄遺稿』も出した、とある。これも飯田が企画したのだろうか（校正中に、「日本の古本屋」サイトの出品から、昭和三年、金星堂から安谷寛一編で、『未刊大杉栄遺稿』が函付きで出たのを確認できた）。

そして、その後主にアナキズム系の文芸雑誌に載った、氏の手元にある限りの小説作品のリスト十七篇を掲載雑誌とともにあげている。このうち、「靴」「音の結婚」（『文党』）「ラッパ物語」（『文藝解放』）「鯨は何故酔払つたか」（『単騎』）など、タイトルだけで面白そうな作品もあり、いずれ近代文学館にコピーを依頼して読んでみたいものだ。

夏川氏は飯田氏がこういうグループに加わっていなければ、もっとはるかに文学の仕事も評価されていただろう、と言い、「頼まれれば断れず、引受けたら責任を果たし、どんな仕事にも彼なりの努力と成果を挙げることがほとんどこの人の生涯につきまとい……」などと述べている。その誠実で努力型の人柄が偲ばれる。

さらに私がこの一文で初めて知ったこともあげておこう。夏川氏は岡本潤らと企画して昭和二十一年四月に詩誌『コスモス』を出し始めたが、その三号の表紙図案を飯田氏に依頼しに自宅を訪ねたという。そして昭和初期に、弾道社から出した『アメリカプロレタリヤ詩集』や『弾道』の表紙、岡本潤の自叙伝『罪当りは生きている』の装幀も頼み、同人たちも気に入っていたとも書いている。飯田氏は元編集者で美的センスもあったのだろう（そういえば『文藝時代』表紙には「アクション」の画家たちを起用して魅力的な表紙に仕上げている）、頼まれれば装幀の仕事もこなしていたのだ。

ただ、私は同誌の小野十三郎「『弾道』の意義」を興味深く通読したのだが——『弾道』は小野氏が若き日の東京時代、秋山清と二人で相談して昭和五年冬から出し始め、全七冊出したアナキズム系の雑誌である——雑誌にまつわる回想記によれば、『アメリカプロレタリヤ詩集』は「昭和六年に弾道叢書の第一冊として出したポケット版一六〇頁のアンソロジーで、（中略）部数は三百だったが、（中略）その表紙のレイアウトは、『ニューマッセズ』にいつも挿絵を描いていた版画家、ウィリアム・グロッパーの絵を借用して私がやつた本なのでなつかしい」とはっきり証言している。なので、この本の装幀者は夏川氏の勘違いであろう。岡本潤の本については、図書館の相談員の方に調べてもらったところ、どこにも装幀者名は出てこないとのこと。夏川氏の証言通りなのだろうか、確証はもてないが。

もう一つ。夏川氏は飯田氏が「青葉書房という本屋の編集長という時代も戦後にはあったし」と書いている。とすると、前述した飯田氏の『ノートルダムの傴僂男《せむし》』は自社から出したのである。青葉書房刊行の本をネットで検索してみると、戦前からあった出版社のようで、文学分野では、ルブランの『ルパン怪奇探偵傑作集』（昭和二十五年）や田中英光『愛の手紙』（昭和二十一年）、海野十三『月光の怪人』（昭和二十三年）、さらに板垣鷹穂『芸術観想』（昭和十八年）なども出している。また、同じ世界名著物語文庫の一冊として山崎英夫『真夏の夜の夢』（昭和二十五年、装幀は恩地孝四郎）や青野季吉訳、スタンダール『赤と黒』（昭和二十五年）もヒットした（後日私は「街の草」で偶然、前述の『愛の手紙』を見つけた。装幀者名は不明だが、表紙は本版画風の雰囲気ある女性像があしらわれてい

装幀・恩地孝四郎

る。表題作と「箱根の山」が収録された一〇八頁の本で、自伝的小説のようだ。いずれゆっくり読んでみよう）。

以下はあくまで私の仮説にすぎないが、元々「世界名著物語文庫」の全体の構想は飯田氏が企画したもので、新文社にもちこんで具体化が進んでいたが、——新文社刊『戦争と平和』の裏広告を見ると、十冊は既刊で出ており、以後も六十冊位の計画があったようだ——昭和二十一年（？）新文社がおそらく倒産か危機に陥ったので、その企画を飯田氏が青葉書房に移って編集長になってからも続けて実現させたのだろう。戦後の出版界の混乱時ならではの出版事情であろう。なお、青葉書房は、古本ネット情報から推測すると、昭和三十年代後半位までは活動していたようだ。

ところで、私は本篇の筆者、夏川小吉は初めて見る名前で、少し調べてみてもどんな人物か見当がつかなかった。それで、再度読み返してみると、岡本潤らと相談して昭和二十一年四月に『コスモス』を創刊したとあり、あ、それなら、夏川は秋山清のペンネームではないか、と思い当った。『弾道』も小野と秋山が二人で出した雑誌で、そこに飯田も寄稿している。そういえば、本誌に「小説家　新居格」を書いている局清も、秋山が戦前、よく使っていたペンネームの由。さらに本誌の総説に当る「アナキストの文学とアナキズムの文学」の筆者、高山慶太郎も秋山の別名らしい。また、「詩誌『銅鑼』のアナキズム」を書いた陸すすむも通読した私の勘では、その文体や資料の豊富な紹介から見て、どうも秋山の筆によるものと思われる（以上の肩書きはすべて、評論家となっている）。こうして見ると、秋山は様々なペンネームを用いて、本誌特集の成立に多大な貢献をしたのだと言えよう。

最後に、「演出家としての飯田豊二」の項を簡単に紹介すれば、飯田は元々、素人演出家だったが、原作を自分で脚色して台本を書き、素人の役者ばかり集めて、資本家組と労働者組に分け、半年ばかり根気よく演技指導を行い、解放劇場で「ボストン」を公演して、大入り満員の舞台に仕上げたことなどを中心に語っている。戦後の青葉書房以後の飯田氏の仕事や消息は不明である。

以上、私は飯田豊二に関する貴重な資料をせっかく新たに見つけたのだからと、長々と書きすぎたかもしれない。読者の御寛容をお願いしたい。

（二〇一三年九月二十日）

（付記）　遅ればせに高橋徹の『月の輪書林それから』（晶文社、平成十七年）を読んだ。その中で高橋氏が市場で入手した秋山清と飯田豊二の名刺を見ると、二人とも「日本鐵道タイムス社」の「鐵道王編輯部」という肩書きだったと書いている（四七～四八頁）。この名刺は昭和五、六年のものというから、飯田氏が金星堂を昭和二年に退職後、おそらく、秋山氏の紹介で同社に入ったのだと思われる。しばらく同僚として働いていたのだから、秋山氏が飯田氏の人間像に詳しいのも当然であろう。

六　「金星堂」余話——吉田一穂、亀山巌、伊藤整、川端康成ほか

前章五が長くなりすぎたので、章を改め、その後、私なりに調べて分かったことを断片的にだがテーマ別に紹介してゆこう。

1　伊藤整、町野静雄が編集部にいた！

まず、伊藤整の『わが文学生活』（講談社）Ⅵ巻に「『生物祭』を出版したころ」があるのを何かの情報（失念）で知ったので、またまた日本近代文学館に依頼してコピーを送ってもらった。これは各文ごとの出典表記によると、『本の手帖』昭和三十六年十一月号（昭森社）に載ったものだ。三頁余りの短いエッセイながら、情報量は豊富で、私はホクホク顔で読んだのである。全文引用したいところだが、そうもゆかず、残念だ。

「昭和七年の九月に金星堂から出した『生物祭』が私の第一創作集である。その頃、私は、この金星堂の編輯部員であった」と書き出し、「この本屋の主人福岡益雄氏は私より十歳ほど年長だったと思ふが、穏当ないい人であった」と続けている。福岡氏は大正十三年から昭和二年まで金星堂で発行していた『文藝時代』の頃のことをいろいろ氏に話してくれたという。「中河与一氏が二階の編輯室にゐると、そこへ横光さんがやって来て、そこは八畳ほどの畳敷きの室なので、寝そべって雑談してゐたとか（後略）」などと。伊藤は昭和六年から、海外の新しい文学を紹介、批評する雑誌『新文学研究』を編集して、季刊で金星堂から出していたが、六冊で廃刊になるとともに、正式に金星堂の編輯部員になった。伊藤の年譜によれば、昭和七年の五月に入社している。ちなみに『文藝レビュー』同人で親友の瀬沼茂樹は昭和四年から四年間、千倉書房に勤めている（この辺りのことは、私の『編集者の生きた空間』で紹介している）。二人が会えば、お互いの仕事のことを話し合ったことだろう。伊藤は「同僚は今の青山学院教授の町野静雄君であった。私はここに昭和九年の秋頃まで勤めた」と書いている（年譜では十月末まで）。

町野が金星堂で編輯者をしていたことは初めて知った。伊藤整周辺の英文学者として、名前位は知っていたが、詳しいことは知らない。

それで例によって『日本近代文学大事典』に当たってみると、十三行だけだが立項されていた。明治三十六年熊本生れで、東大英文科を卒業。青山女子短大や大東女子大教授を歴任。『詩と詩論』『新文学研究』『風車』『荒地』などにかかわり、西欧の新興文学を精力的に紹介した、などとある。町野も在社中、昭和八年に、T・E・ヒューム『現代芸術の哲学』、評論集『今日のイギリス文学』を金星堂から続けて出している。ここで、思いついて、あきつ書店の旧《ふる》い目録を見てみると、町野は他にもいろいろ英文学の翻訳書を出しているが、昭和五十一年に私家版の随想集『水明寮《みめい》周辺』を出していることが分かった。

それにしても、在社中の編集者が自社から本を出した例はめったに見られない（最近の独り出版社社主の場合は別にして）。その点、福岡は伊藤、町野の才能や実力を正当に評価し、出版できる度量の大きい人物だったように思われる。

さらに伊藤はこう書いている。「金星堂は九段坂を下りたところで俎橋を渡り、神保町に向かって右側の裏通りにあり、神田今川小路一ノ四といふ番地だった」と。東京人なら、具体的なイメージが浮ぶ記述である。「斜め向う側に北原白秋の弟鉄雄氏のやってゐるアルスがあった」とも。アルスからは日本で初めての写真雑誌も出ていたから、同じカメラに趣味をもつ福岡氏と社主同士の交流があったかもしれない。「二階建ての木造社屋で、一階は営業部の店、二階の八畳の、通りが見える窓際に机を置いて二人は仕事をした」「営業部に川島君、高橋君という好青年がいた」という。これらの文章から、伊藤在社時の金星堂は五、六人の小所帯だったのだろうと推測される。

ちなみに、小沢書店主、故長谷川郁夫氏が、第一書房店主、長谷川巳之吉の詳細で大部の評伝、『美酒と革嚢《かくのう》』（河出書房新社、平成十八年）を遺しているが、その中で巳之吉が熱烈な野球ファンであったこと、堀口大学の随筆「指定席から」を引きつつ、昭和初めの神宮球場が著者や出版人の社交場であったこと、堀口と大田黒元雄が巳之吉と肩を並べて見物し、その隣席に福岡益雄がいたことを伝えている。堀口が慶応びいきに対し、福岡は熱心な早稲田ファンだった、という。モダン出版社社主同士の愉快な交流が伺えるエピソードではないか。

さらに伊藤は本の売れ行きにもふれ、「当時営業成績はあまりよくなかった。私が入ってから、中村白葉氏の『チェーホフ全集』、福田清人君の編輯による『現代随筆全集』、また『ジイド全集』等を出した。『ジイド全集』は建設社と競争になって、苦闘し、訳者の脱落する人もあって専門でない私がその何冊かの訳に当るなど、ずゐぶん無理をして完了した」と。編集者として「校正、広告文案、著者訪問、出張校正等一通りやった」と言い、『ジイド全集』の校正や翻訳も勉強になった、と述懐している。『生物祭』は福岡から出さないかという申し出があり、上質紙で菊判函入りの本を五〇〇部作ったという。部数などはなかなか読者には分からないから、貴重な情報である。さらに町野と相談して、福岡の了承を得、彼らの文学仲間（『文藝レビュー』同人）の作家四人の処女創作集も出したが、営業成績が極端に悪い折なので、皆部数は五〇〇、無印税で、著者に五〇冊か一〇〇冊渡すだけだったと（一〇〇部というのは多すぎるように私は思うが）。

「私の記憶では、那須辰造の『釦《ボタン》つけする家』、福田清人の『枢の艦隊』、上林暁の『薔薇盗人』、それから衣巻省三《せいぞう》の題を忘れた本と私のとを合せて、五冊だった」と。このうち前述のように、福田清人のは『河童の巣』が正しく——「枢の艦隊」は収録作品の一つ——、衣巻省三のは『パラピンの聖女』である。あの頭脳明晰な伊藤整でさえ、このように記憶が不確かなのだと思うと、ボケ気味の私も少々安心する（笑）。伊藤は緑色の函入り、白い表紙の初版本と四六判の再版本も今は持っていないと言う。ただ、「たった一冊、四六判の本で昭和十四年に同じ金星堂から再版されたものが今手もとにある。内容は前の紙型を使ったので同一のものだが、これは売れたから出たといふのでなく、金星堂が出版物の足りない時にたまたま古紙型を利用して出したといふものであったらしい」と記している。こういう出版の裏事情も、著者が書き残さないと分からないものだ。伊藤の前衛的な小説は一般読者にはまだ難解で売れなかったのもうなづける。「日本の古本屋」で検索してみると、函付き美本の初版本は、七万七千円も付いている店がある。私はせめてこの原稿を書いた記念にでもと、昭和十四年に出た並製の『生物祭』を札幌市の並樹書店から、二五〇〇円で手に入れた。そういえば、札幌は伊藤整ゆかりの地、小樽に近い都市である。残念ながら、装幀者の表記はない。奥付に検印紙が貼ってあり、紙の左に金星堂を図案化した絵文字、右に大きな目玉の魚の可愛らしい図案がある。これは金星堂の児童図書の装幀に深くかかわった武井武雄によるものかもしれない、と思うが確証はない。短篇集なので、いつかは一部でも読みたいものだ（苦笑）。

※　※　※

前述のように、町野静雄が私家版で『水明寮周辺』を出しており、あきつ書店目録に「伊藤整」

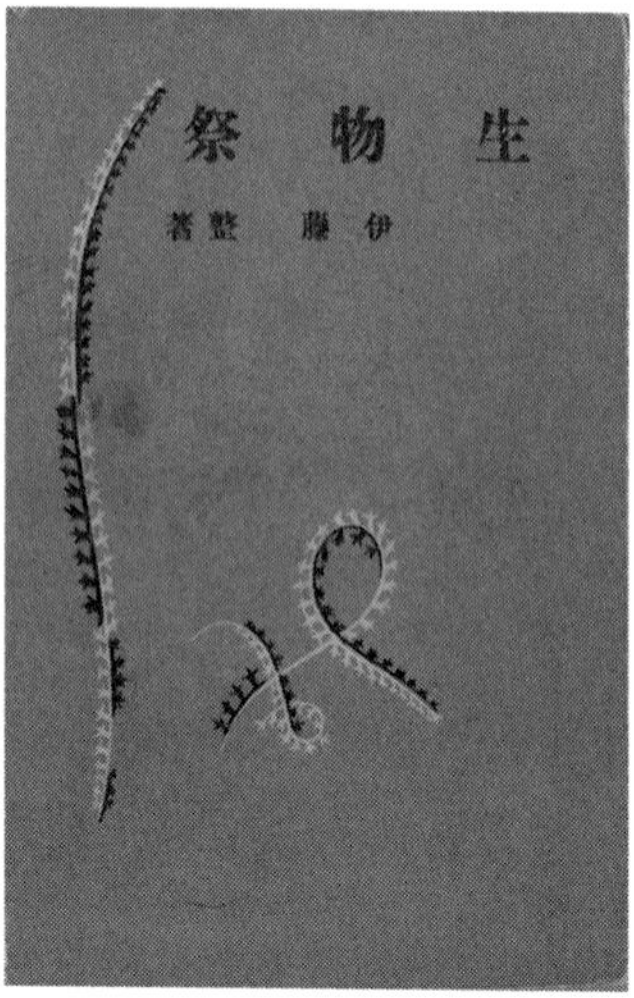

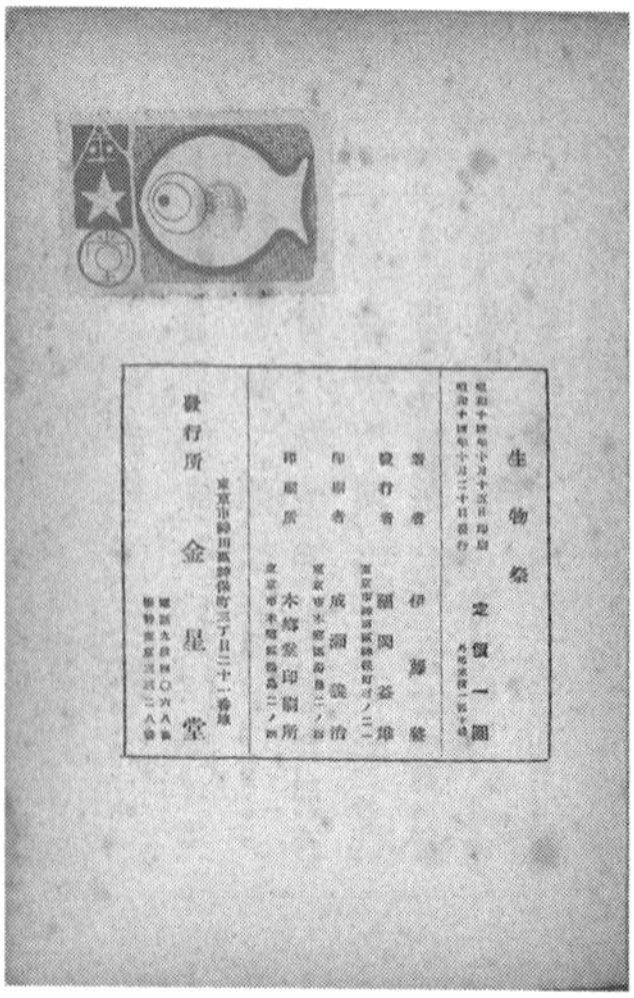

登場の付記があったので、ひょっとして金星堂への言及もあるかもしれないと思い、またまた日本近代文学館へ問い合わせてみた。さすがに日本近代文学館、本書もちゃんと所蔵していた。『水明寮周辺』原物も手に入れたいが、なかなか高価なので、手が出ない。受付けの人に原本のエッセイ「伊藤整君のこと」を点検してもらったところ、金星堂のことも出ていると言われる。喜んでコピーを依頼したのは言うまでもない。私は原稿に必要な古本資料に関する限り、つくづく幸運だと思う。この一文もわずか四頁程だが、情報量は豊富だ。

まず、「伊藤君とは同人雑誌をやっていたころからの、実に四十年にわたる交友であった」と書き出している。そして「昭和八、九年ごろ、私は金星堂書店のたった二人きりの編集部に、彼と机をならべて、二か年あまり生活したのである」と続けている（傍点筆者）。大正後半から昭和初期にかけての金星堂は、様々な文学の叢書や『文藝時代』などを出していたので、編集者ももう少し多くいたと思われるのだが、その後営業不振が続き、その頃は編集者二人だけだったらしい。伊藤の仕事ぶりについては、「金星堂での伊藤君は勤務はきわめて勤勉で、事務的であった。新聞広告の原稿の、大小の活字をまぜたあのむずかしい字くばりの指定にも、特殊の洗練された感覚をもっていて器用だった」と具体的に描かれている。そういえば、私も創元社在社中、上司の編集者、猪口教行氏と後年は同期入社の同僚、谷川豊氏が難しい新聞広告の版下を巧みに作成しているのを眺めては、自分にはとてもムリだと感心していたものだ。

町野文に戻ると、当時出版界は非常な不況で、ことに純文学書は売れず、金星堂も大衆的な通俗書の出版に転向するしかないところまで追いつめられていたが、伊藤は「文学書を出さぬなら、こんな安い月給でここにはたらいているかいがない」と言って、前述のような文学書を出し続けたという。もっとも、経営者からすれば、人件費に一番食われるのだから、営業成績が悪い以上、当然、給料は安くせざるをえないと思う。その代わり（？）、伊藤も町野も、自身の本や文学仲間の本を自費出版でなく、出してもらったのだから、大っぴらに文句が言える立場にはなかったのではないか。まして、五人の作家とも当時は新進作家で、初めての出版だったから、売れるかどうか未知数であり、金星堂にとっては冒険的出版であったろう。

『チェーホフ全集』（全七巻）は中村白葉による単独訳の持ちこみ企画だったが、伊藤がチェーホフ好きだったため、企画を押して出すことになったらしい。その内容見本をつくるため、伊藤は帝国ホテルに滞在中の正宗白鳥を訪ね、推薦文を頼んだところ、白鳥から「文案はもって来たか」といきなり聞かれた。彼はその場で、ホテルの便箋に鉛筆で走り書きしてさし出すと、白鳥は「それでいい」と答えたという。町野は帰社した伊藤からその紙片を見せられ、「なかなかうまい文章であった」と記している。また、野口米次郎の古い随筆を編集して、幾冊か出したとき、題に窮して福岡が、まず『微笑の人生読本』と発案した。調べると、そのあと『魂の記録読本』『近代生活読本』『自然礼讃読本』をいずれも昭和八年に出している。その序文を書いてくれと野口に頼んだが、返事がなかった。しびれを切らして、伊藤がそのサンプル文を原稿用紙二枚程に書いて送ったら、それでけっこうなのでそのまま使ってくれ、との返事が来たという。編集者伊藤の面目躍如ぶりが伺える。

町野の入社のいきさつも述べられている。町野は東大英文科を卒業したものの、大不況の上に病弱だったため、なかなか就職先が見つからなかった。その前に同人誌で二、三の短篇小説を発表していたのを伊藤は読んで、高く評価してくれており、福岡もほめてくれていた。この二人の好意で金星堂で働くことになったのだと、感謝している。戦後も二人に会う度に「書いた方がいいよ」と励ましてもらった、と両人の死を悼んで、この一文を結んでいる。町野の書いた短篇小説もいずれ何とか探し出して読んでみたいものである（課題が多いなあ）。後に『新作家』に短篇「養鶏都市にて」「ある教会の没落史」を発表しているのが分かり、これもコピーで読んだが、私には残念ながらあまり面白いものではなかった。

※　※　※

ここで、またしても思いがけぬ偶然が起こった。この原稿を執筆中に、山本善行、林哲夫氏の新しい雑誌『古本スタイル』（書肆よろず屋発行）が創刊されたので、私も早速、林氏から入手した。三十二頁の小冊子ながら、お二人の古本エッセイとゲストの鈴木裕人氏の龍胆寺雄をめぐる文章がいずれも面白い。林氏の「古本ゴロゴロ道（その二）」は林氏と古本、古本屋とのつきあいをめぐる自伝的連載エッセイで、昭和五十六年、京都に住み始めた頃から書き出している。氏が二十六歳位からの話である。今回は主に京都の美術専門古書店主、山崎純夫氏との交友が描かれている。

山本氏の「善行堂日記」はいつもの平易、簡潔な山本節の文体で、日記形式で古本ファンにおいしい話題を次々に披露してゆく。読んでゆくと、ある日の日記が目に止った。氏は新たな上林暁の随筆アンソロジーの企画のために、よく読んでいる全集の随筆篇を再び読んでいて、上林が町野静雄との交流を描いているエッセイ「三ノ嶽追想」にふれている箇所があったのだ。氏はすでに町野の『水明寮《みめい》周辺』も持っているという。町野が伊藤とともに金星堂にいたこともご存知だった。山本氏、恐るべし！

実は私、上林全集の随筆篇一冊だけは昔、古本で手に入れ、興味がある所はざっと読んでいたものの、この随筆は読んだ記憶がない。そのうち、引っ越しの折、どうトチ狂ったか、本書も手放してしまった。肝心な折に参照できない本が何と多いことか。幸いにも、山本氏の一文で、随筆のタイトルが分かったので、またまた日本近代文学館にコピーを依頼したのである（山本氏に感謝！）。ついでに「『薔薇盗人』出版のころ」といったタイトルの随筆もあれば、とお願いしたところ、「『薔薇盗人』について」という二段組みで一頁程の短文も一緒に届いた。

「三ノ嶽追想」は三頁位のものだが、これも私の知りたい情報がつまった文章であった。冒頭には「私の處女小説集『薔薇盗人』は、当時金星堂に勤めていた町野静雄のお世話になった」とある。はっきり名指しして書いているので、上林本の編集担当は伊藤ではなく、町野であった。元々町野は、上林によれば、旧制五高（後の熊本大学）で同級（クラスは違うが）だった仲で、一緒に登山したときの想い出も綴っている。上林らの同人雑誌『新作家』や『新文藝時代』――これも金星堂で発行――の同人に町野は初めて参加し、創作を発表した、と書いている。その前に上林らの『風車』には参加しなかった、とあるので前述の『大事典』での記述は怪しい。こんなかかわりから喜んで担当したのだろう。町野は戦後、同人誌『詩と散文』を創刊し、そこでも英文学の翻訳、紹介につとめたが、「風変りな同人としては、元金星堂主人福岡益雄で、俳句を毎号寄稿していた」と。福岡が句集を出したことは前稿でふれたが、発表場所はここだったのだ。金星堂社主との交流は退社後も長く続いていたのである。ちなみに伊藤も、昭和十五年に金星堂から『吉祥天女』を出しているから、退社後も良好な関係だったことが分かる。

もう一つのエッセイでも、上林は『薔薇盗人』の出版を語るとともに、自著と福田清人の『河童の巣』、那須辰造の『釦つけする家』は昭和八年七月に同時に出版されたと証言している。これらも伊藤と分担して担当したのだろうが、各々順に、カバーの色は緑色、空色、樺色だった、とも。伊藤の『生物祭』はその二ヵ月後の九月に出た。衣巻省三の『パラピンの聖女』は調べてみると、八年の四月発行だ。

『パラピンの聖女』カバー

ちなみに、ネットで検索すると、『薔薇盗人』は二店の出品にオビ付きで出ており、図像もあった。少し幅の狭いオビで、右から左への組みで

「出た！　新興文学の第一線‼」と印刷されている。町野か伊藤が作成したのだろうか。この文字からすると、五冊共、同じオビが付いていた可能性もある。

さらに注目すべきなのは、こう述べていることだ。「『薔薇盗人』は昭和十六年に、紅色のカバーで初版が出てゐる。これは初版の『薔薇盗人』の売れ残りを、かういふ形で出したものである」（傍点筆者）と。これは伊藤の『生物祭』と同様の出版形態である。ただ、あきつ書店目録で調べると、伊藤、上林、福田、那須の再刊本、四冊はいずれも昭和十四年刊になっているので、十六年というのは上林の記憶違いであろう（衣巻の本については不明）。

上林は、元の初版（昭和八年）本が今では高値を呼んでおり、出版当時は古本でそんなに高値になるとは夢にも思わなかった、とも書いている。古本好きの上林には、いくらか誇らしいことでもあったろう。実際、あきつ書店の旧目録（平成十四年版）では、九万五千円で出ている。現在でもその前後位の相場ではないだろうか。オビ付きだと、二十五〜六五万（署名入）位するようだ。

最後になるが、今まで全く忘却していたが、私は旧著『古書往来』（みずのわ出版、平成二十一年）で、「福田清人の小説・回想記を読む——第一書房時代を中心に」を書いている。その中で福田の興味深い「昭和文壇私史」から引用して、やはり伊藤がシリーズとして前述の四冊を共に出してくれた事実のみ記している。ただ「共に千部だったが、本を五、六十冊もらって無印税だった」と書いているのは明らかに福田の記憶違いだろう（実際は五〇〇部）。福田は「それにしても、処女出版本を手にした時のよろこびは、初原稿料をもらった時のよろこびと共に、終生忘れえないものである」と感慨深く記している。衣巻、那須についても、処女出版時の思い出をエッセイに書いておれば、読みたいものだが、もはや私の能力の手に余る。ここらで打止めにしておこう。

※　※　※

後日、伊藤、町野の金星堂での仕事をもう一件文献から見つけたので、報告しておこう。

曽根先生は、早くも『彷書月刊』平成四年十一月号、「書物のアルケオロジー」特集で、三段組み一頁だけだが、金星堂について書いている。モダニズム系出版社として金星堂が再浮上するのは、伊藤整編輯の『新文学研究』（全六冊）以降であるとし、伊藤が町野静雄と共に正式な社員となって企画した本をいろいろ紹介している。その中であまり知られていない単行本のシリーズ「別冊新文学研究」をあげている。

例えば伊藤整編『プルウスト研究十四人集』を第一冊に、プルウスト・山中散生《ちるう》訳『ボオドレエル論』、ルイス・永松定訳『悪魔主義』、ヒューム・町野静雄訳『現代美術の哲学』など、計十六冊を列挙している。そして最後に「この時期の外国文学叢書としては時代に先駆けた画期的内容だと思うが、発行部数が少なかったためか、今日ではなかなか見られず、シリーズの存在すら忘れられようとしている」と述べている。

（二〇二一年十二月二十日）

（追記）『ウルフ文学論』を見つける

なお、前項の最後に『別冊新文学研究』叢書のことを紹介して随分時が経った令和五年、酷暑の夏、その上、台風七号が近畿地方を襲い、ようやく過ぎ去った翌日、私は近くの灘区、王子公園近くにある「ワールドエンズ・ガーデン」をのぞいた。ここの若い店主は最近、古い外国文学書の蒐集に力を入れているようだ。その幾つもの平積みされた翻訳書の山の一つの底の方から、思いがけなく、同シリーズ中の薄い一冊、『ウルフ文学論』（村岡達二訳、昭和八年、98頁）が姿を現わし、あっと驚いた。タイトルが朱の横組みだけのシンプルな装幀だが、下部には英文で「EDITIONS KINSEIDO」とあり、住所も英文で組まれている。見ると、まだ仕入れたばかりの本で値段が付けられていない。恐る恐る店主に尋ねたら、八〇〇円！とのことなので、喜んで入手したのは言うまでもない。

私は全くの不勉強で、高名なバージニア・ウルフの小説も読んでいないのだが、金星堂の本ということで買って来たのだ。本書はウルフの評論・エッセイ集から六篇を選んで訳出したもので、「ロシア文学管見」「ジョゼフ・コンラッド」「現代のエッセイ」などが目次に並んでいる。本文はともかく（苦笑）、二頁だけの「訳者序言」をまず読んでみると、うれしい記述に出会った。

その一文の最後に、本文収録のエッセイ「現代の小説」は村岡氏の恩師、澤村寅次郎氏が『詩と詩論』に発表した先訳があり、さらに「如何にそれは現代人を撃つか」は左川ちか氏の訳業があるという。お二人の仕事が本書を訳す上で教えられる所が多かった、と敬意を表しているのである。

私は後述の第八章に「椎の木社と『椎の木』探索」を書いており、その中に度々左川ちかも登場するので、我が事のようにうれしくなった。伊藤整の示唆もあったのかもしれないが、同時代の英米文学研究者が早くも左川ちかの翻訳の仕事を評価していたのである。本書の裏広告には、一頁大で同シリーズの『ウルフ短篇集』（葛川篤訳）も掲載されている。

※　※　※

『現代随筆全集』を見つける

私は後日、たまたま、伊藤整在社時代の金星堂の本を一冊入手したので、報告しておこう。

四月上旬の桜も散り始めた頃、私は数年ぶりに岡山在住の旧友と会うため、初めての尾道に思いきって出かけた。ロープウェイ山上からの眺めは絶景であった。下りの〈文学の道〉には、志賀直哉、林芙美子始め、沢山の尾道ゆかりの文学者の石碑が建っていた。その旅の途中、駅近くの尾道書店を探して短時間だが立ち寄った。急いでざっと棚を見回してゆくと、全集類が並んでいる中に一冊だけ『現代随筆全集』（昭和十年）の函の背文字が見えた。とり出してみると、うれしいことにやはり金星堂刊である。奥付によると、本書はその第五巻で、第八回配本のもの。本体は黄色のクロス装だが、函の装幀が色々な葉っぱの図案を並べた意匠で、面白い。編輯兼発行者は、福岡益雄になっている。中身は上質紙に刷られ、四九六頁もある。定価二円。目次を見ると、野口米次郎から始まり、薄田泣菫、三木露風、佐藤惣之助、萩原朔太郎、堀口大学、百田宗治、相馬御風、柳澤健、北原白秋、若山牧水、前田夕暮、吉井勇、荻原井泉水、高浜虚子と、当時の日本を代表する詩人、歌人の随筆が各々三～五篇ずつ収録されている。ずっしりと重たい大冊だが、私は旅の貴重な収穫として買って大切に持ち帰ったのである。

これは前述の伊藤整の回想によれば（一二八頁）、福田清人の編輯によるシリーズとされている。それが、奥付には編輯福岡益雄となっているのが、一寸した謎である。私は帰宅してから、ふと思いついて、架蔵する福田清人の文庫判『近代作家回想記』（かたりべ叢書33、宮本企画、平成二年）を急いで繰ってみた。本書は作家数人ずつについての交流記で、エピソードが豊富な生きた近代文学史の貴重な資料だが、文学仲間だった伊藤整や上林暁などは項目としては出てこない。ところが、「永井荷風」の項を見ていたら、次のような記述に出会ったのである。

福田氏はまず、自身や文学仲間が伊藤整の金星堂編集者時代に出してもらった処女創作集にふれた後で、こう書いている。

「昭和九年のこと、私は伊藤から、『今度、現代随筆全集を出す企画がある。手が廻らんから手伝ってくれないか』ということになって、ぶらぶらしていた私は、手伝うことになった」と。続けて「それは作家編・美術家編・科学者編・実業家編・政治家編といったように執筆者の職種別に分けて、一巻中に数名の代表的な随筆五、六篇を収録するという編集であった。」そして、各著者に自選の作品を出してもらうようにうかがい、その意向の返事をいただく手紙を出したという。

氏はその返事をもらって、島崎藤村、野上弥生子、永井荷風の自宅を訪ねた。他の作家も、伊藤や町野が手分けして訪ねたかもしれない。その時の荷風宅への訪問の記述が簡単ながら『断腸亭日乗』に出ているとして、引用している。

ところが、荷風の原稿をいただく前に、「わずらわしい編集業務を止めた」と言う。おそらく、作家編、美術家編（?）あたりは福田氏が担当したのだろうか。しかし、全体の企画、構想はやはり福岡氏が伊藤整と相談して立てたのだと思われる。

福田氏は「装幀は中川一政氏に依頼した」と書いている。実物には装幀者の名前がなかったので、誰のものか分からなかったが、これでなるほどそうか、と納得した。

内容をざっとのぞくと、本巻の出典はすべて記されていないので、各著者の単行本に入っていない随筆が多いように見受けられる（あくまで印象にすぎないが）。あるいは書き下しの随筆が含まれているかもしれない。これから、ゆっくり拾い読みするのが楽しみである。

（二〇一三年四月九日）

※　※　※

このシリーズ本には後日談もある。前稿を書いて二週間ほどたった頃、私は神戸西部の西代にある古書つのぶえ（キリスト教文献が中心）に立ち寄った。そこで、もう一冊、現代随筆全集の第八巻

『現代随筆全集』函

（昭和十年十二月発行）を三〇〇円！で見つけたのである。ある所にはあるものだ、と小踊りして買って帰った。奥村によると、第十回配本とある。おそらく、本書が最終回配本でこのシリーズは全十巻出たのではないか（後日、全十二巻出たと判明）。前述の第五巻が同十年の十月に第八回配本で出ているから、たぶん毎月一冊のペースで出ており、大変な編集作業だったと思われる。読者の方も、これだけの分量を毎月読み切るのは大変で、おそらく追っ付けなかったことだろう。

私があれっ、と気づいたのは、函は同じ意匠だが、本体の表紙が裏表にわたって、こげ茶の布に中川一政による葉っぱの意匠が金箔押しになっており、その上、前後の見返しも、何かの店の瓦屋根を斜め上空から描き、その余白の左上隅に、着物姿のうちわをもった少女を水彩（?）で描いた風景が印刷されているのだ。なぜ、この巻（または九回配本も?）だけ本体の装幀を変えたのか、一寸した謎だが、このシリーズは好評で割に売れ行きもよかったというから、一部は予約出版の読者のためのサービスとして中川氏に依頼して、新たに描いてもらったのかもしれない（あくまで推測ですが）。あるいは、画家の巻には、当然随筆の名手、中川一政も入っているはずだから、その執筆交渉の過程で自然に出てきたアイデアかもしれない……などと勝手な想像をするのは楽しい。

さて、中身の方だが、これも著者名だけ順々に記しておこう。加藤咄堂（仏教学）、坂本雪馬（能学研究）、伊原青々園、三田村鳶魚、中山太郎（民俗学）、新村出、柳田國男、幸田成友、窪田空穂、河東碧梧桐、板垣鷹穂、竹友藻風、寿岳文章という錚々たる面々である。学者が大半だが、歌人、俳人もいる。

このうち、私がおっ、と注目したのは、美術史家の異才、板垣鷹穂が入っていることだ。同時代に活躍した外山卯三郎は他のところでも触れたように、金星堂美術部の顧問として、数々の美術講座や単行本も出しているが、一方で編集部では板垣にも注目していたことが分かる。この人選には、伊藤整やひょっとすると春山行夫などの知恵が入っていたかもしれない。板垣は現在では旧『彷書月刊』（平成十九年三月号）でも特集されたように、外山より再評価の声が高い人である。『機械と芸術との交流』（岩波書店、昭和四年）や『新しき藝術の獲得』（天人社、昭和五年）などのユニークな著作を多数遺している。収録された随筆の出典を見ると、『あらくれ』や『若草』など、文芸関係の雑誌にも広く執筆していたようだ。随筆タイトルを見ると、加藤咄堂「わが机」、伊原青々園「読書と書斎」「私の小さい図書館」、寿岳文章「沙翁の處女詩集」「愛書家と沙翁」など、私の好きないわゆる書物随筆も含まれており、読むのが楽しみではある。

（二〇一三年四月二十六日）

※　※　※

昭和十二年以後の金星堂の文芸出版

さて、昭和十二年以後の金星堂の出版にはどんなものがあったのか。情報は今のところ少ない。ただ、知人のら・むだ氏（ネット名）が最近のツイッター（現・X《エックス》）に、入手した一冊、徳永直の『梅と桜』（昭和十四年）をあげており、それが金星堂の「新選随筆感想叢書」の一冊だと言う。その裏広告の図像もあげていて、そこに「新選名作叢書」の既刊書が六冊載っている。井伏鱒二『オロシヤ船』、和田傳『殉難』、芹沢光治良『祈りのこころ』、伊藤永之介『燕《つばめ》』、榊山潤『土佐人文記』、大江賢次『海恋ひ』である。調べてみると、六冊とも恩地孝四郎の同じ装幀。「日本の古本屋」で検索すると、半分程はヒットせず、年代不明だが、井伏、和田、伊藤の本など、皆、昭和十四年刊である。私は古本展でも見かけたことがない本ばかりである。『文藝時代』の頃の作家たちとは顔ぶれが大分違ってきている。

ところで、前述の「新選随筆感想叢書」は他にどんな本が出ていたのか、知りたいと思ったが、全く調べ方が分からず途方に暮れた。ところが、二、三日後、もしかして、とふと思いついて愛蔵している紅野敏郎先生の『本の散歩　文学史の森』（冬樹社、昭和五十四年）を本棚から引っぱり出し、繰ってみると、やはりありました！　「『裸』の持つ意味——尾崎士郎『裸』」の一文冒頭に、本書が「新選随筆感想叢書」の一冊であるとして、その全体を刊行順（昭和十四年五月から十二月まで）に列挙していたのである（紅野先生はやはりすごい！）。次にあげておこう。

川端『純粋の声』、丹羽文雄『一夜の姑娘』、伊藤永之介『作家の手帖』、和田傳『藁草履《わら》』、井伏

『螢《ほたる》合戦』、武田麟太郎『市井談義』、高見順『爪髪集』、それに徳永、尾崎の前述本と九冊、記している。このうち、伊藤、武田、高見の本は私も古本展などで見かけたことはあるが、それが金星堂の本とは意識していなかった。

これら二つのシリーズはほぼ昭和十四年に集中して毎月のように出されている。金星堂の福岡益雄が企画したのだろうか。それとも有力なブレーンの作家（例えば、伊藤整とか高見順？）と相談して決めたのだろうか。これも推測になるが、二つのシリーズに股がって出している作家が多いので、彼らとの出版の交渉中に、自然にまとまってきた企画かもしれない。いずれにせよ、毎月次々出してゆくのは大変な編集作業であり、実務を担当した編集者がいるはずだが、今のところ実態は不明である。

というのは、新選名作叢書の各冊のあとがきに担当編集者の名前などあがっていないかと、神奈川近代文学館に問合せてみたが、あとがきがないシリーズだと言う。これだとお手上げである。

私はその後、ヤフオクで井伏の『螢合戦』を、七月の梅田阪神の古本展で、富山の「いるふ」のコーナーで、幸運にも尾崎の『裸』(昭和十八年三版)を手に入れた。どちらも、田澤八甲(履歴不詳)の装幀である。書影のみ、あげておこう。

それにしても、金星堂は文芸出版社として昭和十四年一杯頃まで頑張っていたことがこれで分かるのである。

なお、昭和十五年には、窪川(佐多)稲子『美しい人たち』、昭和十九年にも、小田嶽夫『森林の池畔で』や豊田三郎『行軍』を出しているのが後日分かった。

(二〇二三年四月二十日)

2　吉田一穂『海の聖母』出版をめぐって――装幀者、亀山巌《いわお》との微妙な関係を探る

吉田一穂の回想エッセイから

この原稿を書き進めるうちに、私はまたも、ふと思い出した。私は不勉強で頭から難解かと思い込み、詩作品の方は殆ど読んでないのだが、大分以前に古本で入手した孤高の詩人、吉田一穂《いっすい》の晩年の随想集『桃花村』(弥生書房、昭和四十七年)にもたしか、処女詩集『海の聖母』出版にまつわ

る話が書かれていたはずだと……。その随筆を一読した記憶はあるが、――むしろ、その出版裏話が読みたくて買い求めたのだが――中身は全く覚えていない。それで私はあわてて本棚から探し出して（幸い、引越しの折も本書は手放さなかったのだ）その頁を開いた。「『海の聖母』のこと」という題目で、これだけ二篇が収録されており、掲載一覧によると、『読書新聞』と『本の手帖』に載ったものの由。

一穂はこう述べている。「『海の聖母』（筆者注・大正十五年出版）は初め「鷲《わし》」といふ表題であった。それが金星堂主・福岡益雄氏の商売意識から改題を希望され、春山行夫君と相談し、詩句の一節をとつて之に代へた」と。この表題が装幀者の亀山巖君の画筆に影響して、かなりの「商品性」をおび、自身としては優美にすぎる本になった、という。そのために、表題や装幀の印象から作品の本質が誤って受けとられるという不快さをしばしば経験した（筆者注・うーむ、相当、自負心が高くいかにも頑固そうなお人だなあと思う。亀山の装幀のおかげで本も期待した以上に売れたと素直に喜べないお人柄か、と……）。「然しながら殆ど自費出版の時代に於て無名の私の詩集を、最も売行きの悪い種類の書物を、出版し印税まで払った福岡氏の交誼に対する感謝が、それと相殺するだろう」と。採算を度外視してまで市販するのだから、福岡氏がタイトルにこだわり、変更を希望したのはむしろ当然だろう。元の題では売行きはとんと期待できないと私も思う。一穂はもう一篇でも、「島木赤彦先生の紹介で、その頃まだ古本屋構への岩波書店で禿げ頭の前垂れかけの岩波茂雄氏に会ひ、態よく断られ憤然と敷居を蹴った記憶がある」と語っている。岩波氏は、吉田一穂の詩才を見抜けなかったわけだ。後に高い評価を受ける高名な詩人でも、無名時代の最初の出版時の苦い経験は一穂に限らず多々あるものだ。

ところが、このエピソードに関しては最近、古本屋で見つけて入手した集英社の「日本の詩」シリーズの14巻『西脇順三郎・吉田一穂集』（昭和五十四年）の巻末にある、フランス文学者で詩人、渋沢孝輔氏の解説にはこう書かれている。

「（略）……見も知らぬ島木赤彦の紹介で岩波茂雄に会い、岩波書店からの歌集出版（本人は詩集出版のことのようにも語っているが）を申し込むが、心理学叢書の刊行が終わったら考えるとかいう口実で、態よく断られてしまったという」（傍点筆者）と。

一穂が初期に短歌をつくっていたのは解説でそれまでに書かれている事実であり、岩波側の応対内容も具体的に書かれているから、この文章の信憑性は高いが、出典はなぜか書かれていない。岩波茂雄の評伝か岩波の社史にでも出てくるのだろうか。それにしても、人の記憶というのはあやふやなものだ。

詩集はとくに売れないから、自費出版が圧倒的に多く、企画出版で出せるのは極くわずかな詩人だけだ。「金星堂は前に童話集を出していたので（筆者注・『海の人形』大正十三年刊、一穂二十六歳時）福岡益雄氏と話をつけて、やっと私の詩集が梓に上った」そして「私の生涯で一番うれしかったことは、この校正刷を手にした時だ。胸がわくわくして朱筆を入れるのも惜しく、一夜、眠りもせず声をあげて朗々と誦んだ」と告白している。このような初めて出版するときの喜びを多くの著者が率直に語っている。出版者のやりがいもまさにここにある、と改めて感慨深く思う。前述した福田清人も書いていたが、福岡氏は何冊もこのような喜びを著者にもたらした出版人であった。

（二〇二一年十二月三十日）

『ポエティカ』吉田一穂特集から

なお、童話集『海の人形』は一穂の処女出版だが、一穂が金星堂のPR誌『金星』にも「鈴盗人」など小篇童話を書いていたので、福岡氏がそれを読んで注目し、十三篇からなる童話集を企画したのかもしれない（装幀、口絵、挿絵十三葉は武井武雄）。とすれば、福岡氏にやはり先見の明があったと言えよう。

『海の人形』表紙

ちなみに今はない小沢書店の月報『ポエティカ』第五号、吉田一穂特集中の窪田般彌との対談「父・一穂を語る」中の悪魔学の大家で一穂の子息、吉田八岑《やつお》の談によると、一穂は童話一篇を書くと、何百回となく（筆者注・これはちと大げさな表現と思うが……）ストーリーを話して聞かせ、当時七、八歳の八岑氏に「おまえ、どこがいい？」と何度も訊いたという。そして「ここで感動しろ」とも強制し、答えかねていると、「おまえには感性がないのか！　このボンクラ！」と怒られたと言う。その場面が目に浮かぶようで笑えるエピソードではある。一穂氏も家庭では相当な暴君だったようで、八岑氏の少年時代、母のことを想い父は憎悪の対象でしかなかったと言う（ただ、今は恩讐の彼方の心境で、憐憫の情が強いとも語っている）。この対談は吉田父子の関係性を余すところなく吐露していて実に面白い。

さらに興味深いのは、一穂のエッセイ中に春山行夫が出てくることである。どういう場やきっかけで交流が始まったのか、不明だが――装幀者の亀山巌も春山と同じ名古屋出身だから、出版の打合せの折、金星堂編集部で出会った可能性はあるが――、早くから交流があったようで、春山がその後昭和三年に厚生閣書店から創刊した『詩と詩論』第一号に一穂も詩篇を寄せている。

亀山巌『私の生きた時代』から

ここで、私はまたもや思い出したのである。以前、古本で手に入れた珍しい本、亀山巌の『私の生きた時代』（名古屋豆本、第一一六集〔終刊号〕、平成二年）の中に、一穂や『海の聖母』装幀のことが出てこなかったかな、……と。それで、急いで各種の豆本ばかり入れてある箱の中を探してみると、やっと出てきました。

本書は自伝を語った講演記録だが、それを読むというより点検してみると、やはり、ありました。亀山氏が愛知県工業学校図案科を出て、少年雑誌『兎の耳』に挿絵を描いていたが、東京の丹青社という展覧会屋へ住み込みの仕事があるというので、二十歳前後の頃上京する。上京する前、亀山は詩誌『踏絵』を出し、詩を書いていた。『青騎士』にも参加していたようだ（斎藤光次郎『青騎士前後』名古屋豆本、昭和四十三年、による）。氏が新富町に昭和三年まで住んでいた貧乏時代で（その後、名古屋に帰って、名古屋新聞整理部記者となる。戦後、中日新聞の編集局長にまでなった。その後、名古屋タイムスの社長に就任、その傍ら名古屋豆本の版元としても見返しなどに凝った装幀の豆本を二十二年間で計一四四冊も出版している（制作は岡田孝一）。東京時代に集中して本の装幀の仕事をしたと言う。石川善助の詩集『亜寒帯』、北原白秋の童謡集『月と胡桃』、折戸彫夫詩集『虚無と白鳥』（ウルトラ編輯所、昭和二年）が代表的なそれで、『海の聖母』については、次のように語られている。

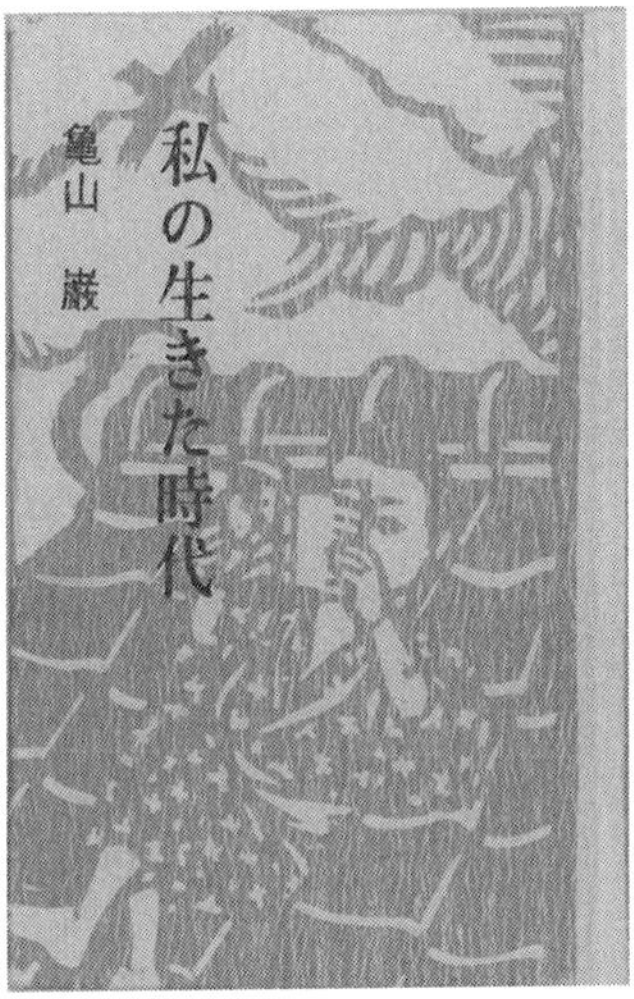

「一穂は、久留米絣の重ねを着て、新富町の叔父の店へきまして、その当時、五円の金をくれました。詩集を出して金星堂という本屋でしたから、買い切り原稿（傍点筆者）で十五円だったそうです。つまり買い切り原稿というのは、印税がつかないわけです。それで十五円もらって、それじゃ五円はおまえにもやるといって……その金をなにに使ったか記憶にありません」と。

ほう、前述の一穂のエッセイでは印税でもらったように書いているので、亀山の証言とはくい違いがある。私の判断では、これは一穂の記憶違いで、亀山の方が正しい記憶と思われる。いや、うがった見方をすれば、一穂が見栄を張ったのかもしれない（笑）。福岡氏もそこまでお人好しではなかろう。一穂と書いて敬称もつけてないから、うちとけた仲だったことがうかがえるが、二人が知り合ったきっかけやいきさつは何も書かれていない。今は『海の聖母』出版をめぐる貴重な証言が得られただけで、満足するしかない。

最後に、せっかくの機会ゆえ、前述の『ポエティカ』に加藤郁乎が寄せた一文に紹介されていた、珍しい一穂の俳句、十五句程の中から、私がいいな、と思った句を六句、孫引きさせていただこう。意外に平易で、心にしみ入る句が多い。

夜ふけて渡る鳥あり初時雨
灯を消せば床に迫る虫の声
冬ごもり幾夜を月の雁の声

木枯や妻子の留守の残り酒
秋立ちぬ風鈴虫を誘はづや
ふる郷は波に打たるゝ月夜かな

この一文をきっかけに吉田一穂の奥深い文学世界への興味が湧いてきたので、詩作品の方もぼちぼち読んでゆきたいものだ（ホンマかいな？）。

（二〇二二年五月五日）

（追記1）『彷書月刊』名古屋モダニズム特集から

この原稿を丁度書き終えた頃、私は毎回楽しく拝見している、ら・むだ（西村宗典）氏のツィッター（殆ど古本蒐集日記）をのぞいたら、『彷書月刊』のバックナンバーで、〈名古屋モダニズム〉特集号（平成七年十二月号）一冊を入手したことが書かれていた。それで思い出したのだが、私も引越し前までその号を持っていて、たしかその中に亀山巌のことも出てきたはずだと……。それで、何か手掛りにならないかと思い、早速神奈川近代文学館にその部分のコピーを依頼した。

届いたのを見ると、名古屋の文芸批評家、岡田孝一（印刷業を営む）が二頁書いているエッセイで、「惑星からの旅人――亀山巌点描」と題する一文であった。短いながら、そこには亀山の生涯にわたる文学や画業についてスケッチされていて、名古屋時代だけでなく、東京放浪時代にもふれている。東京時代には、三浦逸雄（三浦朱門の父親で、春山行夫の前任の『セルパン』編集長を務めたイ

タリア文学者で、ダンテの研究家でもあり『神曲』の翻訳もある）や田辺卓躬と三人で東京の街を放浪した、とある。その当時の交友については、亀山の自伝的小説「栄養不良の青春」やエッセイ小説「空一面のうろこ雲」に綴られている、という。ここに、吉田一穂との交友も出てくる可能性があるが、出典が書かれていないので、今のところ怠けて調べていない。ポルノチックなタイトル、『裸体について』などの単行本にはおそらく収録されていないだろう。ただ、その後、名古屋に帰ってから、芥川賞作家、小谷剛主宰の同人誌『作家』創刊にかかわり、四十年にわたり、毎号『作家』の表紙画を描いたと岡田氏は述べている。小谷剛によれば、『作家』と命名したのも亀山だという。その『作家』に多くのエッセイ、小説を発表した、とあるので、バックナンバーに当れば、たぶん見つかるだろうが、私にはもう、そこまでの気力はない。

（二〇二二年五月二十七日）

亀山巌の自伝的小説「栄養不良の青春」から

……と書いてみたものの、それでは読者に無責任だと思い直し、最後の気力をふり絞って（大げさやなあ……）探索を続けることにした。まず、名古屋の中央図書館に電話して、『作家』の所蔵を確認すると、欠号はあるが、大分所蔵しており、創刊は昭和二十三年一月号で、平成三年七月号で終刊しているという。亀山の小説タイトルを告げると、しばらくして調べて下さり、昭和三十一年八月号に十七頁にわたって載っているとの答えであった（感謝！）。但し、古い雑誌で劣化しており、コピーはムリとのこと。その代り、最近始まった国会図書館のデジタル・サービス（？）を利用すれば近くの図書館で閲覧可能だと教えて下さった。私は早速（ヒマですので）、翌日大倉山の神戸市中央図書館へ出かけた。そこでも女性司書の方が親切な対応をして下さり、苦手な機器の操作方法も教えてもらったのである（それでも、モタモタしたが……）。

何分、元々の雑誌が古いものだから、印刷も不鮮明で、眼もつかれ、読みにくかったが、がまんして、ざっとは通読できた。簡単なメモもとったが、じっくり読むには印刷した方がよく、当図書館で手続きして後に送られてくるのを待っているところだ。すぐその場で印刷できるのは、兵庫県の場合、明石の県立図書館のみという（何とかならないだろうか）。

ただ、閲読の結果は、残念ながら期待はずれで、吉田一穂との交友については触れられていなかった。もっぱら岡田孝一が書いている三人組、亀山と三浦逸雄、そして主にテオフィル・ド・カンと仮称する同郷の画業の友人（他は皆実名）――おそらくは田辺卓射か？――との、短いデカダンスの日々を回想したもので、小説によればテオフィル氏は亀山とともに名古屋に帰り、各々の郷里へ戻るため、名古屋駅で別れてから消息不明とのこと。三人共、その時代はお金と女性には全く関心がなかったという。彼と『映画藝術』という雑誌を一九二〇年代に一冊のみ出しており、その号には日夏耿之介から「中世活動写真考」を寄稿してもらったという。彼も亀山もドイツ中世の版画家（デュウラーやホルバインら）への熱烈な偏愛があり、彼に託して亀山自身をも語っている節がある。読んでゆくと、テオフィルは亀山の分身ではないかと思われてくる。実際、後ろの（註）で、亀山は渡辺一夫の本の装幀者、六隅許六が行方不明になったという——実は六隅は渡辺なのであった——渡辺のエッセイを取り上げている。ひょっとして、亀山はこれにヒントを得てテオフィルを小説中に造型したのかもしれない。文中に出てくる西欧の画家や日本の文芸雑誌『奢灞都』などには詳しい註が文中に数多く付されていて、その博学多識ぶりには驚かされる。全体的に内省的、観念的小説という印象を私は受けた。名古屋へ帰る折、三浦に託した亀山の素描集の中の一部が後に岩佐東一郎の『文藝汎論』の表紙に使われた、と言う。名古屋時代から詩も書いていたし、東京へ出てから春山行夫との交流もあったから、元々モダニズム系の文学者（岩佐もその一人）とのつながりが深かったようだ。今回は、小説から私の知らなかった文芸史の事実のみを紹介した。編集者の視点からは、まだ単行本に収めてない亀山の小説やエッセイもあるようだから、それらをまとめて、どこかの出版社が出してくれないものか、と願っている。今後、奇書と呼ばれるエッセイ集『裸体について』（作家社、昭和四十三年）も探求してみようと思う。

（二〇二二年五月三十日）

（追記2）『亀山巌の絵本』から

（追記1）を書き終えてから二週間程たった六月十一日、京都、長岡天神のイズミヤで初めて古本まつりが開かれ、古書ますく堂や、ら・むださんも出店していると知り、思いきって出かけていった。ら・むださんはさすがに珍しい小説や文庫本を多く出している。杉山平一の『映画評論集』（第一藝文社、昭和十六年）や野呂邦暢『海辺の広い庭』（角川文庫）もほしいが、何分予算が限られている。ら・むださんの平台の後ろに面陳で立てかけてある大型の本を何げなく手に取ってみると、何と、『亀山巌の絵本』（名古屋、作家社、昭和五十年、限定八〇〇部）ではないか。一種の共時性体験であろう。この本は昔、古書展で一、二度見かけたことがあるが、高価だったので入手できなかった記憶がある。値段を見ると、二千円だったので、これは安い！　と喜んで買うことにした。はるばる長岡天神まで出陣したかいがあった（大げさですな……）。B5判のハードカバーなので、ずっしりと重く、老人の身にはこたえるが、気分は晴れやかだ（当日は雨が降っていたが）。

『亀山巌の絵本』
図版（上）裏表紙
図版（下）見返し

装幀は、買った時点ではグラシン紙に包まれ、分からなかったが、それを取り去ると、カバーは黄土色の亀（！）と草花の図案、表紙は裸女大勢の図案で、背にかけては黒い布装、背は英文の金文字で「CAME'S PICTURE BOOK」のタイトル乗せ、見返しも四種の線描画を配した楽しいものである。

帰宅して、早速あちこち読み始める。本書は全体が三部に分かれ、亀山の長年にわたる詩を十五篇収めた「むかしの歌」、ペン画とペーパー・カット集を収めた「黒い世界」、それに37ページにわたるエッセイ一篇から成っている。画集頁以外は、頁を囲む同一の飾りケイが付いていて、裸女が次々つながっているイラストである。

第二部の画は線描の帆船やアール・ヌーボー調の草花を背景にした西欧風の女王や裸女、骸骨の着物姿の女などが多く、寸法も大きいので迫力満点だ。

だが、何といっても今回収穫だったのは、三部にある「HOMO　BULLA――墓碑に刻むならば『人は泡沫と……』」と題する長文エッセイである。前述の豆本は最晩年の講演の記録で少々ラフなものだし、小説も事実に基づいてはいるが、やはりフィクション化した部分もあろう。それに対して、このエッセイは、幼少期からの絵の仕事や志向、詩とのかかわりなどをかなり詳細に正確に回想して綴っている。私がこれまでに書いていない事実や訂正点も種々でてきたので、追加して書いておこう。

氏は幼少期に早くも電車や汽車の魅力にとりつかれ、熱中して描いている。中学生頃には、『十五少年漂流記』、『ロビンソン・クルーソー』『宝島』などに出てくる地図の面白さに魅き込まれ、空想のなかで夢中になって遊んだという。

工業学校の図案科で最後まで残ったのは二十五名中の八名で、氏の成績はビリであった。その中に杉本健吉がいて、立派な油彩を描いていた。上京前には、父の知り合いの口ききで版下屋へ弟子入りしたが、一週間ほどで音をあげ、神経衰弱になったという。

上京後、名古屋で詩誌関係で知遇を得た、中野の春山行夫の下宿へ訪ねてゆくうちに三浦逸雄と知り合い、さらに春山が移った下落合の家で詩人、近藤東とも知り合っている。近藤東も『青騎士』に寄稿した人で、後に『詩と詩論』創刊同人として参加している。

さて、探索していた、肝心の吉田一穂との関係である。エッセイ中にはこう書かれている。「吉田一穂詩集『海の聖母』の装幀をしたのはこのころで、小石川白山に下宿していた斎藤光次郎は原画をみたというが、どのようなサイズにかいたのか記憶はない。斡旋をした春山行夫のところへ届けにいくときの途中であったのであろう」（傍点筆者）と（斎藤は明治三十六年名古屋生れの詩人。東洋大学文化学科一年の折、夏休みに帰省中、誘われて、春山行夫、井口蕉花、高木斐瑳雄、佐藤一英らとともに『青騎士』創刊同人として参加する。その頃のいきさつを名古屋豆本67『青騎士前後』（昭和四十三年）に書いている。詩集に『ダンテのコマ』『火と雪』、名古屋豆本『今昔名古屋旭遊廓』もある）。

実はこの貴重な『青騎士前後』を私は以前入手していて、それを再度読むと、そのときの亀山との出会いのシーンが斎藤側から描かれているのだ。『青騎士』が廃刊後のことだが、ある日曜日、未知の訪問者が下宿に現れた。「ラリ・シモン（筆者注・米国のコメディアン（一八八九—一九二八））が好んで冠っているような帽子と、ゆるく巻いた画用紙やファイルを横に置いて『カメヤマです』と静かにいう」と。斎藤も亀山の参加した詩誌『指紋』を見せて確認した。「亀山はファイルを開いて、『これ吉田一穂の詩集の装幀です』と『海の聖母』のレイアウトをみせた。十八世紀の戦艦から大砲をブッ発しているが、これはボウドレエルの祝砲かも知れぬと私は思った」と詩人らしい表現で述べている。

傍点を振ったところからの推測だが、おそらく、一穂とはそれ以前からのつきあいがあったにしても（後述）、春山が亀山の絵作品を一穂に紹介し、一穂が気に入って、亀山に装幀の依頼をした、というのが妥当なところかもしれない。むろん、金星堂、福岡氏の了解もとったのだろう、あるいは、春山がまず福岡に亀山の絵を紹介したとも考えられる。亀山も詩を書いていたから、それ以後、急速に二人の仲が深まったにちがいない（ちなみに、亀山は稲垣足穂の回想談の中で、金星堂は昔の町屋風の造りで、遊びに行ったとき、上りかまちに腰かけて、居合せた春山が足穂の半ペラの原稿を、これ面白いよ、と言って見せてくれた、と語っている）。

同じ頃、三浦の企画で、同人雑誌『映画芸術』を一冊つくり、亀山も短い戯作文や表紙もかいたが——その表紙書影も載せている——製本されたものの、印刷などの支払いが出来ず、十冊程もらっただけで、幻の創刊号となり、市販もされなかったようだ。その編集に参加したのが、当時室外装飾店で事務をやっていた田辺卓躬であった。前述の小説では田辺らしき人（テオフィル？）は消息不明になっていたが、実際には、その後も千葉に住み、初期郵便制度の研究家として地味な仕事を続けた、と書かれている。

さらに装幀の仕事だが、春山が第一書房の『セルパン』編集長の頃、春山の指名で亀山は社の『自由日記』のモロッコ総皮の装幀をやり、サラリー一カ月分程の小切手をもらった。その縁で、田中冬二の処女詩集『青い夜道』（昭和四年）の装本も、これは稿料なしでやったという。また『文藝汎論』の表紙には五回程使われた、とも書いている。

最後に、亀山の詩歴も紹介しておこう。若き名古屋時代には春山編集の『指紋』、『象徴詩人』（五号迄）、『青騎士』、東京時代には春山編集の『謝肉祭』（4号迄）に参加、名古屋へ帰ってからも斎藤光次郎らと『機械座』、山中散生の名古屋発、初のシュルレアリスムの雑誌『Ciné』（九号迄）にも参加している。最後に自身で『ウルトラ』を創刊するも一号で終った。その多くに表紙画を描いている。詩人としても長い経歴を持つ人なのだ。

せっかくの機会なので、十五篇のうちの一篇だけ、長くなるが、ここにその三聯分引用させていただこう。これは詩についての詩で、詩が生まれる前の微妙な瞬間を捉えた詩人にとって普遍的なテーマであろう。いや詩の誕生の失敗例か……。

詩の方法

調子はずれな探偵的幻想が性格の彫型的描写を不可能にしている（エンゲルス）

眠れない夜は詩が現れるのを待っているのだ
枕許にノートや鉛筆　カールトンからコンテまでならべているのだが詩の影は淡くて捉えられない
タバコを吸ったり冷えた紅茶を飲んだり時にはウィスキーの小さなグラスを引きよせたりする
胸に枕をかかえこんで臥っているので窒息するような気持ちになる　体重が胸を圧しつけるので苦しいけれども　そのため再び眠りが訪れるような気がする

泥沼にずるずる陥ちこむような形で眠りに移る一瞬のときに詩が現れる可能性がある
現れたとき猟師のごとき心の底にある素晴しい力が詩を捉えようとするが
眠りへ溺れる　神経を体重が凍らせ手をすら伸ばさせないうちにモノクロームの彼方へ詩が消えていくのを見送るのが慣しだ
詩が去っていくと意識が蘇り詩を捉える鼠《ねずみ》取仕掛の機械があったらと考える
眠れない夜々　透明で濡れて冷めたいものの影のごとき詩をパチンと挟む方法がないのか　と
身を縮め猫のごとく息を凝らすのだ

（最終聯省略）　　　　（二〇二二年六月十三日）

（追記３）　小島輝正『春山行夫ノート』から

私はその後、六月二十一日、長年の友人で画家、大渕美喜雄氏の個展を見るために、雨の降る中、北浜で降り、大阪地方裁判所の近くにある画廊に出かけた。この辺りは昔、私が勤めていた創元社の旧社屋があった辺りで（旧老松町、現在は西天満）懐かしい所だ。大渕氏と久々の談笑のあと別れ、近くの古本屋、伏見屋書林をのぞく。

そこで、私は旧知の近代文学研究者、中尾務先生の『小島輝正ノート』（奈良、浮游社、平成十三年）という未読の珍しい本を見つけた。先生も以前は時々、本店をのぞかれていたらしい。中尾先生は以前、富士正晴記念館の学芸員を務めておられ、『バイキング』の歴史の精緻な書誌的探索などを精力的に続けている、優秀な研究者だ。故小島輝正とは、神戸大文学部大学院時代に教養部の氏に教えを受けて以来、親しく交わった仲である。本書には、初期『ＶＩＫＩＮＧ』から集団離脱して小島輝正をリーダーとする『くろおぺす』を創刊した詳しいいきさつの他に、小島氏の遺した『春山行夫ノート』（神戸市、蜘蛛《くも》出版社、昭和五十五年）についての、書誌的、内容的考察が多くを占めている。まだ興味深く拾い読みしている段階だが、――いつもながら洒脱で率直な文体が面白い――そもそも私、この『春山行夫ノート』も以前、古本で入手して持っていたのだが、ろくに読みもしないまま、引越しの時に手放してしまった。当時はさほど春山行夫に関心がなかったせいもある。

それで、もう一度、今度は図書館で借りて、ざっと目を通そうと、最寄りのJR六甲道にある灘図書館に行って尋ねてみると、大倉山の市立中央図書館にはあるが、禁帯出本とのこと。

そこで、仕方なく私は三宮から大倉山まで足を伸ばし、やっと本書にたどり着いた。その中から、読んで役立ちそうな頁を少しばかり選んで、急いで館内でコピーしてきたのである。春山の『詩と詩論』編集以前の詩集（名古屋時代に出した第一〔?〕詩集『月の出る町』の書誌的考察）のことや『セルパン』編集長時代の部分、君本昌久の跋文、それに口絵頁の春山のモノクロ写真も……。これは、春山氏がパイプをくわえて微笑んでいる写真で、私は初めて見るものだ。知性とともに、読者を一ぺんに虜にさせるような親しみ深さも備えたいい写真である（コピーは一枚ずつバタン、バタンと設定するので、けっこう時間がかかる）。

帰宅してから、珍しく早速読み始める。すると、次の箇所にまず出会ったのである。

「大正13年10月の上京から、昭和3年厚生閣書店入社、同年9月『詩と詩論』創刊までの約4年間については、春山の自筆年譜は全く空白のままである（筆者注・数字表記は本文通り）と。これも興味深い春山の自伝中の謎であろう。その少し後に出てきた次の箇所に私は釘付けになった。

「前出『名古屋地方詩史』（筆者注・杉浦盛雄著、昭和四十三年、名古屋地方詩史刊行会）によると、春山は上京後の大正15年2月に詩誌『謝肉祭』を編集発行している。同人には近藤東、亀山巌、棚夏針手、吉田一穂などがおり、15年7月4号までで終刊した小冊子である」（傍点筆者）とあるではないか。前述の亀山の詩歴のところで、『謝肉祭』も出てきたが、そこに吉田一穂も参加していたのだ！

そうだったのか。ということは、同人同士だから、この六カ月の間に何らかの交友が必ずあったはずである。ようやく二人の人間関係の謎を解くことができ、私はホッとしている。本書をわざわざコピーしたかいがあったというものである。

（二〇二一年六月三十日）

（追記4） 春山行夫上京後の四年間の空白部分が判明

ちなみに、『春山行夫ノート』のコピーから分かったことをもう少し追加しておこう。

まず、第一書房から出ていた『セルパン』だが、創刊は昭和六年五月号で、それまで出していたPR冊子『伴侶』（これも私は知らなかった）を発展させたもの。初代編集長は福田清人で、福田が六年末に退社するまで担当した。――そのへんのことを私は旧著『古書往来』で紹介している――その後任が前述した三浦逸雄で、昭和十年一月号で春山に交替するまで、編集長を務めている（三年あまりか）。春山は昭和十五年に第一書房を辞するまで編集長を六年あまり続けている。

蜘蛛出版社の君本昌久が巻末に「『春山行夫ノート』の出版にふれて」を編集者にしては珍しく八頁にわたり書いているのも興味深く読んだ。

君本氏も、私が本書の「厚生閣書店」の紹介の所で引用した春山の「私の編集歴」（『本の本』昭和五十一年四月号）から大分引用して書いている。名古屋で詩人仲間と出した『青騎士』は「せいきし」と読むそうだ。

春山は二十三歳のとき上京するのだが、次の回想文の引用に私は注目した。

「上京したのは大正十三年十月で、翌年五月頃に『行楽』という旅行・文芸雑誌の編集部にはいった――この雑誌は坪内逍遙、島崎藤村、与謝野晶子、北原白秋、宇野浩二などが執筆していて、主幹は坪内逍遙のお弟子さん、石川宰三郎、顧問は吉江喬松という早稲田系の雑誌だった」と。この雑誌の存在も文学史で殆ど知られていないのではないか。錚々たる執筆者の顔ぶれであるが、長く続かず、失職したという。この社で同僚だった女性と春山は結婚している（しかし終戦の前年、妻と死別）。

これは、丁度春山の自筆年譜で空白、と小島が述べている期間に当り、それを埋める貴重な情報であろう。

君本は最後に、本書の再校ゲラが出たとき、思いがけず、亀山巌から、名古屋豆本、春山行夫の『月の出る町』（昭和五十年）を贈っていただいたという。本書は前述の詩集の再刊ではなく、幼年時代と故郷、名古屋東区のことを回想した自伝エッセイとのこと。この豆本の存在も私は初めて知ったし、戦後も長く春山との交流が続いていた証であろう。さらに君本と亀山とに交流があったことも興味深い。本書も今後探求したいものだ（その後、ネットで見つけて入手した。その感想はいずれまた……）。

ここで思いついて、君本昌久の神戸出版史の生き生きした体験的名著『蜘蛛出版九十九冊航海記』（蜘蛛出版社、平成二年）を再び繙いてみると、同社の数少ない企画出版、埋もれていたモダニズムの詩集、『楠田一郎詩集』、『永田助太郎詩集』に続いて、『棚夏針手《たなかはりて》詩集』を鶴岡善久編で苦労して出版した折、亀山が「詩人と古着屋」と題する一文を書き、その出版を評価して喜んでくれたことを記し、その文章も引用しているのだ。それ以来、亀山と君本お二人の交流が始まったのだろう。また亀山が名古屋時代に参加した詩同人誌『指紋』に早くも棚夏が詩を発表しているし、前述の春山行夫が上京後に出した『謝肉祭』の同人にもなっているから、亀山と棚夏の交流も早くからあったものと思われる。

（二〇二一年七月一日）

（追記5）『海の聖母』函絵の由来

いささかしつこいようだが、その後本項に関連する注目すべき資料をもう一つ、見つけたので、労を惜しまず報告しておこう。

私は十月中旬、大阪の天神さんで開かれた秋の古本祭りに二日目に出かけた。強烈な日ざしのもと、フウフウあえぎながらも半日、本を漁った。まず、初日に行かれた中島俊郎先生に教えてもらった厚生書店をめざし、沢山の雑誌やＰＲ誌のバックナンバー――『詩と思想』、『詩学』、『丸善』、

『みすず』、『図書』など——が一冊百円で積まれているので、目次をチェック。その中から読みたいものを数冊選んで入手した。その一冊が『詩と思想』平成六年九月号で、特集が「現代詩前夜」であった（他にも、同誌「モダニズムを読み直す」特集号など）。日本近代詩の流れを追うとともに、近代日本の重要な詩人たち五十人を取り上げ、各々二頁ずつだが、現代の詩人たちによって簡潔に解説されている。その中に吉田一穂もあり、その文末の参考文献の一つに『詩学』昭和四十六年一月号「吉田一穂の文学的状況」亀山巖、白石かずこ、と記されていたのだ。

私は、おっ、これはぜひ読まなくては、と思い、早速、神奈川近代文学館に、『詩学』の所蔵があれば、とコピーをお願いした。今回も困ったときの神奈川近代文学館頼みである（笑）。

幸いに、すぐ送ってもらったのを見ると、亀山氏の「『海の聖母』の祝砲」と題するエッセイであった。わずか二段組み二ページの文章だが、私には得がたい情報がつまったものであった。全文引用したい位だが、そうもいかないので、私なりに要約して紹介しよう。

亀山氏は冒頭で、加藤郁乎の「眺望論」を読んだ際、一穂氏との対話中に、『海の聖母』の函の絵について二人が触れ、その十六世紀風の帆船から大砲の白煙が噴き出ているのを、一穂氏は「大砲つまり兵器ですから、まことにいやでなりません」と語ったというのを覚えている、と言う。

しかし、亀山氏としては、自分はずっと洋風帆船が好きで、今でも類書をよく買っており、おそらくその絵はヴァスコ・ダ・ガマの世界一周船に近い船型を参考書なしに描いた気がする。当時転げこんで住んでいた小父の衛生工事店の薄暗い事務室で「机の上に背を丸くしてかがみこみ、膠の匂いがつよい開明墨汁に、帳簿用のカブラ・ペンをひたしてかいた」ことを忘れていない。はっきりしているのは、それが兵器としての大砲発射ではなく、「「海の聖母」の祝日が、雪のサンタ・マリアの祭りのごとく厳かにまた爽やかに行われるとしたならば（中略）心をこめた感謝の礼砲（空砲）をうったであろう」と考えたからである。船首と船尾から同時に発射している図柄も空砲の証拠だ。そして大砲の材質についても詳しく説明している。なぜ、ヴァスコの船を思いついたのかは判らないが、当時、三浦逸雄と上野の図書館へ通って、中世からルネサンスあたりまでの本を調べた中から、手がかりになる版画を見つけたのかもしれぬ、とも。

　そして、前述のように詩集が出来たとき、「上等の久留米絣の着物をきた一穂が新富町を訪れ、できたばかりの本にそえて青味を帯びた五円札を一枚くれた。わずかな時間の立話であったが、本

『海の聖母』
図版（上）函、（下）表紙

屋が十五円くれたといった」と。氏は貧乏をしていたが、装幀料をくれるとは夢にも思っておらず、「すこし吃驚すると同時に、詩集のようなものに金を払う本屋があることが、それ以上に不思議だと思った」と書いている。現在でも殆どの出版社がそうだが、当時も詩集出版に出版社がお金を払うのは常識外だったようである。金星堂はそういう例外的な出版社だったのだ。

その後、亀山氏は老齢になって、佐藤一英の還暦を祝う会で東京のどこかで参加して一穂氏と会った切り、ずっと会っていないという。最後に氏は『海の聖母』出版以来、日本は戦争へと突き進んでいったので、一穂氏が大砲嫌悪症になるのもムリはないが、今度会う機会があれば、その誤解を解きたい旨の言葉で一文を結んでいる。亀山氏はこの文章で、委細を尽くした弁明を試みたわけである（大分省略したので、お許しを……）。

私の印象で失礼ながら、あの唯我独尊で頑固一徹のところがある一穂氏の胸にこの一文が果たして届いたのであろうか。なお、続けて同号の特集メインである、加藤郁乎の吉田一穂インタビュー（14頁）もコピーを入手して読んだ。自信萬々の自己主張のオンパレードだが、その毒舌の語り口がめっぽう面白くて一気に読まされてしまった。あのカリスマ的な俳人（詩人）でもある加藤氏がまるで、恐い先生の前にかしこまっている生徒のような発言に終始しているのにも、ほほえましくて笑ってしまった（一穂の詩の高い評価については、私も全く否定するものではないことを念のために断っておこう）。

なお、脱稿後に、小沢信男が故松本八郎主宰のＥＤＩから評伝『亀山巖』（64頁）を出していることを知った。ぜひ読みたいが、今のところ入手が困難で、また近代文学館あたりでコピー（全体の半分）するしかないのかなと思う（後日、私はたまたま入手した故松本八郎発行の小冊子『サンパン』〔一九九七年四月〕に、小沢氏が「亀山巌と『名古屋豆本』」を六頁寄稿しているのを読んだ。実に行き届いた紹介と好評価の一文。これがＥＤＩの本にも収録されている。ちなみに小沢氏も、名古屋豆本94集に句文集『東京百景』を出している）。

（追記6） 亀山巌『裸体について』を見つける

いつまでダラダラと続けるのかと読者からお叱りを受けそうだが、これが本当に最後ですので……。私は紅葉が美しい晩秋の十一月下旬、紅葉狩りにも行かず、その代わりにふと思いついて、たぶん三年ぶり位に思い切って大阪、鶴橋にある古書楽人館に出かけた。近鉄鶴橋駅を降りてトンネルをくぐり、人通りの少ない道を少しばかり歩いたところにポツンと一軒、その店はある。

ここは韓国文献が中心だが、それだけでなく、東洋西洋、日本の歴史的研究文献や東洋医学の本、古い文庫などが豊富に並んでいる、ワンダーランドのような空間である。文庫の棚では、他の店では殆ど見られない種村季弘の文庫本も数冊並んでおり、私は未読の『影法師の誘惑』（河出文庫、平成三年）をまず喜んで手に抱えた。各棚をゆっくり巡って、種々の風俗文献（例えば、ガリ版刷りの地下出版の冊子など）が並んでいるところを見ていたら、そのすぐ近くに何と、あの奇書といわれる亀山巌のエッセイ集『裸体について』（名古屋、作品社、昭和二十六年）が出ているではないか。タイトルからしたら無理ないのだが、その棚では格が違うのでは、とチラと思う。カバーは黄色地にタイトルを横に乗せただけのシンプルな装幀で、背が少し破けた状態。確か、千円だったと思う。私はこれも原稿を書いたばかりの縁と思い、喜んで買うことにした（後で「日本の古本屋」で調べると、七件も出ており、帯付きでも二千円位の平均値で出ており、少々がっかりしたが）。

中をのぞくと、亀山氏のペン書きの挿絵がいろいろ入っており、別刷の外国の作品図版も六枚ある（例えば、バイロスの版画〔次頁参照〕など）。

私は帰ってから、珍しく早速読み始めた。まだ半分も読んでいないが、ごく単純にいうと、四つの長篇エッセイから成っており、主に西欧のポルノグラフィーの様々な文献をめぐって、亀山氏の自伝的、体験的回想をそこに絡めつつ、人間のもつ性的欲望とか妄想について自由な考察を展開しているものだ。その博学多識ぶりには驚かされる。連想が連想を呼び、筆が勢いに乗って書き進んでゆくスタイルなので、読んでいる私も、それにつれてぐんぐんその文章に引き込まれてゆくという按配である。また、文献や性玩具を入手した当時の古本屋や店の様子も考現学的手法で描写しているので、楽しめる。

さて、私は初めから飛び飛びに読んできて、最後のエッセイ「情欲という結び合せ――続・ポルノグラフイの黄昏」のところを見ていると、ここにも、若き日の東京時代の新富町での生活が少しばかり描かれていることに気づいたのである。氏はある節でこう書いている。「神田錦町にあった金星堂から吉田一穂の処女詩集『海の聖母』が上梓されたのは、そのころの話だ。純粋の詩人であった春山行夫が「君が装幀をやるんだね」といったので、数日かかって、一枚の蝕版画風の作品を仕上げた。一枚は表紙で海豚《イルカ》の背に乗った聖母像を、飾り紐がとりまいているもの、これは鶯《うぐいす》色のラシャ紙に黒と海老茶のインクで印刷された」と。続いて外函のデザインについても、例の大砲の絵のことを前述したように記述している。そして「「大砲ですね、この煙りは」と、新富町へ尋ねてきた一穂は半ば迷惑そうな口調でいった」と書いている（傍点筆者）。

これらの文章から、装幀はやはり春山行夫から依頼されたこと、一穂は本が出来上ったときから、その函のデザインが一貫して気に入らなかったことが分かるのである。また一穂が「精悍な顔つき

と、芥川龍之介に似た長い髪をかきあげる癖があった」とも述べている。こう見てくると、どうやら二人の関係は、ある程度距離をおいたつきあいであったようである。

それはともかく、この『裸体について』は今読んでも興趣の尽きない、奥深い内容の本だと思う。

（二〇二二年十一月二十日）

（付記）その後、たしか天神さんの古本祭りで、『現代詩手帖』（一九七三年四月号）の「吉田一穂追

悼」特集号を見つけ、入手した。目次をのぞくと、巻頭に加藤郁乎の「最初の詩人を送る」が二段組みで九頁載っていたからである。これも長いこと積ん読だったが、最近やっと読んだ。他の三人の執筆者、鷲巣繁男なども各々力作の長篇評論を書いているが、私には難解そうで、まだ読んでいない。

加藤氏は二十二歳のとき、先輩のフランス文学者、窪田般弥の紹介で五十三歳の吉田一穂に会い、すっかり魅了され、以来二十三年にもわたり、定期的にお宅に伺っては酒を飲み交わしながら様々な四方山話を伺ったという。数々のエピソード、例えば松山俊太郎（サンスクリット学者）、四谷シモン、池田満寿夫、白石かずこと一緒に伺ったときの愉快な話など交えながら、生き生きと語っており、氏の才筆にかかると、世間が抱く一穂のイメージとは一味違った風貌も浮彫りにされている。この一文を読んでも私には、一穂の詩作品より、その人物像の方がはるかに面白く、ますます興味がわく（失礼ながら……）。

それはともかく、この追悼文はやはり練達の書き手による文章で、私ごとき知力では理解の及ばぬ箇所もあったが、最後まで引き込まれて興味津々で読みおえた。

一穂も西脇順三郎と同様に、若い頃は画家をめざしていたそうだ。そういえば一穂が発見した「半眼微笑」の仏の一筆描きデッサンは有名である。

私は、加藤郁乎というと、かつて澁澤龍彦、池田満寿夫らともつきあいのあった華やかな伝説的文人のイメージが強く、今まであえてその著作に近づかなかったのだが、これを機会に句集、エッセイ集など、少しは探求してその著作から学んでみようと思ったしだいである。ちなみに、加藤氏は、平成二十四年に八十三歳で亡くなられた。

（二〇二三年一月三十日）

※　※　※

以上の付記を書いて一週間ほどたった頃、私は「日本の古本屋」のネットで検索し、札幌市の北天堂書店が出品している加藤郁乎の『後方見聞録』を注文した。これは、文庫でも珍しいものらしく、定価以上の値段（千円）が付いている。元版はコーベブックス時代の渡辺一考が企画して昭和五十一年に出したものを増補加筆したものの由（渡辺も本書の解説で、加藤とのつきあいを熱く語っている）。

第Ⅰ部は稲垣足穂、澁澤龍彥、西脇順三郎、田村隆一らの文学者、舞踊家の土方巽、笠井叡、俳人の高柳重信、写真家の吉岡康弘、昭森社の森谷均など計十五人のキラ星の如く輝く人々との交友を各々回想した好エッセイ。増補した第Ⅱ部は第Ⅰ部の物故者十氏について再びまとめ、新たにⅢ部で、飯島耕一と矢川澄子について書き下ろしている。矢川澄子は言うまでもなく、元澁澤の夫人だが、加藤はここで、実に大胆な告白をしていて、私は度肝を抜かれた！　興味のある読者は原文に当られたい。そういえば、種村季弘も『雨の日はソファで散歩』（ちくま文庫）所収の「昭和のアリス」で矢川澄子について鋭い考察をしている。種村氏は矢川澄子と、ルネ・ホッケの『迷宮としての世界』を共訳しているのだ。この一文で、彼女が学習院大学の独文科を出た頃、就職できず、岩波書店で澁澤と一緒にフリーの校正者をやっていたことを初めて知った。むろん、師である吉田一穂についても書いているが、さほど新しい情報はない。私がびっくりしたのは、亀山巌との交友も綴られていることだ（私は本書を読むまでお二人の関係を全く知らなかった）。

ごく簡単に紹介しておこう。氏はやはり『海の聖母』の装幀者として初めて亀山を知り、小谷剛主宰の同人誌『作家』の会員にもなった。その後、亀山の『裸体について』を読んでその博識や文体に魅了される。その流れから、氏が第二句集『えくとぷらすま』を詩集専門の有名な古書店、中村書店から昭和三十七年に出した際、検印紙のデザインを中村から亀山に依頼し、作ってもらった。そのお礼の手紙を差し上げたのがきっかけで、以来文通が始まり、二百通近くやりとりしたという。亀山の手紙はすでに一種の詩であり、見事な雑学談義が満載のエッセイそのものだった。その中からごく一部を抜き出し、本書に引用している。

直接にも何度かお会いし、六十九歳の亀山を祝う「亀山巌を楽しむ会」が名古屋の国際ホテルで催された折も参加し、そのときの印象を語っている。また思潮社の現代詩文庫の一冊として出た『加藤郁乎詩集』初版（昭和四十六年）には亀山による奇抜千万な郁乎像が挿入されているという。これは古書で高値がついているそうで、私も見てみたいものだ。加藤は「類い稀なる博識洽聞の亀山巌が」「ほとんど忘れられたままであるのは惜しまれてならない」と繰り返し書いている。今回の私の雑文が少しでも亀山巌再評価への寄与ともなれば幸いに思う。

なお、本書のタイトルは、マルコ・ポーロの旅行記にあやかって付けたという。

本書もこれからどんどん読んでもっと紹介したいところだが（とくに昭森社の森谷均との交友など）、本篇の文脈から逸れるので、やむなく省略せざるをえない（苦笑）。ただ、一つだけ、本書によって教えられた、古本ファンにとってまことに思い当る名文を紹介しておこう。

それは花田清輝のエッセイ、「本の運命」中に書かれた次の箇所である。「マリー・ローランサンは言った、『死んだ女よりも、もっと哀れなのは、忘れられた女です』と。古本屋の店頭には、そんな『もっと哀れな』本が目白押しに並んでいる」と（本書の松山俊太郎の巻に出てくる）。前述の亀山との書簡集も可能ならどこかから出版してほしいものである。

（二〇二三年二月十日）

（追記7）

亀山巌『空一面のうろこ雲』より

前稿を書いた直後に、私は「日本の古本屋」で亀山巌の著作をチェックしていたら、一件、札幌市の南陽堂書店から、名古屋豆本で『空一面のうろこ雲』（一九八七年、函入り目装）が出品されていた。ほう、こんな豆本も出ていたのか、と思い（値段も一六五〇円だったので）注文した。

届いた本を見ると、意外なことに、豆本の体裁ではなく、ソフトカバーでB６判の縦に少し長い変形版であった（奥付には確かに名古屋豆本の表示があるが）。中身を開いてさらに驚いたのは、私がコピーで苦労して手に入れた亀山の小説「栄養不良の青春」が四〇頁収録されていたことだ。これと、亀山が一九八七年入院中に病室で書いたという、小説の追記？にあたるエッセイ『空一面のうろこ雲』が二十三頁付いている内容なのであった。版面下の余白がゆったり取られており、コピーより断然読みやすいレイアウトの組版になっている。さすがは、亀山氏、瀟洒な造本である。こちらで読めたらなおよかった、とは思ったが、後の祭りである。カバーは全面に、亀山の水彩画（？）で住んでいた新富町付近の散歩途中にあった、桜橋の空に広がるうろこ雲と、その橋の手前で、着流し姿の青年、亀山が一寸不気味にこちらをふり向いている姿が描かれている（回想して描いた幻景図という）。函とカバー裏には、当時、東京の街中を一緒につるんで歩き回ったという、小説にも出てくる三人組、亀山、三浦逸雄、田辺卓躬のそろった姿も水彩で描いた装画（亀山の外は洋装）が載せられている。タイトルの『空一面のうろこ雲』とは？ 新富町にあった、氏が店番をしていた叔父の店、「稲垣タイル店」に隣の井上肉店の次男坊、当時中学生の守ちゃんがよく遊びに来て、亀山と詩の話をしていたそうだ。亀山が東京を去る折、二、三の画稿を記念に守ちゃんにも渡したという。その一枚の絵ハガキ大の上の方に、「大江戸に別れんとする四つ辻の空一面のうろこ雲かな」と書かれた短歌のことを、亀山の唯一回の個展（昭和五十年、名古屋と、東京では文春画廊で開催）を見に来た、現在は都立大のドイツ文学教授、井上正蔵（故井上守氏の弟に当る）に教えてもらったのだという。その懐かしい歌の部分をタイトルに採ったわけである。

この後半の長編エッセイは、「新富町三丁目界隈」と副題にあるように、今はもう往時のおもかげが失われてしまった新富町あたりの道を回想してたどりつつ、当時あった店や風景を生き生きと再現してゆく。残念ながら一言ふれられているだけで、『海の聖母』の装幀にまつわる新しい情報はとくに書かれていない。

その代わり、一つだけ、件の小説のテオフィル・ド・カンの命名の由来を示す一節があった。「テオフィルはゴーチェの名前からとり、カンはラフォルグの時代、『ヴオーグ』の編集長の姓と組み合わせたことを、やっと思い出した」と。いつもながら、この人の西洋文学への傾倒ぶりには脱帽する（蛇足ながら、ゴーチェは、フランスの詩人、小説家。ラフォルグも世紀末のフランスの象徴派の詩人である）。なお、仲間の一人、田辺卓躬氏は、調べてみると、亀山が版元の名古屋豆本で『鞭と拳銃』（郵便馬車の話らしい）など、日本の郵便制度の歴史に関するエッセイを三冊程出していることが分かった。若い頃からの友情がその後もずっと続いていたことがうかがわれるのである。今度こそ、これで打ち止めにします。

（二〇二一年十二月一日）

（追記8） 亀山巌文献のその後の収穫

私はこれまで、吉田一穂の『海の聖母』の装幀をめぐって、その装幀者、亀山巌の資料を出来るかぎり探求してきたのだが、亀山の著作をいろいろと読むうちに、彼自身の仕事と人物像にますます魅入られるようになった。

それで、その後も亀山関係の文献をネットで検索し、主に名古屋の古本屋から次のような収穫を得ている。

一、木下信三編著『亀山巖のまなざし』（名古屋、土星舎、風媒社発売、令和二年）

本書は名古屋豆本から十一冊も山頭火関係の調査・追跡本を出している木下氏が、敬愛する亀山氏の単行本未収録の文章——戦前の若き日、名古屋新聞文化部記者として考現学《モデルノロジオ》の手法で書いた絵入りの記事（例えば、レビュウ・ガアルの楽屋、映画館の座席、カフェなど）、少、青年時代に書いた珍しい童話、同人誌『Ciné』に載せた散文詩、木下氏への書簡、それに氏が亀山巖の仕事について書いた諸々のエッセイなど——をまとめた貴重なもの。

二、亀山巖『渡辺さん、もしやあなたは……』（名古屋豆本、昭和六十二年）

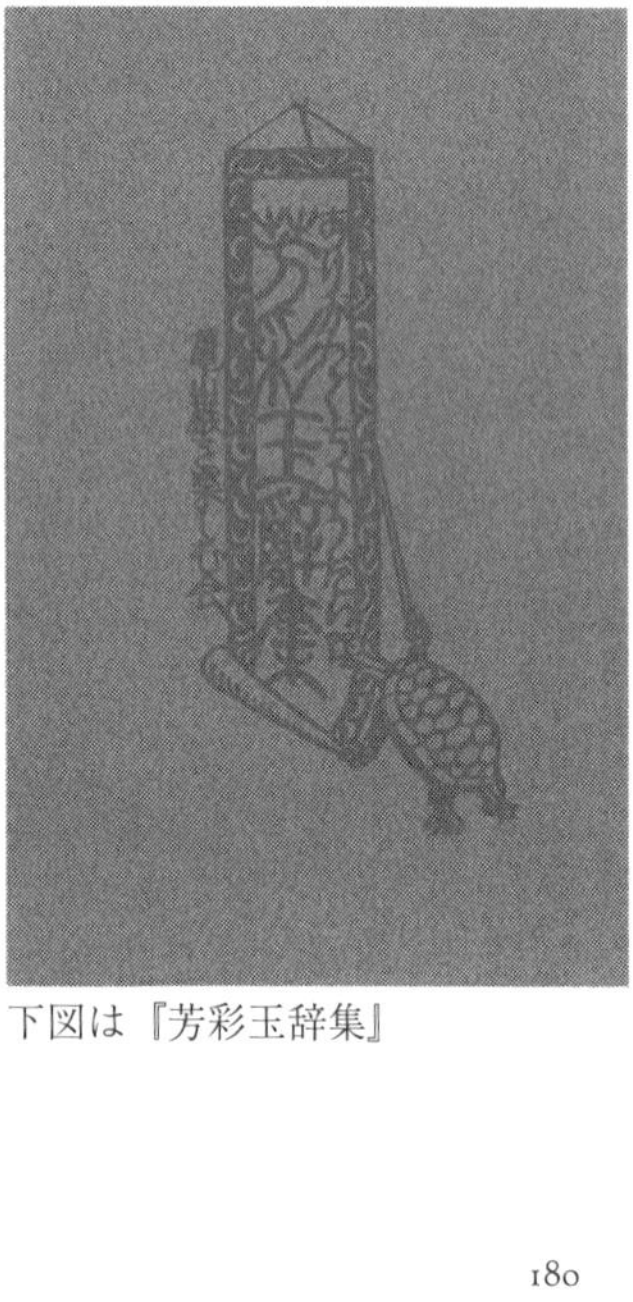

下図は『芳彩玉辞集』

これは、荷風の秘事とそのモデルになった渡辺夫婦を実証的に追究したもの。荷風のカメラ好きは初めて知った。

三、亀山巌『私誌1・一〇〇〇日』（名古屋豆本、昭和五十九年）

本書は上製、文庫版変型で天地が少し長い（三十二頁）。表紙にビューイックの版画「時の司」が使われている。

これは亀山が七十六歳時、名古屋の様々な文化、芸術団体の理事や委員長を多数引受け、参加する様を「談笑亭日常」と題して、昭和五十九年四月一日を起点として日録風に綴ったもの。その中には、「雑学倶楽部」というものもある。続編に『七三六』もあるが、未入手。他にも最晩年に出された『遊民の検証』など、私誌別冊が三冊あるようだが、見つけるのは至難の業だろう。

最後は名古屋の伏見屋書店から、〝亀山巌を楽しむ会〟『芳彩玉辞集』（事務局編集、昭和五十年、新書版、略フランス装、一二六頁）を入手。

本書には表紙に、亀山によるタイトルの幟《のぼり》をカメが掲げているイラストがあるが、背文字はなく、古本屋でも見逃されそうな本だ。

これは、昭和五十年、亀山が六十八歳のとき、前年、名古屋タイムズ社社長を辞任して再出発の意味で、東京・名古屋で個展「黒の世界」を開き、『亀山巌の絵本』も地元、名古屋の作家社から刊行する記念に六月九日、名古屋国際ホテルで催された会で配られた（?）冊子である。会の命名もしゃれているし、その開会も午後六時九分であったという（笑）。

おそらく会の案内状とともに原稿依頼状も送られ、それに応じて書かれた原稿の到着順にまとめられたものらしい。

巻末の発起人一覧を数えてみると、何と二二一人もの名前があがっており、その中には秋山庄太郎（写真家）、市川猿之助（歌舞伎役者）、今井田勲（編集者）、稲垣足穂、猪熊弦一郎（洋画家）、杉森久英、八木義徳、丹羽文雄、三国一朗（俳優）、山本悍右（前衛写真家）といった著名な人々の名も見える。それに私が前述した加藤郁乎や三浦逸雄も入っているのだ。交友の多彩さが偲ばれる。こんなに発起人の多い会も珍しい。司会は三国一朗であった。

冊子の方も、寄せられた祝辞の書き手は七十名に及び、各々二頁以内のもの。私は読み始めるや、各々が面白くて一日位で読了した。執筆者の殆どは名古屋の各分野の文化人（作家、画家、俳人、舞踊家、作曲家など）だが、さすがにマスコミ関係の会社のトップも多い。とくに亀山の戦前の名古屋新聞整理部時代、後輩記者だった人たちは、彼のレイアウトや見出しの見事さを口々に賞讃している。同時に亀山の父、同紙の記者で、童話作者でもあった亀山半眠の思い出も懐かしく語っている人が多い。祝辞の内容は、亀山との交友をふり返り、彼の人間像、仕事について各々の視点から巧みな文章で語っていて興味が尽きない。

とくにその人柄については、私、今まで書かれたものや描かれた線描の自画像などから、やや狡猾で偏屈そうな人物のイメージを持っていたのだが、全くさにあらず、執筆者に共通するのは、照れ屋、謙虚、粋人、誰の相談にも気軽に乗ってくれる人、遊び人、おしゃれでダンディな紳士、真正のフェミニスト、といった礼讃の言葉である。確かに、前述の雑誌に載っている顔写真〈七十六歳時〉を見ても、若々しく、親しみ深い雰囲気が伝わってくる。人みしりの私でも一度位お会いして、名古屋豆本編集の苦労話など伺いたかったな、と思わせられる〈この点に関しては、後日、名古屋の千机《ちぎ》書房から入手した豆本別冊『名古屋豆本20年』〈昭和六十一年〉で亀山氏、岡田孝一、節子氏が書いた文章から充分知ることができた。亀山氏の場合、著者の書いた印刷物の文章を読んで気に入ると、すぐに速達で出版依頼の手紙を出し、断られたことはないと言う。さすが、卓越した企画力の持ち主であった。また氏は豆本会員約二六〇人への送本作業も、宛名の手書きなど、すべて独りで楽しくやっていたという。岡田節子氏も紙選びや製本の苦心など詳しく書いている〉。ちなみに祝辞によれば、会の時点までに、すでに五十冊程の豆本を手がけている。その後、八十二歳で亡くなるまでの十四年間に九十冊位造ったことになる。大へんな生産力だ。

さて、執筆者の中には若い頃からのモダニズムの詩友ももちろん含まれている。

山中散生〈『Ciné』主宰〉、殿岡辰雄、岩本修蔵、斎藤光次郎〈『青騎士』同人〉、それに春山行夫も！　斎藤光次郎は、やはり最初の出会いを、前述した東京の下宿に亀山氏が『海の聖母』の装幀画稿を持って現れたシーンだと記している。その時、斎藤も小学生の頃、童話を聞かせてくれて知っていた、半眠の息子だ、と彼は名乗ったそうである。斎藤氏は名古屋豆本の第一冊、詩集『火と雪』を出している。

最後に、私が頁数がますます増えるのを覚悟してまで報告したかったのは、春山行夫の「亀山氏のたのしさ」と題した短い文章（全文）である。

「いよいよ悠々自適、たのしい仕事をつづけて下さい。Mr.Kameyamaがレースのハンカチを星に向って投げると、ルドンの天使と蝶があらわれる。このつぎはなにがでるでしょう」と。何とオシャレなお祝いのことばだろうか。やはりお二人とも根っからの詩人なのだと思う。

なお、足穂も一枚の私製の便箋（？）に書かれた祝辞を図版で載せているのだが、印刷の文字がボヤけていて、殆ど読めないのが残念だ。（足穂とも、装幀、挿絵のことで、多くの手紙を交していたようで、『タルホ＝コスモロジー』の中に亀山の手紙がいろいろ引用されている）。

私はこれらの文献から、名古屋の雑誌（例えば、詩誌『サロン・デ・ポエート』など）に未読の亀山のエッセイや挿絵がまだ多数収録されているのを知り、今後も出来るかぎり探求してゆきたいと思う（愛知の図書館には収蔵されているそうだが）。これは後に、没後の翌年、平成二年に『サロン・デ・ポエート 亀山巌エッセイ集』として出版されていることが分かった。ぜひ読みたいものだ。とともに、全国的な雑誌、例えば『ユリイカ』の人物特集などに遅まきながらぜひ取り上げてほしいものだ、と願っている。亀山は加藤郁乎も書いていたように、再評価が待ち望まれるマルチな芸術家だと思う。

（二〇二三年十月十四日）

3 紅野敏郎『大正期の文芸叢書』から

私は曽根先生もあげていた紅野敏郎の『大正期の文芸叢書』（雄松堂出版、平成十年）も読まなくてはと思い、この機会に思いきって入手することにした。近代文学の古本蒐集の参考資料としても役立つと思うからである。本書を「日本の古本屋」で検索してみると、安い値段の方では二〇〇〇円位で数店から出ている。定価が八八〇〇円だから、随分と安い。このうち、東京の五十嵐書店のが献呈署名入り、とあったので、これはいいぞ、と注文した。

それにしても、私の知る限りでも、研究のために多数の近代文学の稀覯本や珍本などを蒐集して古本業界にも多大な貢献をした紅野先生の労作がどうしてこうも安価なのか、と私はかねがね不可解に思っている（とくに晩年の大冊数冊が）。相場の値段は大体、内容の評価にも相当する——むろん装幀の人気や部数の希少性も勘案されるが——というのが古本業界の常識かと思われるのだが……。もっとも戦前の探偵小説や手塚治虫の初期漫画など、マニア向けの途方もない値段付けもあるが。とはいえ、資金不足の若い研究者などには大いに助かることではある（もちろん私もその恩恵に預った一人で、喜んでいる）。

届いた本を開くとうれしいことに、見返しに紅野氏が近藤信行氏にあてた、流れるようにゆったりしたペン文字の署名があった。近藤氏は、元中央公論社の編集者であり、『中央公論』などを経て『海』を創刊、編集長を務めた。退社後は、山岳関係の評論や編著を多数出し、『小島烏水《うすい》』で大佛次郎賞を受けている。紅野氏が平成十七年まで山梨県立文学館館長を務めており、その後任に近藤氏が平成二十七年まで務めたので、御両人は浅からぬ縁がある関係である。あっ、そういえば、私も初期に出したアンソロジー『原稿を依頼する人、される人』（燃焼社、平成十年）に、近藤氏に「井伏鱒二のことなど」を十六頁も書いていただいたので、わずかながらご縁があったのだ（実に面白いので未読の人は読んで下さい！）。

さて、本書は大正期に出版された八十八種もの文藝叢書を取り上げ、各々の書誌とともに内容が二段組で五～六頁ずつ解説されている。新潮社、春陽堂刊のものが多いが、例えば籾《もみ》山書店の「胡蝶本」、植竹書院の「文明叢書」、同「薔薇叢書」、「アカギ叢書」、東雲堂の「生活と芸術叢書」など古書ファンにも人気のある、珍しいものもある。各篇の初めに添えられた一冊の書影も参考になる。

そのうち、金星堂は、「随筆感想叢書」「金星堂名作叢書」「先駆芸術叢書」「社会文藝叢書」の四種が取り上げられている。私が今まで書いていないことを中心に紹介しておこう。

まず「随筆感想叢書」から。本シリーズは「三六判」「ポプリン表紙」で、各巻四〇〇～五〇〇頁（相当な厚さだ）、フランス装のしゃれた造本という。私が前述したように、殆どが森田恒友の同じ装幀だが、「佐藤春夫の『芸術家の喜び』と有島生馬の『白夜雨稿』は本人の装幀。宇野浩二の『文芸夜話』は友人の鍋井克之の装幀」とある。装幀についての記述も紅野氏はこのように一冊一冊手に取って調べている（ただ私がたまたま入手した有島の本や芥川の『点心』など、函付の本もあるようだ）。そして、このうち四冊の本の広告文を引用している。藤森成吉『芸術を生む心』や佐藤春夫のそれも巧みな文章だが、ここでは次の二冊から再引用しておこう。

久保田万太郎『三筋町より』のは、「氏はまことに詩人である。あえかにも古り朽ちてゆく夢と伝統の姿に最後の悼歌を捧ぐる詩人である。氏のユニックな筆は珠玉のやうに寂しくつゝましく光つてゐる」と。

宇野浩二のは、「宇野氏は叫ぶ人ではない。然し氏は微笑する。或は微苦笑をする。凡てを理解し凡てを味到してその印象をペーソスに充ちた筆で語り出る。氏の随筆は随筆中の随筆である」と。

本人が読めば、そこまで言ってくれるかと恥ずかしがるような、また思わず顔がほころぶような、

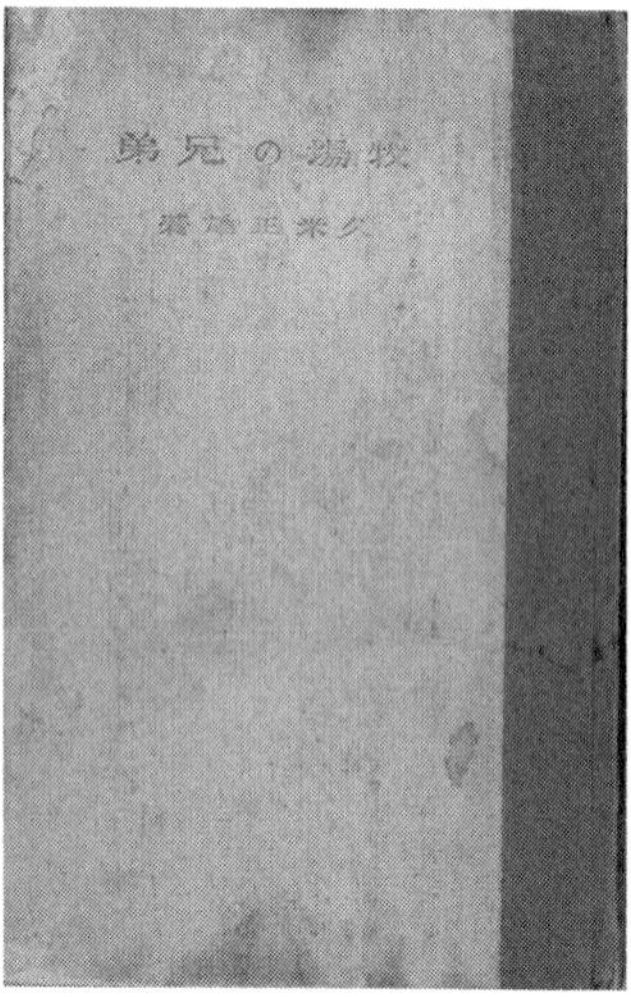

久米正雄『牧場の兄弟』

各々の作家の特徴を見事に浮彫りにする広告文ではあるまいか（もっとも私自身、それほど両作家の随筆を沢山読んでいるわけではないが）。紅野先生もなぜか言及されていないが、これらの文章は当時の編集部長、松山悦三の才筆からなったものではないか（確証はないが）。

次に『金星堂名作叢書』に移ろう。

初めに、このシリーズは数冊ならともかく、全冊を蒐めるのは大へんに難しい、と述べている。私など、それどころか、一、二冊古本展か古書目録で見た位の記憶しかない。確か、谷崎の『神童』とか加能作次郎の『恭三の父』あたりではなかったか。本シリーズ三十三冊の造本は「三五判」といわれていたポケット判で一八〇頁、すべて森田恒友の同じ草花の意匠。体裁の点で春陽堂の「ウェストポケット叢書」とよく似ているという。本叢書には谷崎の『恐怖時代』、久米正雄の『牧場の兄弟』、長与善郎の『二週間』、久保田万太郎『水のおもて』など戯曲が多い、とも。大正作家の戯曲への関心の深さのあらわれと言う。私は、加能の前書や『祖母』、田中純『月光曲』や豊島与志雄『月明』、相馬泰三『野の哄笑』（短篇集）など、いつかもし手に入れば読んでみたいと思う（そりゃ、あんたムリでしょ、という内心の声がするが）。とくに相馬泰三は新聞記者出身で広津和郎らの『奇蹟』同人。代表作の長篇小説『荊棘《いばら》の路』には同時代に交流した広津らの作家や歌人（牧水など）が多く登場するという。例の『大事典』に詳しい紹介があり、面白そうだ。むろん、古本で出ると、高価で手が出ないが。文芸文庫か最近いろいろ出てきたリトル・プレスでどこか復刊してくれないだろうか。

紅野氏の本に戻ると、このシリーズにも一冊一冊広告用のコメントが付いており、いずれも的を射ていて興味深いと言う。例えば加能作次郎の『恭三の父』のは「何れも質実にして人間味に富める傑作、泌々とした情緒が全篇に溢れている」と。これらの広告文も松山悦三が書いたのかもしれない。

また、紅野氏は本叢書に戯曲が多く見られることに関連して、金星堂では他にも『久米正雄戯曲集』（二巻）、『潤一郎戯曲傑作集』『川村花菱脚本集』も出していた、と述べている。

実は私、本稿をまとめている最中に、年に一度いつも送られてくる東京、股旅堂の部厚い目録が届いたので、一旦、筆の手を休めて（カッコいい？）順々に頁をゆっくりめくっていった。私とて普通の世間並みの男性だから、色気ある風俗資料に満更無関心なわけではない。とくに盛り場風景の章の日劇ミュージックホールのパンフなどには興味がある。しかし、何ぶん資金も乏しいので、注文は一、二冊に留めないといけない、と思いながら見てゆくと、何と「金星堂名作叢書」中の久保田万太郎『水のおもて』（大正十一年）が一冊のみ、二〇〇〇円で目に止ったのである。一冊位は手元にあったら、と思っていた矢先だったので、これはラッキーと、早速注文した。届いたのを見ると、表題作始め、三つの戯曲が収録されている。作品はいずれゆっくり読むとして（本当かな？）

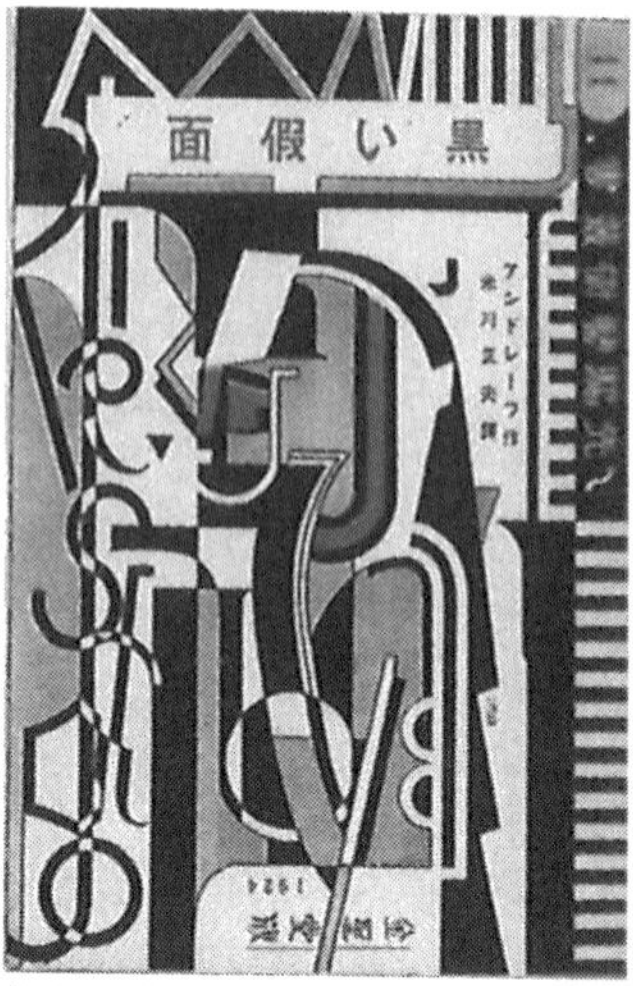

柳瀬正夢装幀

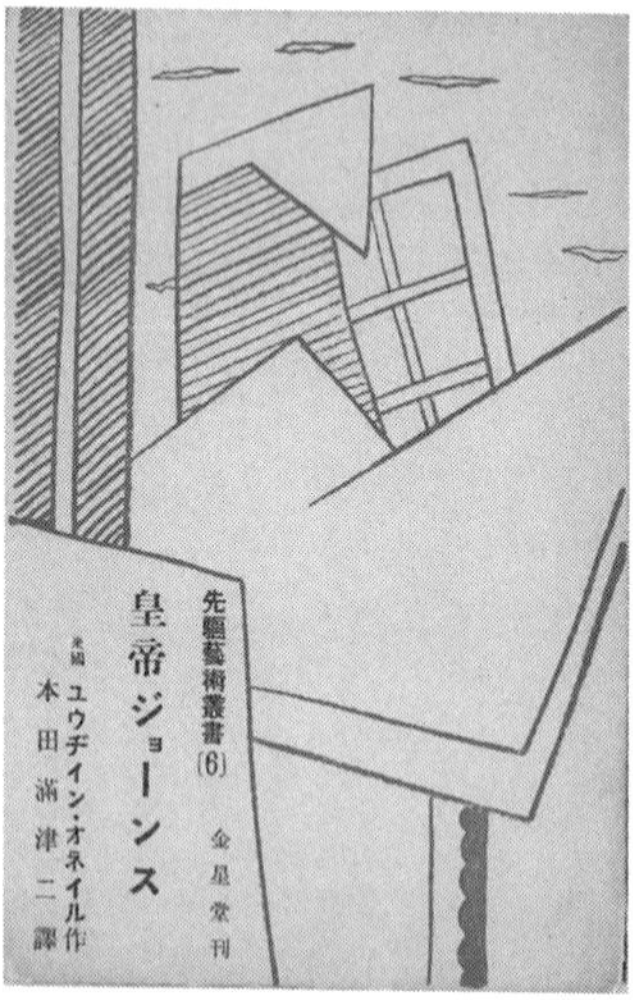

神原泰装幀

巻末には本シリーズの既刊二十五冊の広告が載っている。各々二、三行のごく短い内容紹介文が付いているが、前述の紅野氏が何冊か引用している広告文とは異なるものだ。「随筆感想叢書」の広告文もそうだったが、氏は出典を書いていない。とすると、金星堂のまとまった出版目録でも持っておられたのだろうか。もしそれが存在するのなら、金星堂の第一級資料だから何とかコピーでもして見てみたいものだが、はかなき夢であろう。あっ、『文藝時代』やPR誌『金星』に当然出した自社広告を参照したのかも。その方が可能性が高い（未確認）。

後日、「日本の古本屋」で、久米正雄の『牧場の兄弟』も見つけ、無事入手して喜んだ。大正十一年初版で、本書は大正十五年八版、になっている。売行きがよかったようだ。

次に『先駆芸術叢書』について。

このシリーズについては、詩集も出している近代文学研究者、長谷川泉が早くに紹介しているという。四六判、フランス装で、一四〇頁位。海外文芸の中の先駆的代表作——表現派、未来派、象徴派など——の翻訳が蒐められている（全十一冊）。ゲエリング『海戦』、チャペック『ロボット』、マリネッツィ『電気人形』、アンドレーフ『黒い仮面』（柳瀬正夢装）、オネイル『皇帝ジョーンズ』などである。高見順の文庫での回想にもあったように、築地小劇場で上演されたものが多く含まれている。上演された本には、口絵に舞台写真などが挿入されている、と言う（重版の際かもしれないが）。表紙は『黒い仮面』以外は全冊、神原泰の表現派風の線描画で統一されている。

実は何度も恐縮だが、執筆中に、毎月送ってもらっている鶴岡市の阿部久書店から、新聞紙大の「古書月報」が届いた。今号にはとくに、古本ファン垂涎の珍しい近代文学の雑誌『作品』『創作月刊』『文藝通信』『紀伊國屋月報』などが均一の安値で多数出ている。私もこれは！　と数冊注文した。さらに単行本の中に、タイミングよく、金星堂から出た小山内薫訳『夜の宿』（世界近代劇叢書第二輯、大正十四年）が五〇〇〇円で出ていた。「先駆芸術叢書」は大正十三年〜十五年に出ているので大体同時期にこれも出ていたのだ。入手した本書の裏広告には、第一輯も小山内薫訳で『天鵞絨

の薔薇』（四戯曲収録）が出ている。この叢書は五冊出たらしい。よく見ると、『夜の宿』は有名な「どん底」の別タイトルであった（最初の頃はこの題だったのかもしれない）。四六判の紙装で一七〇頁位、本書にも、見返しの左部分と扉前後の頁に築地小劇場で上演された舞台写真が計三枚載っている。本書を見ても、当時金星堂が築地小劇場との連動出版に力を注いでいたことが分かるのである。ちなみに、竹中郁と同期生で、関西学院大学英文科を卒業し、上京して、しばらく築地小劇場の劇団員として働いていた青山順三の証言によると、小山内は最後まで、「夜の宿」で通していたという。本場のモスクワの舞台には及びもつかぬからという理由からだったが、青山氏は日本のもりっぱな舞台だった、と書いている。

最後は「社会文芸叢書」である。

本シリーズは「四六判、角背、紙装、一八〇ページ前後」で、「表紙中央には、ハンマーをしっかり握った手がぐっと強く描かれている。Ｋｅｎ（吉田謙吉か）の署名がある」と述べられているが、まちがいなかろう。全十四冊のうち、『誰が一番馬鹿だ？』は人形劇の台本で、築地小劇場で上演された。また『解放されたドン・キホーテ』は築地小劇場で前衛座によって上演され、訳者の千田是也、佐々木孝丸、村山知義、柳瀬正夢らが出演、さらに「ラッパ吹き」「ドラ打ち」「旗持ち」役として林房雄、青野季吉、前田河広一郎らも出たというから、同時代の文学者、芸術家たちにも大いに人気を博したのではないか。後日、花森書林店頭で偶然文庫を見つけたのだが、イワノフ・黒田辰男訳『装甲列車』（昭和二年）は、同訳者が全面改訳し、昭和二十七年に青木文庫から

『装甲列車No14－69』として出版されたものだった。随分息の長い出版である。ただ前述したように門野虎三の回想によれば、この企画は金星堂にいた編集者でアナキスト、飯田豊二の企画のようだが、売行きはよくなかったらしい。以上で、紅野先生の労作からの簡単な紹介を終ろう。

（二〇二一年十二月二十五日）

（付記）令和四年の春、自宅近くの六甲道の坂道にある口笛文庫をのぞいた際、棚の前にうず高く積まれた古い本の山々の中から、思いがけなく先駆芸術叢書の一冊、（6）『皇帝ジョーンス』（ユウヂイン・オネイル、本田満津二訳）を見つけた。殆ど欠点のない本で、千五百円。また積ん読本になりそうだが、装幀の面白さやこの叢書を紹介したご縁と思って、喜んで買うことにした。さらに、六月初め、街の草さんで、名作叢書の一冊、谷崎の『恐怖時代』（大正十四年、十四版）も見つけた。さすがに谷崎本は人気があったようだ。装幀は上製の四六半裁判に変っていた（五〇〇円！）。その後、京都の古本祭りで、名作叢書中の谷崎『神童』（大正十一年）を入手。本書も大正十五年で四版になっている。さらに入稿前、神戸、平野の山田書店で、32巻、豊島与志雄『月明』を千円

で見つけた。ある所にはあるものだ。

（追記）竹西寛子の紅野敏郎追悼文より

主題とは逸れるが、紅野敏郎関係で一つ見つけた文献を紹介しておこう。以上を書いてしばらくたった頃、私は古本屋で、竹西寛子『一瞬の到来』（青土社、平成二十三年）を見つけた。本書は竹西氏が『ユリイカ』誌上に三十年以上連載している「耳目抄」から収めた十一冊目の単行本である。このシリーズは折々の社会状況と真摯に向き合った文章に加え、文学者への追悼文も多く、その端正で深い内省的文章に教えられることが多いので、これまでも数冊入手して読んでいる。

本書の中の一篇、「半世紀の交友」は、平成二十二年秋に八十八歳で亡くなった紅野敏郎氏への痛切な追悼文なのである。紅野氏は、竹西氏の早大国文科在学時の七年年長の同級生であった。氏は兵役経験が四年程あり、南方での一年の捕虜生活を終えて、復員後、昭和二十四年、二十七歳の折に東洋大学などを経て早稲田大学文学部に編入している。

ついでにいえば、御子息の近代文学研究者、紅野謙介氏から幸運にもいただいた敏郎氏の興味深い追悼小冊子『紅野敏郎　いかがであったでしょうか。』（六十二頁）——本書は、謙介氏の奥様、金井景子さんのインタビューに答えた「七十五年前の男子中学生はナニを読んできたか」と、講演「八十八歳・生きてきた『昭和』」から成っている――の巻末年譜によれば、氏は大正十一年、兵庫県の西宮市に生れ、私立報徳商業学校（現在の報徳学園高校）に通っている。二十五歳で上京するまでは西宮や北河内（一年間）で生活していたのだ。実家は醤油醸造業の豊かな家で、甲子園球場に歩いて二十分位で行けるところにあったという。これを知って神戸人の私は、紅野氏をより身近に感じたものである。

竹西氏は小説『管絃祭』を脱稿したあと、次に歌人、山川登美子の作品と人について書こうと、準備し始めたが、資料が少なく、かつての同級生である紅野氏に山川登美子研究の現状について尋ねたという。氏とは、大学卒業後、二、三年後に神田の古本屋で偶然出会ったのがきっかけで、点線のような交流が続いていた、というのも面白い。ちなみに竹西氏は、大学卒業後、河出書房、筑摩書房で十年間の編集者生活を送っている。

紅野氏は、竹西氏の文章の仕事をずっと見守って評価しており、資料面で協力することを約束して下さった。その後、どの位経ったか覚えていないが、ある日、山川関係の資料――沢山の雑誌と書籍――を自宅まで届けるとの連絡があり、その頃まだ大学生であった謙介氏と一緒に、資料を風呂敷に包んで持参して下さった。貴重な資料の郵送や宅急便はもってのほかで、自分の手で届けるというのが紅野氏の流儀だったらしい。

この書き下し『山川登美子 「明星」の歌人』がようやく出版され、毎日芸術賞を受けた。紅野氏は『國文学』誌上で、望外の賛辞を伴う書評を書いて下さった。

竹西氏は「私はこの書評を、友人の賛辞としてではなく、近代文学研究者の賛辞として素直に受けた。それは紅野氏への敬意と深い感謝のしるしでもあった」と書いている。

ここで、竹西氏の好きな山川登美子の歌を一首だけあげておこう。

大原女のものうるこゑや京の町ねむりさそひて花に雨ふる

私はむろん紅野先生との交流や面識もなかったが、一度だけ、晩年、関西大学で平成十八年に催された何かの記念講演をお聴きしたことがある。講演内容はもはや覚えていないが、若々しい張りのあるお声であったことはよく覚えている（山野博史教授の司会）。

なお、一つ追加すれば、本書中の「一雨の後に」で、竹西氏は編集者として山本健吉氏と接して以来続いている長年の氏との交流をふり返り、氏との中国への文学者団体の旅の途上でのエピソードを語っている。合わせて山本氏の最初の妻で、夭逝したすぐれた俳人、石橋秀野との間に生まれた子女、山本安見子さんの新刊『石橋秀野の一〇〇句を読む』をすぐれた本として紹介している。実は私も旧著『ぼくの創元社覚え書』（龜鳴屋）の巻末で、秀野さんの遺稿句文集『桜濃く』（創元社、昭和二十四年）や西田もとつぐの評伝『石橋秀野の世界』（和泉書院、平成十四年）などに基づいて、彼女の人と仕事を紹介しているので、一入印象深く読んだ。私の本を読んで下さった安見子さんと数回、手紙で交流するといううれしい経験もしたのである。

（二〇二二年三月十六日）

（付記）　七月初めに東京古書会館で開かれた愛書会のグループ展の目録『愛書』中に、神保町のアカシア書店出品の金星堂の随筆感想叢書の十巻目、近松秋江の『秋江随筆』（大正十二年六月）を二〇〇〇円で見つけたので、これは割と安いぞ、と当たるかどうか不安ながらも注文した。五五〇頁もある大冊である。注記に裸本とあるが、これで完本である。それで安くしたのかとも思う。後日、幸いにも私の元へ届けられてきた。

追い追い、これから読むつもり（本当かな？）だが、私がすぐに注目したのは奥付裏にある三頁の広告である。この叢書の一巻から十巻までの書名が並んでおり、各々短い内容紹介文が添えられている。それを読むと、まさに紅野先生が前述で引用しておられた文章と同じであった。つまり出典は本の裏広告にあったのである。せっかくなので、もう一冊、佐藤春夫の『藝術家の喜び』の紹介文を引用しておこう。

「この真摯な考察と近代的の憂鬱《うつ》、而も繊細なロココ風の情緒、——殉情の人としての著者の風格はこの集に於て最もよく現はれてゐる。——こよなく芸術的な一巻である」と。こんな的確で巧みな広告文が書ける編集者は只者ではないな、と感心する。

（二〇二二年七月五日）

『金星』大正10年11月号

同、大正13年10月号
（上下とも日本近代文学館所蔵）

4　PR誌『金星』のこと

前稿で書いたように、私は故・曽根博義先生や保昌正夫氏の文章によって、金星堂が出していたPR誌『金星』の存在やその内容についてのあらましは知ったものの、むろん実物や内容の詳細も目にしたことはない。保昌氏によれば、福岡益雄氏から三冊、日本近代文学館へ寄贈されたというので、私はその一部をコピーしてもらうつもりで、問合せてみた。すると、その後も寄贈があったのだろう（たしかに、保昌氏の報告は昭和四十四年だから、もう五十三年もたっているのだ）、現在は十二冊程所蔵されていると言う。同文学館の常任理事だった故紅野敏郎氏あたりから寄贈されたのかもしれない。係の人の話では、表紙に目次も印刷されているというので、とりあえず表紙全冊のコピーをお願いした（そのうちの一冊はカラーコピーも）。

届いたのを見ると、大正十年十一月号、大正十三年十～十二月号、大正十四年一、二、四、五、六、十～十二月号であった。十年十一月号が第一巻第五号とあるので、創刊は大正十年七月号であろう。大正十四年二月の巻末に、「『金星』を再興した所以は！」とあるので、おそらく大正十二年九月の関東大震災後、一年間位は休刊していたのではないか。大正十五年（昭和元年）以降は所蔵されていないので、いつまで出ていたのかは不明である。実は後日、文学館に他に所蔵している図書館がないか伺ったところ、大妻女子大学図書館にもあるとのことだったが、同館も所蔵は大正十三年から十四年までの十冊で、それ以降のはなかった。しかし珍しいＰＲ誌でも持っているところは持っているんだ、と妙に感心した。おそらく、大学の文学部教授で蒐集していた方がいるのだろう。

体裁は意外に大きくＡ５判。大正十年のは、中央に木版画風の風景が描かれ、目次はない（私としては、これが一番好ましい）。大正十三年のは周囲が枠だけのシンプルなもの。十四年のはペンを握る手のカットがあるものの、バックは文字が雑多に前後左右、逆に並んでいて、目次が読みにくく、もう一つ、いただけない（表現派風ではあるが……）。

なお『金星』には奥付があり、すべて、「発行編輯兼印刷者　福岡益雄」となっている。目次には雑多な記事が並んでおり、作家の出版をめぐる随筆や新刊小説の序文、文壇のエピソードなどが多い。巻頭には掌篇小説も時々見られ、例えば横光の「淫雨」「蠅」、佐佐木茂索「禮助」、宇野千代「お紺」、川端康成「死顔の出来事」、今東光「愛染の燐」などが載っている（全集未収録作品があれば貴重だが、未確認）。

私はなるべく出版社内部からの発言が見られる記事を選んで少しばかりコピーを依頼した（一枚百円だから、コピー代もばかにならない）。それからピックアップしてわずかながら紹介しておこう。

築地小劇場の売店から

まず大正十三年十月号に載っている「賣店から見た文士・俳優」から。これは築地小劇場に初めて設けた金星堂の販売店からの報告である。一番熱心なのは秋田雨雀で、店をのぞく度によく買って下さり、『海戦』や『休みの日』の折は一度に三冊も買われた。次に熱心なのは久保田万太郎で、上演後、台本はありますかと尋ねられるが、明後日とか来月初旬には出来ます、などと答える。久保田先生はよく未刊の本ばかりお聞きになる、とぼやいている。久米正雄もいつも文壇の友人二、三人と一緒に来て、先日は『海戦』を買って下さった。面白いのは、猿之助など歌舞伎俳優もちょくちょく来るが、本は買ったことがない、また森律子や水谷八重子など、活動の女優も沢山見かけるが、こちらも本は買ってくれたことがないそうだ。洋装の貴婦人らしい人より、質素な風をした人の方がよく本をごらんになる、などといろいろ観察している。文末に（彦）とあり、営業部員の略称だろう。丁度その下欄に、秋田雨雀の「涙ぐましき情熱」という短文があり、『海戦』の感想や小山内薫への複雑な友情心を語っている。そういえば、『秋田雨雀日記』も出ているが、この当時のことも出てくるかもしれない。

プロ文士とブル文士の意外な会話

次に「金星新聞」の欄から、「お伽噺・二人の作家」を、面白いエピソードなので全文引用しておこう。

「ある日のこと、プロ文士の金子洋文さんとブル文士の佐々木味津三さんが、金星堂の二階で、落ちあひました。おっと皆さん、そこで早速大げんかが始まったと、思っては困ります。ではたちまち大議論が始まったらうとおっしゃるのですか、いいえ、とんでもない。お二人とも、親しげなほほえみをたたえながら、静かなお話をしあったすえ、どちらからともなく、『君の本を一冊くれないか』『君の新しいのも一冊ほしいなあ』『じゃあ、送りっこするか』さういって、すぐ店から『呪はしき生存』と『鷗』とをとりよせ、『こりゃ、いい本だなあ』とお互ひにニッコリしながら、渡しっこをいたしました。めでたしめでたし」と（原文は殆どがひらがなだが、読みにくいので今回は少し漢字に直した）。同時代には南天堂の二階での大乱闘なども度々あったが、あれは集団心理のなせる業だったのかもしれない。その上、酒も入っていることだし。

大正十四年一月号には、福岡益雄の田山花袋『源義朝』出版記念会の報告がある。見開きに横長の集合写真がその半分位を占めている。大正十三年の十二月二十五日に田畑の「自笑軒」で催されたという。出席者は発起人の島崎藤村、正宗白鳥など五人を始め、芥川、宇野浩二、生方敏郎、細田源吉、米川正夫、前田晁、それに岡本一平や名取春仙（装幀、挿絵担当か？）など三十七名。むろん福岡氏も出版社代表として発起人に名を連ねている。当夜は通常の出版記念会にある各出席者の挨拶抜きで、発起人代表の中村星湖の挨拶と田山の手短かな謝辞があり、すぐに酒宴となった。酔いが回ってくると、いつもの加能作次郎（『文章世界』主幹）の自慢のチロリ節の芸が始まり、中村武羅夫（『新潮』主幹）のどじょう掬い、そして「岡田三郎氏があれでも洋行したかと思ふと不思議な感じのする大声を張上て安来節を唄ふ」などと報告している。ここにはまだ『文藝時代』の若き作家たちは登場していない。

大正十三年十一月号の巻末「今川小路にて」には、その一節にこうある。

「最近不景気風の吹きまくってゐる雑誌出版界で一番、羨望の的になってゐるのは『文藝時代』と『文藝講座』（筆者注・文藝春秋社発行）の景気だと伝えられている。古き革嚢は新酒を盛る能はず、蓋《けだ》し『文藝時代』の爆発的売行なぞは新進溌溂たる金星堂の意気が斎らしたものであるとは云へないであらうか」と。『文藝時代』は昭和に入ると売行きが落ち、赤字が累積してゆくのだが、この当時はすこぶる売行きがよかったことを明かしている。

大正十四年一月号の「編輯部から」によると、本号が十六頁になり、さらに付録として図書目録を十六頁添えた、と伝えている。そこに児童部の目録も付けたと言い、こちらの美しい目録は別にあるので、申し込めば差上げます、ともある。どこかに残っておればぜひ見たいものだ（ムリですな）。なお、同文章中に『金星』は毎月五千部印刷しているとの証言もある。定価は一部十銭、六部六十銭、送料一銭などとも表示されており、申込めば送ってくれたようだ。一部は書店にも置いていたのだろうか。

たえず読者文芸を募集したり、新刊の「読後感」を求めたりと、全体的に読者とのコミュニケーションに力を入れていることが伝わってくる。社のマークも『金星』を通して募集し、五十三案集まったが、残念ながら編輯部のメガネにかなうものがなかった、とも報告している（大正十三年十二月号）。ただ、曽根氏の文章では、大正十二年六月に鍋井克之考案で、金星堂マークが発表された、となっており、『金星』上の報告とは矛盾している。

まだまだ細かい記事はあるのだが、私の入手した情報の範囲で主なものを紹介した。

（二〇二一年十二月三十日）

5 『金星堂ニュース』を見つける！

さて、本書の最大の目玉になるかもしれない収穫についても、労を惜しまず報告しておこう。これも今回の原稿執筆中に、いつも送られてくる神田のグループ展「和洋会古書展」の目録をのぞいていたら、旧くからの知人でもある「玉晴《きゅうせい》」さんの目録のカラー頁下隅に『金星堂ニュース』『同

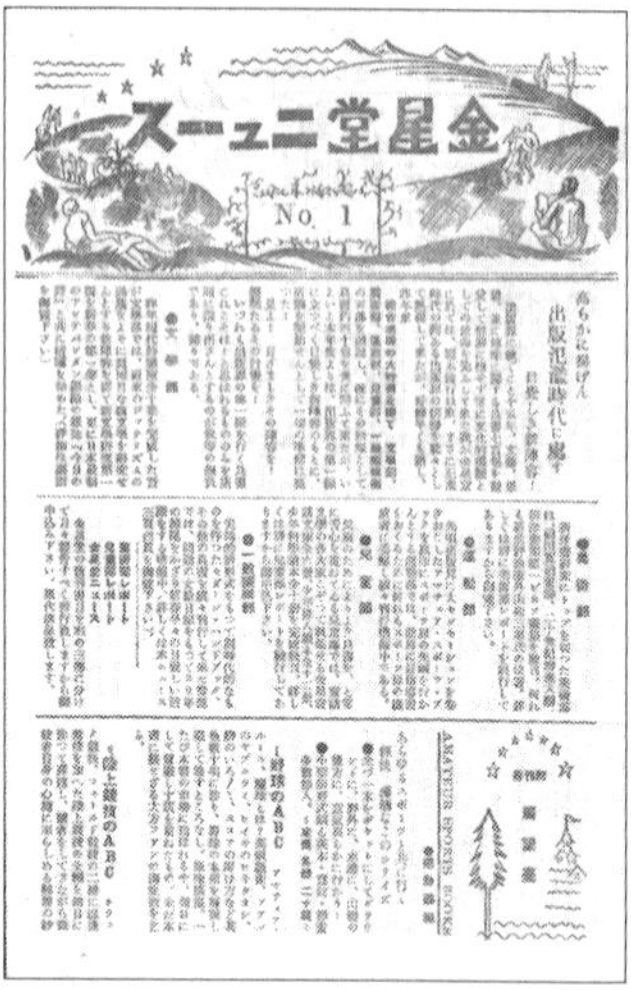

美術部レポート』『同児童部レポート』（昭和六年一月発行）が三紙セットで一万円で出ているではないか。私はアッと驚いた。PR誌『金星』については ある程度、内容も分かったが、この出版資料は全く知らなかったからだ。私にとってはなかなか手が届かない値段だが、金星堂のことを現に書いている身としては、何としても手に入れたい。それで、思いきって、二、三回分割払いを条件とするお願いを添えて注文したのである。出版史研究者ならすぐに数人が飛びつく資料だろうと恐れていたが、店主の堀口さんに伺うと、結局注文は私だけだったらしく、後日、無事に届けられ、ホッとした。

目録図版では小さいせいか、新聞紙大の大きさかと思っていたが、届いたのを見ると、表記の通り、菊判二ツ折四頁のものだった。上質紙に刷られた実物は破れも汚れもなく、今出たばかりのよ

うな状態だ。よほど大切に保存されていたものと見える。

各々No1とあるので、奥付にあるように昭和六年一月に創刊されたものだ（いつまで続いたのかは不明）。三紙とも、発行兼編輯者兼印刷者は影山稔雄となっている（影山は後に作家になった人らしい）。

さて、まず『金星堂ニュース』には第一面に昨年来「総合出版の大計画を樹て、文芸部、美術部、運動部、児童部、一般編輯部の五部を創設し……（後略）」と唱い、各々の部の活動や出版予告をまとめている。ただ発行するのは手元に届いた三紙のみ、月々発行すると予告がある。見開き二面には大きく、百田宗治編輯の月刊『今日の詩』、既刊の「現代詩講座」（全十巻）、伊藤整編集の『新文學研究Ｉ』の案内、下欄には運動部の小型本『野球のＡＢＣ』『陸上競技のＡＢＣ』や、庭球、水泳、登山、スキーの本なども並んでいる。

他にも、「モダンハンドブックス」のシリーズで『コクテールのＡＢＣ』『ショップガール』『麻雀のＡＢＣ』『日がへり行楽案内』など、多彩な実務書やハウ・トウ本も多数あげられており、伊藤らの入る前に、すでに一般読者に売れそうな傾向の出版も蓄積されていたのだ。そういえば、小田光雄氏のブログ連載「古本夜話」一二八〇回によれば、昭和二年頃、「将棋大衆講座」（全十二巻）

も出しており、よく売れたようだ。

左面上には大きく、木谷絹子著『女給日記』の新刊案内があり、太田三郎装幀、中山巍《たかし》挿画とある（中山は大正十一年にフランスに留学し、ブラマンクやシャガールの影響を受けた画家。帰国後は独立美術協会の中心画家として活躍した）。キャッチフレーズはこうだ。「この快著!! 見よ! 風の如きこの人気を! 『女給日記』ひとたび出るや、ネオン・サインの交錯する街頭に、『緑衣のヴィナス』を逐《お》ふ猟奇の士続出す」と。そして、編集者の付言として「あるモダニズムの作家は思はず三嘆した。『これほどの文章が書ける女なら、草を分けてもどうしたって逢って見たい!』」などと書いている。どうやら、ベストセラーを狙って鳴り物入りで出版したようだが、実際の売行きはどうだったのか。少なくとも今に読み継がれている本にはなっていないようだ（当時の風俗の一資料にはなるだろうが）。ちなみに女給時代も出てくる林芙美子の『放浪記』は昭和五年、改造社から出て、ベストセラーになっている。本書の方は「日本の古本屋」では一冊もヒットしなかった。風俗資料専門の股旅堂あたりで見つけてくれないだろうか。

『美術部レポート』ではまず、昨年春から美術批評界の中堅、名声ある外山卯三郎氏を迎えて美術部をつくったことを報告、見開きには大きく、外山編の『新洋画研究』四巻の案内、同じく外山編の『前田寛治画論』を紹介している。この両書は古本展で時々見かけるが、金星堂刊とは気がつかなかった。下欄には、両書にある画家たちの面白いエピソードを七つ程引用、紹介している（「野獣の人間観」「或る時のピカソ」「エコール・ド・パリ」など……）。四頁にも外山著の『20世紀絵画大観』が……。

『児童部レポート』では一面で、こう読者に呼びかける。「伝来！ 伝来！ 皆さん、金星堂児童出版部では、今度、とてもステキで愉快で、皆さんを、あっ！と云はせる計画を立てたのです」と。そして「第一、皆さんの心の滋養分となる本」「第二、おいしい食べ物のやうに、ステキに面白くて痛快な本」「第三、中味が沢山あって他の店より安い本」を造ることにしたと。見開きには、「金星堂童話文庫」の名称で、すでに前述した大正十一年刊の童謡集の裏広告に出ていた『銀の翼』『魔法の小馬』『チョコレート兵隊さん』『海の人形』『青い鳥』があげられ、初めて見た本では徳永寿美子『赤い自働車』（元本は大正十二年刊）が出ている。徳永は全く知らない作家だったが、ウィキペディアにも出ていて、『文章世界』の編集者、前田晁の奥さまに当り、若い頃『文章世界』の編集者を務めていた、というから、前田と職場結婚したようだ。作家となり、「お母さま童話」と呼ばれる、母子の愛情をテーマにした作品を多数発表したという。なお、このシリーズはすべて武井武雄先生の装幀、挿絵の美しい本、とあるので――原本では、川島昌介、柳瀬正夢の装幀本もあった――、大正期出版の売れ残りを装幀を改めて出し直したと思われる（いわば焼き直しの出版だ）。

ちなみに前田晁『銀の翼』、大正十三年刊の元版はあきつ書店の旧目録では箱付で、八万五千円。『赤い自働車』（昭和五年版）もあきつ書店の旧目録では六万についている。『海の人形』も、再版本でも、六万円台である。金星堂の文学書や児童向け童話集が今でも古書業界で高く評価されていることが分かるのである。

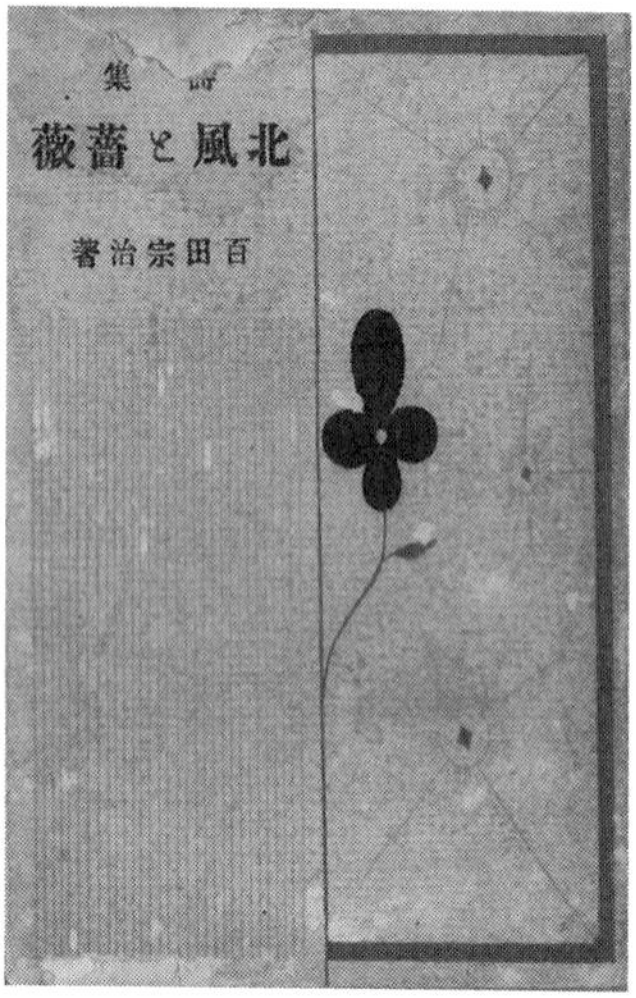

ところで、前述した曽根博義先生の「出発期の金星堂」の最後に、金星堂の経営がいよいよ行き詰まり、昭和五年一月の読売新聞の一面に「在庫品全部破格提供／名著大廉《れん》売／良書を廉《やす》く此機会に」と唱った大広告が出たことが記されている。これも推測にすぎないが、このときの営業成績で金星堂はある程度持ち直したのだろうか。その一年後に、この『金星堂ニュース』が出て、新組織の創設を高らかに発表しているのである。ところが、である。その約一年半後、伊藤、町野が勤めていたときは、編集部は二人だけ、と証言しているのだ。わずか一年半後にはまた急激に経営が傾いて、四つの部門の編集者はお払い箱になり、文学部門だけが残ったのだろうか。それとも、伊藤らは知らなかったが、これらの部門は社の外部のフリー編集者や今でいう編集プロダクションに委託して、本を造り続けたのだろうか。

実際、百田宗治が編集した月刊『今日の詩』や『現代詩講座』（全十巻）の編輯所は、百田の自宅であるという。ついでながら、今まで書き忘れていたが、百田は大正十五年、詩集『北風と薔薇』や昭和六年、モダニズム系の詩集『ぱいぷの中の家族』（函、限定二五〇部）を金星堂から出している。これらもおそらく企画出版であろう。私が旧著、『古書往来』で紹介した、井上多喜三郎と交流のあったユニークな奈良のモダニズムの画家で、詩人・歌人でもある六條篤は昭和八年、独立展に『らんぷの中の家族』というタイトルの油彩を出品している。これは百田の詩集のタイトルからヒントを得たのでは、と私は睨んでいる。詩集のタイトルにもなった百田の短い詩をこの機会にあげておこう。

僕は暗い夜の荒無地を横ぎつてゆく。
僕の口にはぱいぷがある。
ぱいぷの中には家族がある。

百田と六條の関係については今のところ、裏付ける資料もないので、私には謎として未だに残っている（モダニズム文学研究者のご教示、お待ちしています）。

（二〇二一年十二月二十一日）

（追記1） 関井光男『ショップ・ガール』の紹介から

令和四年、四月下旬、ヒマをもて余す日曜日、小雨降る、肌寒い日だったが、私は思い立って甲子園にある「みどり文庫」へ出かけた。ここの女性店主さんは読書家で、話し好きな方であり、一時《とき》、古本をめぐるよもやま話が交せるのも楽しみなのだ。今回の収穫は、『バイキング』四〇七号（昭和五十九年十一月号）――山田稔の未読の小説「志津」が載っている――や平井一麦《かずみ》『六十一歳の大学生、父野口冨士男の遺した一万枚の日記に挑む』（文春新書、平成二十年）、それに『彷書月刊』（平成四年七月号）〈眠れる書物の森の人々〉特集、であった。とくに『彷書月刊』は、「忘れられた作家　忘れられた本」と副題にあるように、松本克平、竹松良明、山口昌男、上笙一郎、関井光男、寺島珠雄、和田博文といった当代名うての研究者、古本者が各々、とっておきの所蔵する古本を一冊ずつ、一～三冊取り上げて紹介している。私のまだ知らない本が大半で、大いに蒐書の参考にもなる内容だ。このうち私の知っている作家といえば、岡田三郎の弟、牧屋善三と埴原一亟位しかなかった。大阪出身の福田定吉『天来の笑ひ』など、見たことも聞いたこともない小説だ。

さて、帰宅してこの雑誌をパラパラ見ていたら、関井光男先生が何と、本稿で書名のみ前述した金星堂刊の〝モダン・ハンドブックス〟（全十冊の由）のうちの一冊『ショップ・ガール』（昭和五年）を書影入りで取り上げているではないか！　さすがは関井先生である。私はあっと驚き、うれしくなった。氏は初めにこれらを「モダニズムの最先端を行くシリーズ」と銘打たれ、「常に新人たらんとする人の伴侶」と謳われたコンパクトな小型本の叢書であるが、その存在を知る人は少ないと書いている。本書は昭和初期にようやく職場に進出し始めた職業婦人のための入門書で、「昭和初頭の百貨店の女店員、電話交換手、タイピストなどの給料や生活ぶり、その歴史などが逸話を交えて丹念にリポートされている」という。本文九十六頁。すこぶる面白い内容だそうで、わたしもぜひ読んでみたいものだ（といっても、見つけるのは絶望的だが）。執筆者は編集部編となっているが、名のある金星堂に関係した作家も参加して造られたのかもしれない。例えば、金星堂から『モダンガアルの研究』を昭和二年に出した片岡鉄兵など、可能性がありそうだ。同叢書には、『新恋愛時代』『友愛結婚の話』もあるそうで、これも面白そうだが……。古本の世界は実に奥深いものだと改めて思う。

（二〇二二年四月二十五日）

（付記）前述の『金星堂ニュース』を再度見返してみると、下欄に、〝モダン・ハンドブックス〟の本が確かに6巻まで案内が出ている。キャッチフレーズはこうである。「1931年の最前線へ進出する斬新なモダニズムの最新型式／・電車の中に、郊外に、喫茶室に、然して枕下に侍らす絶好の書！／・体裁は颯爽として読書味をそゝる美本。定価 各二十銭」と。

4巻『ショップ・ガール』については、次のように書かれている。

「紅い唇失せぬ間に、ショップ・ガールの今昔物語。オフィスに綾羅繊妍として出没するタイピスト、女事務員の内幕、交換電話の逢曳、エトセトラの尖端噺。」思わず読みたくさせるような巧みなキャッチコピーではないか（四字熟語は今は辞書にもないものだが）。

（付記）百瀬晋『趣味のコクテール』のこと

令和五年一月下旬、何げなく小田光雄氏の連載ブログ「古本夜話」一三五四回を携帯で見ていたら、うれしい記述に出会った。そのしばらく前から、『坑夫』などで知られる小説家でアナーキスト、宮嶋資夫《すけお》の周辺を追跡しておられたが、今回は宮嶋が戦後になって出した自伝、『遍歴』中に登場する、宮嶋とよく行動を伴にしていたアナーキストの百瀬晋《すすむ》に言及されている。百瀬も宮嶋と同様に南天堂の食堂の常連客だった。百瀬は堺利彦主宰の売文社が受け負った業界誌『飲料商報』の編集を引き受けて長く続けており、その方面の知識の蓄積があったのだろう。昭和二年に金星堂から『趣味のコクテール』を出していると言う。書影もあって函入りのりっぱな本のようだ。

本書が金星堂から出た詳しいいきさつは分からないが、私の推理では、人脈的に言って、百瀬が出入りしていた南天堂の晩期、店主の松岡虎王麿は印刷会社、京華社の幹部としても金星堂と取引があったし、第一、編集者のアナーキスト、飯田豊二が昭和三年頃まで金星堂にいたのだから、二人には相通じるものがあり、この企画は割とすんなり受け入れられ、具体化したのではないか。実際、飯田が企画して編集した可能性も大きい。

私はここで、ふと思いついて、前述の『金星堂ニュース』をファイルから抜き出して再見してみた。そこに、「モダン・ハンド・ブックス」シリーズの第一巻『コクテールのＡＢＣ』を見出した。前述の関井光男氏の紹介によれば、このシリーズは昭和五年に短期間に全十冊出されたものらしい。

その宣伝文はこうである。「女王様の乳房のやうに、真っ赤な孔雀の心臓のやうに蠱惑的にしんとんとろりと溶けこんでゆく舌の上の魔術！　その調合法といとも怪しき西洋古今の秘話」と。なかなか文学的な名文ではないか。

『趣味のコクテール』は昭和二年刊行。一方、このシリーズは編集部編だから、全く別の本だろうか。それとも、百瀬の本から一部を編集部が修整してコンパクトに百頁余りに仕立て、改題して体裁を変え、シリーズの一巻目として出したのだろうか。この点は二冊の本の実物を手にして比較点検してみないと分からない。しかし小田氏も『趣味のコクテール』は長年探しているが、未入手というから、その解明は無理かもしれない。

それにしても、小田氏も書いているように、当時のアナーキストが実用書の本造りにかかわっていた事実は面白い。また一冊、金星堂刊行の本を知ることができ、小田氏に感謝したいと思う。

なお、百瀬晋については、小田氏によれば、『日本アナキズム運動人名事典』に立項されているというので、早速、神奈川近代文学館にコピーを依頼した。届いたのを見ると、二段組みの半頁位を占める、割と長い記述である。ここから、ごく簡単に紹介しておこう。

明治二十三年長野県松本市に生まれる。商業学校を卒業し、上京して正則英語学校高等受験科に学ぶ。その後、社会主義に近づき、平民新聞社に給仕として入社。『平民新聞』を手伝い、荒畑寒村を知る。明治四十三年六月、赤旗事件で一年間投獄される。十月大逆事件が起こる。その後、堺利彦の売文社に入り、意匠図案や雑文の執筆者となる。前述の『飲料商報』の編集を昭和以降も続けた。南天堂グループの常連としては酒も飲めないのに宮嶋資夫に一目置かれる存在だったという。

イタリア語を独学でマスターし、イタリア語文典に精通していた。イタリアオペラを愛好したというから、なかなかレベルの高い趣味人だったと思われる。戦後は藤沢市に移り、昭和三十九年亡くなっている。

（二〇二三年二月一日）

（追記2）「人生叢書」内容見本のこと

四月に入って、東京の合同目録「愛書」のとんぼ書林の頁に、戦前の金星堂の内容見本「人生叢書」が出ていたのが目に止まり、これは！　とよく吟味もせず注文した。幸い、私の元に届けられたが、見てみると、文庫判十六頁で二五〇〇円。少々高いなあとは思ったが、金星堂の貴重な資料ゆえ、致し方ないと思う。

せっかく入手したので簡単に紹介しておこう。表紙のデザインは面白い。ただ、発行年の表示はどこにもない。これは一般的に言って、戦前の（いや戦後もだが）、出版社の内容見本や刊行目録には発行年が記されていないものが圧倒的に多い。後世の出版史研究者には困った問題である。それで、「日本の古本屋」で検索してみると、そのうちの第一回配本、ユーゴー（小林龍雄編）やハーディ（日高只一編）の巻が昭和十二年になっている。この「人生叢書」は第二期のもので、第一期（トルストイ、モーパッサン、ドストエフスキイ、ハイネ、チェーホフ、ゲーテなど）の十二冊が大好評だったので、引き続き第二期十二冊も企画されたという（毎月一冊配本）。四六判三百頁で五十銭といい、犠牲的出版と唱われている。他にゴーリキー（中村白葉編）、ジイド（新庄嘉章編）、ニーチェ

（江間道助編）、プーシキン（米川正夫編）などがある。但し、曽根博義氏の解説では、「ノリとハサミで作ったような手軽で安直なシリーズ」の一つとして、内容的にあまり評価されていないし、古書価も高くない。確かに内容説明によると、その作家の小説、随筆、書簡などから代表的箇所を抜粋し、伝記も付けたものという。とはいえ、毎月一冊の配本だから、編集や本造りには苦労したことだろう。

よく考えてみると、伊藤整が金星堂を退社したのは昭和九年十月。第一期「人生叢書」が刊行されたのは昭和十一年だから、第一期全体の構想、企画（作家や各編者の選定など）は、伊藤ないし町野静雄がやった可能性もある。編集ものとはいえ、各々の原稿完成までには少なくとも一年位はかかっただろうと思うからである。

（二〇二一年五月十日）

6 『小野幸吉画集』出版をめぐる話

金星堂から出た美術書の一冊として、比較的世に知られているのが昭和七年発行の『小野幸吉画集』であろう。私は実はあまり読んでいないのだが、読者ファンの多い美術評論家、洲之内徹がその美術エッセイで、小野の絵に度々ふれ、彼に一途に惚れこみ、その率直で正直な魂に感動したことを熱をこめて書いており、そのせいもあってか、今も小野の絵の評価は高い。

ネットで検索してみると、この画集は箱付なら六万から十二万位の値段が付いている。えびな書店に到っては箱の貼り絵欠でも十二万六千円である！　むろん、私が入手するなど論外である。調べたところ、図書館や各近代文学館にも所蔵がなく、唯一、国会図書館にのみあるという。私はせめて、ざっとでもこの六十五頁あるという画集の中身が知りたいものだと思っていた。幸い国会図書館にはデジタルサービスがあるというのを最近知り、利用したいと思ったが、大倉山の神戸市立中央図書館では画面で見れても、そのコピープリントは出来ず、兵庫県では唯一、明石県立図書館で可能だという（出来れば、神戸の図書館でも可能にしてもらいたいと願う）。それで一寸遠いなとは思ったが、思いきって、九月初め、明石まで足を伸ばした。

駅前のうっそうとした叢林に囲まれた明石公園内の一廓に落着いた佇いのその図書館はあった。例によって親切な係の人にお世話になったが、どういうわけか、画面が立ち上がるのが遅く、十五分程待つことになった。その間に館内をざっとのぞいたが、兵庫県関係の書籍や書物関係の様々な雑誌（例えば『日本古書通信』バックナンバー）など、なかなか充実している。

さて、画面を順々に一通り眺めてゆく。画集は原色版四枚とあとはモノクロ図版二十枚のみ（現存作品でも五十枚ほどだそうだ）、意外なのは、小野の詩作品が、十六頁にわたって収められていることだ。次に交流のあった著名な画家、高間惣七、里見勝蔵、林武、それに時代小説家、白井喬二が各々二頁程の追悼文を寄せている。このうち独立美術協会の中心画家、林武の「小野幸吉を憶ふ」はさすがに人物観察眼が鋭く、絵の批評も適確な一文である。冒頭の文章はこうだ。「頭が大きく、頬がそげて眼が鋭かった。／生々して原色をみりみりと引きまはして荒々しく表現したが神経が行き渡ってゐた」と（／は改行）。その他の筆者は友人や近親者の人々である。注目されるのは美術評論家、外山卯三郎の「小野幸吉の詩と絵画」が四頁にわたって載っていることだ。

これはなかなか読ませる本格的な文章で、ごく簡単に要約しておこう。

外山氏は、ニーチェの芸術批評のキーワードである〝ディオニソス的なものとアポロン的なもの〟を援用し、小野にも、夭折した村山槐多や関根正二、佐伯祐三と同様に、ディオニソス的なものが見出されると言う（但し、この二つの言葉自体の意味は改めて説明していないが、私にも何となく推測はできる）。

小野の場合、画家になる以前は詩人になろうとした形跡があり、十六歳から二十歳まで約四年の短い画家生活を持ったが、その作品群はすべて「画面に投げ出された一篇のポエジイ」と見なしてもよいのではないか、と外山は書いている。そして「その技法が未熟であるだけに純粋であり、独創的である」とする。なるほど、と納得させる批評である。そういえば、外山氏は詩人でもあり、詩論の著作も数冊出している。

ここで、小野の略歴も簡単に種々の資料から紹介しておこう（本書にも小伝が記載されている）。

明治四十二年、山形県酒田に生れる。十六歳の頃から絵に熱中し、殆ど登校せずに絵ばかり描いていた。酒田中学を中退して上京。太平洋洋画研究所で高間惣八や上野山清貢《きよつぐ》、昭和五年協会研究所（独立美術協会の前身）では里見勝蔵、林武の指導を受ける。国際美術展、二科展などに次々入選し、二十歳頃にはすでに高い評価を受けている。しかし、幼少の頃より腎臓病などにかかり病弱で、昭和四年、病いが悪化し、昭和五年、二十歳で死去する。作品は出身地、山形の本間美術館が大半を所蔵している。

私は、本書が金星堂から出版されたいきさつも知りたくて、明石の図書館にわざわざ出かけたのだが、これは小野の友人であった当時の本間美術館副館長、佐藤三郎が本書の著作者（実際は編者であろう）であり、佐藤氏の後書きを読むと大体分かってきた。

まず、本書の出版が小野の死後二年以上も延び延びになったことを読者にわび、ご寄稿下さった画家の方々や費用を援助下さった方々にお礼を述べている。つまり、奥付では金星堂が発行所となっているが、実質は佐藤氏が発行者で、自費出版したようである。とくに外山氏には、編輯発行の一切をお世話してもらったとして、大へん感謝している。

佐藤氏は美術館副館長だったから、外山氏の当時の活躍はよく知っていただろう。それで、まず氏が外山氏に本書出版の話をもちこんだものかと思われる。

外山氏は前述したように『金星堂美術部レポート』によれば、昭和五年春以来、新設した金星堂美術部に迎えられている（但し、その意味が社員としてなのか、顧問扱いなのか不明）、そこで『新洋画研究』（編著）、『前田寛治画論』（編著）。『二十世紀絵画大観』などを次々に刊行している。だから、この画集が外山氏の世話で金星堂から出版されたのは、しごく当然ななりゆきであろう。むろん『文藝時代』の表紙などで、『アクション』の前衛画家たちとも交流のあった社長、福岡氏も、外山氏の話を聞いてすぐ喜んで発行所を引受けたに違いない。

追悼文には出てこないが、佐藤氏の後書きによると、小野には確かに奇人の側面もあったらしい。その一例のエピソードとして、彼が食事中のレストランの向かい側にいた「老人の美髯《ひげ》を愛するあまり引張ったこと」をあげている。一寸笑えるシーンである。

最後に、せっかくの機会なので、本書に収録されている小野の詩作品の中から二つだけ、面白いと思ったものを引用しておこう（小野の詩はほとんど紹介されていないと思うから）。後書きによると、原稿が外山氏の元に託され、その中から氏が選んだものという。

パレット

絵の描きあげの
スケッチ箱の上に置かれたパレット
パレットは美しい
むづむづする程だ。
目が真中に
赤や朱や
一方の角から緑が、

ぐうと描かれてる
パレットは良い
筆が色ついて投げられてるし
ふとんが隅に山になってる。
小さい机に静物の布
黄色気た壁に今描いた自画像がかかってる。
一寸首に緑をつけた、
俺の心臓が息ついてると
彼奴（絵も）息ついている。

春

心の春が登ります。
二日も続いた雨が晴れて
青空が出てきました。
地は緑です
春だ！

つかれた体に
空から心に春が登ってきます。

他にも詩は十八点程あり、素朴だが、発想の面白い作品が多い。そう言えば、三岸好太郎、古賀春江、私がかつて『古書往来』中に紹介したモダニズムの画家、奈良の六條篤も詩を書いた。さらには、本書で紹介した亀山巌もそうである。彼らの絵にはすべてポエジイが感じられるなと思う。恩地孝四郎は詩集も出している。逆のケースだが、西脇順三郎は見事な絵も描いている。竹中郁も若い頃は画家をめざしていたという。詩人として出発した佐藤春夫や林芙美子も生涯絵を描いている。

（二〇一二年九月六日）

（付記）後日、私は古本屋で洲之内徹の分厚い『帰りたい風景』（新潮文庫、平成十一年）を手に入れ、少しずつ読んでいるところだ。洲之内氏は体験的に、様々な画家や文学者との交友をまじえて書いていて、臨場感があり、やはり魅力的な独特の文体の持ち主である。本書中の「海辺の墓」「続 海辺の墓」にも、小野幸吉や前述の画集のことが出てくる。これによると、『気まぐれ美術館』の方に「小野幸吉と高間筆子」を書いている由。その中に、画集にある林武と、画友であった大野五郎の追悼文がとくに好きで、後者は殆ど全文を引用しているという。
部数はわずか三百部だった。どおりで高価な希覯書のはずである。洲之内氏の「現代画廊」でも

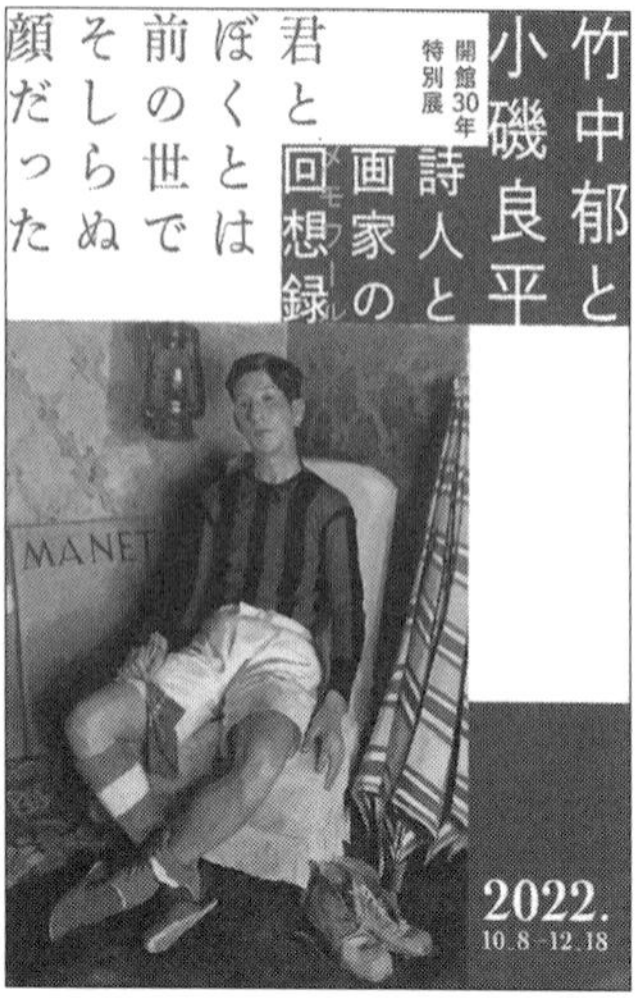

図録表紙

小野の遺作展をやったそうである。この二篇のエッセイに小野の「赤い家」と「ランプのある静物」「中間冊夫の肖像」の白黒図版が掲載されていて、とくに前二者は魅力的な雰囲気の画面である（おそらく、遺作展で展示された作品だろう）。私はおそまきながら、洲之内氏の『気まぐれ美術館』も今後、読んでみたいと思っている。

（二〇二三年一月三十日）

（追記）竹中郁の絵画作品を一同に見る——小磯良平記念美術館にて

前稿の最後に竹中郁の画家志望のことに一言ふれた。主題とは逸れるが、私は最近、竹中郁の絵画作品に接する機会を得たので、少しそのことを報告しておきたい。

令和四年十一月初旬、私は気にかかっていた神戸市立小磯記念美術館で十月から催されている「竹中郁と小磯良平——詩人と画家の回顧録」展を観に出かけた。当館の三十周年特別展とのこと。JR住吉駅から六甲ライナーに乗り、二駅程先の六甲アイランドの中に美術館はある。館前の街路樹の紅葉が美しい。

この企画展はタイトルの通り、全国向けに神戸を代表する詩人と画家の生涯にわたる親しい交友とその活動をたどるもので、今までも二人の親密な友情関係はよく知られているものの、これだけ多くの作品や資料を集めての大規模な展示は初めてであろう。

ごく簡単に言えば、二人は大正六年、兵庫県立第二中学校（現・兵庫高校）の同クラスで出会って親友となり（前後隣りの机だった由）、小磯の影響で竹中も絵を描くようになる。その後、竹中は画家を断念し文学、小磯は美術の道に進むが、昭和三年に二人はそろってパリに旅立ち、約二年間、留学中の日本人画家仲間とともにヨーロッパ各地も巡り、ヨーロッパの最新の美術思潮に触れ、吸収する。帰国後も、竹中は須磨、小磯は山本通りに拠点をかまえ、頻繁に交流している。

これ以上の二人の伝記的事実は省略するが、詳細は本展図録を参照してほしい。

さて、私は三ヵ所に分かれた広い会場をゆっくり見て回った（途中、時々疲れると椅子に坐って休憩しながら）。まず、あっと驚き、感激したのは、竹中が関西学院大英文科に在学中、東京から来神して原田の森の旧い西洋館で暮らしていた前衛画家、岡本唐貴、浅野孟府らと交流し、三宮の三宮神社境内にあった「カフェ・ガス」で、福原清らとともに、詩画展を催している。そのカフェ・ガスの室内風景を岡本唐貴が描いた「或る日のカフェ・ガス」（昭和五十五年）の大作が掲げられていたのだ。

これは確か、原画が戦火で消失したので、残された写真をもとに戦後、岡本が描き直したものらしい。神戸の詩人、林喜芳の回想記『神戸文芸雑兵物語』（冬鵲房、昭和六十一年）のカバーや口絵にも採られていて、口絵にはその観客達の人物名まで特定されている。しかし実物を見たのは初めてで、しばし見入ってしまった。

さらに神戸詩史のすぐれた探究者、詩人の季村敏夫氏によると、カフェ・ガスの内部、外観写真はまだ発見されてない由で、この油絵はとても貴重なのだ。次に驚いたのは、竹中が自宅に海港詩人倶楽部をつくり、福原清、山村順、一柳信二、富田彰らと出していた『羅針』第一次（十三号迄）、第二次（十一号迄）各冊がすべて展示されていたことである。私もすべて見たのは初めてだ。第二次のは、小磯や川西英、吉原治良が表紙の装画を描いている。これらはいずれも個人蔵、となっており、すごい蒐集家、ないしは研究者がいるものだと羨望するばかりだ。これらのうちの一冊でもいいから、古本で入手できないものか（むろん安い値段で！）と夢想するが、はかない夢にすぎない……。

他にも海港詩人倶楽部から出た『骰子《さいころ》』（一号）や『ＡＩＲ　ＰＯＣＫＥＴ』（一～二号）、『ＰＯＥＳＩＥ』（四号）なども初めて見るものだった。紙一枚ものの後二者は竹中本の書誌でも見たことがないと思う（不勉強な私です）。

古書好きにとっては、神戸文学館所蔵の、小型、横長の可愛らしい詩集、ボン書店刊の『一匙の雲』（昭和七年）も出品されており、いつまでも見入ってしまいそうだ。

もちろん、小磯がラガーシャツを着た青年、竹中をモデルに描いた、「彼の休息」（昭和二年、小磯の東京美術学校卒業制作）は有名だが、大型の実物画面を見たのは初めてで、しばしじっくり眺めた。その画面の背景にある超大型の画集『ＭＡＮＥＴ』がすぐそばに陳列されている（小磯氏旧蔵）。

それから会場の半ばで、竹中がパリ滞在中に大きな影響を受けたマン・レイの短篇映画「ひとで」も上映されていて、これも一通り鑑賞した。ただ、この作品はシュールな映像で意味が不可解な謎めいたものであった。それよりも、併映されていた、留学中の竹中、小磯、中西利雄、古賀新が一緒に欧州各地を旅した折の貴重なビテオがとても面白い。よくぞ、残っていたものである。

最後のコーナーは「〝画家・竹中郁〟」と題され、竹中の描いた計四十点の油絵や素描、墨絵などがずらりと一同に並んでいる。

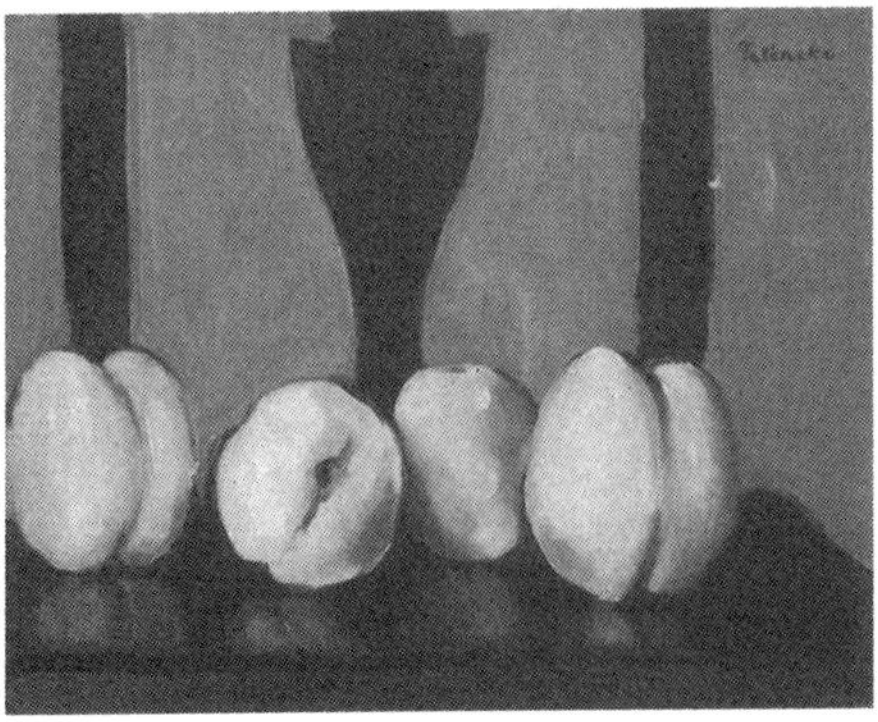
竹中郁「桃」制作年不詳

私は、これまでに竹中の限定版の詩集で、自筆絵入りの図版などは目録で見たことがあるが、油絵は全く未見で、よくこれだけ集まったものだと感嘆する。静物画が多く、全体に色づかいが明るい。やはり詩人らしい、エスプリの効いた画面が多い。自画像も多く、油絵、水彩画、素描が六点もあった。また、躍動する人物群像を一筆描きのタッチで描いた墨絵がとりわけ面白い。生前、竹中の絵画作品の個展はあったのだろうか、と図録の年譜を見てみる。すると竹中は昭和四十四年から、大阪の梅田画廊から発行されていた美術雑誌『木』——これは私も四、五冊入手して持っている——の編集責任者を務めた関係からだろう、死の前年の昭和五十五年に

「竹中郁造形美展」が一週間開催されていたことが分かった。梅田画廊は私ものぞいたことがあるが、本展は知らなかった。ふり返ると、私が三十六歳、働き盛りのときである。その頃は竹中郁にもまださほど関心がなかったのだなぁ、と悔やまれる。

私は久しぶりに美術館で至福のひと時をもつことができた。帰りしなに、竹中郁の静物画の絵ハガキや本展の図録を買ったのは言うまでもない。

この図録がまた、大へん充実したもので、出品作の網羅はもちろんだが、解説も、大橋毅彦先生（関西学院大文学部教授）――先生は日本近代文学の研究者だが、近年、神戸文学史のユニークな掘起しを精力的にやっておられる方だ――の「竹中郁の才気」を始め、当館館長、岡泰正の、堀辰雄が昭和七年来神して、竹中とともに神戸の街中を散策したときの思い出を作品化した「旅の絵」の中の足どりを実証的に探索した解説「竹中郁の洞察」、勅使河原君江（神戸大大学院准教授）の「竹中郁と童詩雑誌『きりん』」、当館学芸員、廣田生馬の「竹中郁による小磯良平論」、同学芸員、多田羅珠希の「竹中郁と小磯良平　詩人と画家の回想録」が収められている。私は珍しく、すぐに解説もざっと読んだ。いずれも多くの資料を駆使して書かれた力作で、沢山のことを教えられた（詳細は長くなるので、またの機会に……笑）。

巻末には、広島県立美術館で開かれた小磯良平展の際に催された竹中郁の講演「小磯良平作品茶ばなし」もヨコ二段組みで八頁も収められている。こちらはまだ拾い読みしただけだが、最後の方で、現在私は七十七歳だが、あと三年位のうちに、本格的な小磯良平伝を書き上げたい、と語っている。講演は昭和五十五年に行われたもので、年譜を見ると、竹中は何と昭和五十七年に脳内出血で亡くなっているのだ。この原稿は途中まで書いたままなのだろうか、未刊に終わっている。

私は全国の竹中、小磯ファンにぜひこの展覧会を見に来てほしいし、遠方でそれがムリなら、この図録をぜひ求めてほしい、と願っている（決して後悔はさせません）。（二〇二二年十一月二十五日）

7　福岡真寸夫句集『牡丹の芽』を読む

『牡丹の芽』函

私は俳句にも全くの素人なので、句集にはそれほど関心がない。もっとも例外はあって、俳人としての木下夕爾や奇人、高橋鏡太郎、大阪の小寺正二、マルチな芸術家、大町紀、山本健吉の最初の妻であった石橋秀野などについては旧著で句集からも引用したことがあるが。

今回も金星堂の創業者、福岡益雄が真寸夫名で句集を二冊出していることは略歴で知ったものの、あえて読むこともないか、と初めは思っていた。しかし、原稿を書き進めるにつれ、やはり金星堂創業社主の遺した唯一の著書なのだから、読んでおく必要があるな、という思いが強くなった。それで、〈日本の古本屋〉で検索したところ、『牡丹の芽』は一件だけ、東京の「書林・大黒」に二千五百円で出ていた。私の懐では微妙な値段なので、ひょっとして発行元の金星堂にまだ在庫が一冊でもあれば、もっと安く手に入るかもしれないとすけべ心を起こし、思いきってドキドキしながら社へ問合せの電話を入れた。受付けの女性に社内でしばらく調べてもらったが、やはり今はもう取り扱っていないと言う。何しろ昭和三十五年発行の本だから、ムリもない（後から現物の奥付を見ると、定価もついてない非売本であった）。とすれば、古本でしか手に入らない貴重な句集である。前述の古本屋にあわてて注文して、無事入手したのである。

本書の装幀は赤色の函にタイトル文字が横組み乗せ、本体は深い緑色の布装で、地味ながらいかにも句集らしい造本である。

私は邪道ながらまず、福岡氏の後記を読んだ。そこに本書成立のいきさつも語られている。六年前、氏の奥さまが健康をそこね、国立温泉病院に入院した際、長期療養の無柳をなぐさめるため（句集によれば、三年後に退院する）、俳句をつくるようにすすめ、毎日、一句でも二句でもハガキに書いて送るように言っておいた（こんなアイデアも出版人らしいところだ）。その返事を書くために、氏自身もそれまで知らなかった俳句をあわてて勉強することにして、以来六年がたったという。六年といえば、小学校入学から中学へ進む年月である。

「したがってこの句集に収めたのは小学《ママ》程度の作品であるかもしれない。しかし作者としては稚いものにこそその時の思ひ出が深く、捨てるに忍びないのである」と述べる。

またタイトルの「牡丹の芽」については、氏の草庵（別荘か？）に牡丹が百余株ある。「私の俳句もやがては花を咲かせたい思いで」付けたのだと言う。口絵には、この庭の牡丹の花々のそばで写っている氏の写真があり、初めて氏の実像を拝見できた。その意味でもこの句集は貴重なものだ。本書の挿絵は、昔、金星堂から出した『随筆感想叢書』の表紙の装画を依頼した森田恒友先生に再び依頼し、草花のデッサンを昭和三十一年から三十四年に収録の句を分けた扉頁に各々使わせてもらったという。森田氏も大正時代の金星堂にとって縁の深い画家であり、長きにわたる福岡氏との交流を証している。

序文を俳句界の大御所、水原秋櫻子が寄せている。水原氏は「この句集を読んでまづ感じたのは、著者が実に楽しさうに句を詠んでゐるといふことであった」と書き出し、「総じて、明るく、楽しく、なごやかな作風といふことが出来るだらう」と述べている。

跋文は、水原の弟子でもあった藤田湘子《しょうし》が四頁にわたって次のように書いている。福岡氏は、われわれの句会に六年前に現れ、氏から見れば、子供の年齢のような我々の遠慮のない批評をいつも喜んで聴いてくれた。出版という重要な仕事をやり遂げた人とは思えぬ謙虚さを示してくれた、と語っている。そして近頃流行の「己れを責める」傾向の作句と違って句作りを楽しむことを氏から学んだ、と。これは初心者への多少過大な評価かもしれないが、藤田氏は最後に、俳句の道を究めるのに最低あと五年位の修業を期待して跋文を終えている。

藤田氏はウィキペディアによると、秋櫻子に師事し、『馬酔木《あしび》』編集長を経て俳誌『鷹』を創刊した人である。実は私、古本展で氏の随筆集『句帖の余白』をタイトルに魅かれて入手し、興味深く読んだことがあるのだ。文章に味があり、他の文学にも造詣が深い方で、俳人の随筆集はなかなか読みごたえのあるものだと思ったものである。それで、私は五年前に出したアンソロジー『タイトル読本』（左右社、平成二十一年）の巻末解説の中に、藤田氏の句集タイトルを決める際の話も盛り込んで原稿に書いたのだが、出版社の編集部から、頁数がオーバーするという理由で削られてしまったという苦い経験がある。藤田氏の著書一覧を見ると、昭和三十七年に第二句集『雲の領域』――これもいいタイトルだ――を金星堂から出しているのが分かった。福岡氏が『鷹』同人の句会に参加し始めたのは昭和三十二年頃からのようだが、福岡氏と縁ができたので、金星堂から出したのだろう。

作品もひと通り、ざっと読み終えた。妻や子供、孫たち家族のことを読んだものと、大多数は出先や旅先でその情景を詠んだものに大別される。旅先での句がとくに多い。氏が俳句をつくり出したのは還暦ぐらいからなので、あるいはその頃、社長は引退して会長職（?）に就かれていたのかもしれない（あくまで推測ですが）。

まず、家族を題材にした句を少し紹介しよう。

一月七日正人生る

梅早し家嗣ぐ男子生れたり
二人の子が植ゑし桜の苗木育ちて十年花咲きそろふ
子が植ゑし桜も十年咲きそろふ
貴之、昌治来る
どっと来てわめく孫らの年賀かな
家人入院のため夏布團をあがなふ
夏布團さやかな色の花模様
淳二新居に移り、家は元の夫婦二人となれり
絵双六また振出しの夫婦かも
わが誕生日なり、神戸の公子よりワイシャツ贈りくる
温かき子のこころなる秋袷
正人蜻蛉を追ふ
かけめぐる童の上の赤蜻蛉
正人をつれて動物園におもむく
山茶花や鶴は相寄り佇める
（筆者・正人氏が現在、三代目の社長である）

こうして見てくると、福岡氏は家庭人としても愛情豊かな人で、子供や孫たちにも慕われていたようである。
次に、私が素人なりに、いいなと思った風景句を引用しておこう。

ゆく春にはたと崩るる牡丹かな
梅雨晴や潮満つ河岸に柳垂れ

三津港にて

口紅の色濃き海女や梅雨の波
濁流の急なる川に秋の蝶
元日や明治の姿街に満つ
夕惜むこころ牡丹散りにけり
冬の夜や障子に白き月明り
影もなき冬田展がる窓の景

宇治にて

霜除けの藁より洩るゝ茶の青葉
朝凪や砂にさびしき足の跡
蛇触れて仄かにゆらぐ藤の房

瀧白し一枝の紅葉色を添ふ
湯豆腐や根岸に古き笹の雪

風景観察の眼も確かで、繊細であることがうかがえる。
そして、本句集で私が何より注目したのは、福岡氏が大正、昭和にかけて出版人として深い縁のあった文学者、画家が登場する句たちである。
まず、田山花袋が出てくる句が三つもあるのに一寸驚かされた。

田山花袋先生二十七回忌の法要に詣でて
花袋忌の卯の花腐し人老し

卯の花は辞典によればウツギの花で、初夏でも雪のように見えるらしい。前述のように、花袋には創業当時、いろいろと世話になり、どうやら恩人とも捉えられていた文学者のようだ。逆に花袋の方も金星堂から多数出版できたので、遺族の方も忘れずに二十七回忌に招待したのだろう。

紫陽花や花袋の墓に珠たるる
煤拂古りし花袋の額卸す

（筆者注・花袋による社名の筆の額であろう。社名も花袋につけてもらったのだと言う）

さらに、花袋主幹の『文章世界』の下で腹心として編集者を務めていた前田晁の句も一句出てくる。

前田晁先生の喜寿を祝して

風雪に耐へて老松緑立つ

前田晁先生文学碑、笛吹川のほとり差出の磯に建つ

差出の磯千鳥鳴くなり碑のほとり

笛吹川のほとりに石碑が立ったのは前田氏が山梨県出身だからだろう。前田氏にも金星堂の初期の頃、おそらく「金星堂名作叢書」の企画のことでお世話になったと思われる。さらに、前田夫妻の世話で、福岡氏は結婚しているのだ。金星堂からは童話集『銀の翼』や『文章に入る道』、モーパッサンの翻訳『兄の憂愁』など出している。ちなみに私は旧著『著者と編集者の間』に収めた「編集者の自己表現」の中で、前田氏の出した興味深い回想録『明治大正の文学人』（砂子屋書房、昭和十七年）のことを紹介している。大へん面白い本である。

川端康成との出会いの句もある。

銀座花菱《びし》理髪店にて川端康成氏に会ふ

くしけづる白髪長し夏灯

言うまでもなく、川端氏も『文藝時代』の刊行などで大へん縁の深かった人で、第一、第二創作集『感情装飾』『伊豆の踊子』を出しているのだ。偶然の出会いのようで、御両人ともさぞ懐かしかったことであろう。

続いて、ゆかりの画家たちの句もある。

はま女の句にある新舞子に太田三郎先生を訪ふ

亡き人の句の駅に降り薔薇の市

はま女は太田三郎の奥様のことである。実は以前、太田三郎が出した奥様の珍しい追悼本『厨房』を手に入れ、持っていたのだが、今は手元にない。そこに俳句も多く収録されていた。はま女は奥さまのことだと、木股知史《さとし》先生から教えてもらった。新舞子は愛知県知多市にある。太田三郎を調べてみると、大正九年に金星堂から『新日本画の描き方』と『武蔵野の草と人』を出しているのが分かった。また前述したように、『金星堂ニュース』に出てきた木谷絹子『女給日記』の装幀もしている。後者は太田氏が文展で「カフェの女」で受賞したこともあり、ぴったりの装幀者だったことだろう（未見だが）。丁度、これを書き終えたとき、木股知史先生のブログ「表現急行」のノートを見たら、「画文の人、太田三郎」の連載が図像入りで始まっていた。毎回、太田の様々な絵ハガキ作品を取り上げ、詳しい解説を付けている。大へん興味深いので読者におすすめする。なお、「カフェの女」は、木股先生によれば、日本で最初にオープンしたカフェ「カフェ・プランタン」（明治四十四年）の女給をモデルに描いたという。

最後に、中沢弘光も登場する。

弘光の燈籠灯るみたま祭

靖国神社みたま祭、中沢弘光先生の絵燈籠灯りゐたれば

前稿では書き忘れたが、大正十一年に、弘光は花袋と共著で金星堂から『温泉周遊』（東之巻、西之巻）を出している。私は昔、裸本で部厚い本書の一冊（西之巻）を持っていたのだが、それが金星堂刊の本とは意識してなかったようだ。

さらに、本稿を書いている最中に、待望の新刊、曽根博義『私の文学渉猟』を入手した。この中の短文「生田蝶介『歌集宝玉』」によると、当時、博文館の編集者だった生田蝶介が大正八年に金星堂から出した歌集『宝玉』が、金星堂が初めて出した本だった。表紙は羊一枚皮（黒）で本文二

色刷の豪華版、口絵に中沢弘光描く、著者の肖像画が原色刷で載っている。さらに大正九年に出した花袋の短篇集『小春傘』も弘光の装幀だという。こうして見ると、中沢弘光も花袋と並んで、創業当時から大へんゆかりの深い画家だったのである。

中沢弘光は近年、再評価の動きが高まっており、津市にある三重県立美術館で大規模な展覧会が開かれ、りっぱな図録も出ている。私は昔、たまたま古本で安く手に入れた金尾文淵堂から出た与謝野晶子訳『源氏物語』や『栄華物語』などに多数挿入されている弘光の華麗な木版画に魅せられ、それが金尾文淵堂を探索するきっかけにもなった。晶子の歌集の装幀や口絵も中沢が多く手がけている。今はそれらも手元になく、残念だ。

ちなみに、前述の曽根先生の新刊エッセイ・評論集は、どの文章にもユニークな発想や発見があって、教えられることの多い、刺激的な本である。ぜひ多くの古書ファンにも読まれてほしいものだ。

最後にとても印象に残った句を一つ紹介しておこう。

わが六十三年の誕生日

なほ若きこゝろを秘めて今日の秋

福岡氏の、なおも若々しい前向きの姿勢に感心する。還暦を過ぎた頃から、新たに俳句を勉強し、句集まで出したのもその一証左であろう。
実はこの句集の十年後に出された『白牡丹』もネットで一件のみヒットしたのだが、三〇〇〇円でやや高い。むろん、その後腕を磨いて、いっそう充実した句集かと思われるが、私にはもはやわざわざ入手して読む気力がない。読者には平にお許し願いたい（後に念のため、その古本屋に問い合わせたところ、すでに売れた、とのこと、いっそあきらめがつきました）。私の長きにわたる金星堂探索の旅も、このへんで一旦わらじを脱ぐことにします。

（二〇二一年一月二十四日）

8 『伊豆の踊子』出版の周辺——吉田謙吉の装幀を中心に

三月前半のまだ風の冷たい日、兵庫区の平野にある山田書店とイマヨシ書店を久々にのぞいた。まず山田書店では例によって店先にある百円均一台の本を順々に点検してゆく。ここにはたまに文学関係のいい本が紛れこんでいるので油断できない。今回、すぐに目についたのが、川端康成全集第十四巻『獨影自命・続落花流水』（新潮社、昭和四十五年）である。箱入り、少横長の四六判、四一二頁もある造本で、ずっしりと重たい。口絵には、鎌倉の寺で撮られた川端の重厚で味のある写真、次にノーベル賞受賞の折にスエーデンからパリへ行って入手したというキスリングの油絵「少女」が掲げられている。全集の一冊だけだが、こんな堂々たる本がたったの一〇〇円とは！

それに川端の随筆集なら関心があるので、今回の収穫の一冊としてすぐに腕に抱えたのである（帰りの荷物の重かったことといったら……！）。

本書の四分の三位を占める「獨影自命」は、新潮社からの三度目の全集の各巻の「あとがき」に、各々の作品の執筆時の状況や背景について、交友のあった作家からの手紙や自身の日記などを引きながら綴った興味深い「作品自解」集である。あとの随筆も、例えば「古賀春江と私」「横光利一文学碑」、「林芙美子さんの手紙」「高見順」「『伊豆の踊り子』の作者」（以上、『風景』に一年半連載）など、読みたい文章がいろいろ収録されている（しかし、主題とは逸れるので、これらは省略せざるをえない）。

私は帰宅した夜、早速あちこち拾い読みしてみた。すると、うれしいことに、金星堂刊行の出版のことや編集者の名前などがわずかながら出てくるではないか。初期の金星堂と深いかかわりのあった川端の著作については、私も重要と思いつつ、怠けて今まで殆ど書いてこなかったので、本書によって得た情報をまとめて簡単にでも報告しておこう。

まず川端、二十五歳の折り、金星堂から出た処女作品集『感情装飾』（大正十五年六月）について。知友が催してくれた出版記念会に参加した五十一名の名前を列挙している。その筆頭に福岡益雄があり、十七人目に飯田豊二の名もあがっている。そして、その後にわざわざ、「『文藝時代』のころであった。福岡益雄氏は金星堂の主人であり、飯田豊二氏は金星堂の編輯員であった」と記している。してみると、『感情装飾』を担当した編集者はやはり飯田豊二だったのだろう。列席者の中に江戸川乱歩、大宅壮一、山本実彦（改造社社長）、吉田謙吉（装幀者）の名があるのも注目される。この時のエピソードとして、会の当日、横光、片岡鉄兵、池谷信三郎などの文学仲間が、牛込左内坂の川端の仮住居に集まり、池谷の一つしかない袴を皆で相談の上、川端が借りて行ったという。川端、貧乏時代の話である。この出版のいきさつについては、残念ながら何も書かれていない。元版の複刻版を見ても、あとがきがないので、分からない。ただ、装幀者の吉田謙吉については、大正十三年に金星堂が刊行した翻訳版『海戦』の脚本が築地小劇場、第一回目の公演で使われており、日本で最初の表現派の舞台装置をその吉田が担当しているし、『文藝時代』にも表紙画やカットを描いていたから、飯田氏や福岡氏が気に入り、装幀を依頼したのではないか。

第二作品集『伊豆の踊子』は川端が二十九歳の折り、昭和二年三月にやはり金星堂から刊行された。その当時のことを「『伊豆の踊子』の装幀その他」に書いて『文藝時代』同年五月号に発表しており、ここでも引用している。

この短篇小説十篇のうち、四篇を伊豆湯ヶ島温泉の宿、湯本館二階の一号室で書いている。梶井基次郎も病気療養のため、昭和元年（大正十五年）の暮から湯ヶ島に来ていて、大晦日に川端を訪ねてくれた。それ以来、交流が深まり、梶井からもらった様々な手紙を梶井の全集から引用している。この手紙も興味深いものだが、ここでは川端の次の言葉のみ引用しておこう。「梶井君は底知れない程人のいい親切さと、懐しく深い人柄を持つてゐる」と。

興味深いのは、『感情装飾』に引き続き、『伊豆の踊子』を装幀してくれた吉田謙吉が、その材料集めに、東京から七時間かけて湯ヶ島まで取材に来てくれたことを前述の「（略）装幀その他」に書いていることだ。

要約すると、昭和二年二月二十五日、舞台装置家として多忙な吉田は、池谷信三郎作の新劇公演の初日を夜、見届け、その翌朝八時の汽車でやってきた。雨の合い間を縫って、早速散歩に出、梶井の所へも寄った。二十七日朝早くからスケッチに出て、四時半に乗合自動車が出るまで装幀の絵を描いていた。次の日の八時から早稲田大建築科の講義に出ないといけないので、帰ったその晩中に仕上げ、大学に行く途中に金星堂に持っていかねば、と言っていた、という。『伊豆の踊子』の刊行は奥付で三月二十日となっているから、ギリギリの期日で猛スピードで仕上げたものである。

さらに、「（略）装幀その他」では、「『伊豆の踊子』の函の表から裏へ廻つてゐる模様は、部屋の欄間である」、「この欄間は宿の一號と二號との部屋の間にある」とあり、「吉田君はこの二號に泊つて欄間を写生したのである」と具体的に記している。そうだったのか！　一号は川端が泊っている一番いい客室であった。ここに多くの作家仲間が泊りに来て、その中にやはり福岡益雄もいたという。執筆の陣中見舞に来たのだろう。

川端が書き遺してくれたこれらの文章は、私たちに『伊豆の踊子』出版にまつわる一端《たん》を臨場感をもってよみがえらせてくれる（なお、吉田謙吉の多彩な装幀や舞台装置、ポスターなどの仕事については、長女の塩澤珠江が『父・吉田謙吉と昭和モダン』（草思社、平成二十四年）で豊富なカラー図版とともに紹介している）。『浅草紅団』（先進社、昭和五年）も吉田の装幀だ。私は吉田の装幀では、これが一番好きである。

川端は昭和二年四月五日、湯ヶ島から七ヶ月振りに上京。「七日。金星堂東野君と阿佐ヶ谷に行き、横光も一緒に家を捜して貰ふ」と書く。この東野氏は初めて見る名前だが、保昌正夫「『文藝時代』通読」にも、雑誌の〈編輯後記〉の筆者として何度か名前が出てくる人で、飯田氏と共に金星堂にいた編集者のようである。それ以前の大正十五年四月二日の日記でも、「金星堂に行く。石浜（筆者注・金作）に偶然落ち合ふ。飯田豊二君との三人にて夕方まで玉を突く」という記述が見られる。こちらは『文藝時代』に載せる原稿の用件だろうか。

ちなみに、「伊豆の踊子」は初め、『文藝時代』の大正十五年一月号と二月号に発表された。しかし、本書の「『伊豆の踊子』の作者」によると、「発表当時、さう批評に取りあげられたり褒《ほ》められたりしたわけではなかった」といい、佐佐木茂索の批評だけが印象に残っている、と書いている。氏の記憶ではそうだったが、その後、日本近代文学館から復刻された『文藝時代』を改めて見てみると、同年三月号の「合評会第一回」で取り上げられており、加宮貴一と鈴木彦次郎が発言でずいぶん褒めてくれているのが分かった。その座談会に福岡益雄も加わっていて、「方々で評判がいいですよ」と言っている、という。単行本出版のいきさつはやはり書かれていないが、おそらく福岡氏や飯田氏が読んで感動し、読者の反響もよかったので、これはいける！と踏んで、川端に出版をすすめたのではないか。もっとも、川端は「『伊豆の踊子』の作者」で、未だに本書を代表作といわれる世間の評価に複雑な心境を縷々《るる》語っているが。

出版後の売行きはどうだったのだろうか。

八木福次郎の最後のエッセイ集『書国彷徨』（日本古書通信社、平成十五年）所収の「売れなかった珍本・稀本」によれば、この初版本は「定価一円五十銭であったが、発行所の関係者の話では、二、三十部しか売れなかったという」と書かれている。本当なのだろうか。にわかには信じがたい。この情報の出所も不鮮明だが、門野虎三の『金星堂のころ』に証言があるのだろうか。ただ、続けて「そこで残本にカバーをつけて翌年十月、奥付だけを刷り替えて普及版ということにして売り出した」とも述べている。その売行きについては書かれていない。この普及版は並製か（？）と思うが、私は古本で見たことがない。その後は何度も映画化されたり、国語教科書にもよく載ったこともあってか、人気が国民的に高まったのは言うまでもないが。

川端は金星堂から大正十三年十月に創刊された『文藝時代』についてもいろいろ書いているが、手元に材料が乏しく、調べる時間もないと初めに断っている。ここでは同人作家の川端への手紙から、分かった金星堂関連のことを簡単に紹介しておこう（『文藝時代』の文学史上における意義や役割、同人作家たちについては多くの批評家や研究者が論じているので、そちらを参照してほしい。他にも、今東光が、その自伝的な人物ごとの文壇交友記『東光金蘭帖』（中央公論社、昭和三十四年）のなかで、『文藝時代』の頃の横光、川端、片岡を活写している）。

まず、第一回の同人の顔つなぎの会で、ふと口の中から出た川端の言葉で、雑誌名が「文藝時代」と決まった。また中河与一からの手紙で、「原稿料は創作二圓、巻頭論文一圓五十銭、その他一圓二十銭の割り」と報告されている。基本的には同人誌であるにかかわらず、金星堂は原稿料を支払ったのである。川端は最後にこうまとめている。

「『文藝時代』は三年つづいた。

今日金星堂の主人に会つて私が聞いて来たところでは、創刊號は五千部で、三割の返品だつたさうである。終りには七割の返品になった。金星堂は月々五千圓ほど損をしてゐてくれたさうである。だんだん同人が書かなくなり、気が抜けて来て、金星堂も廃刊にするほかなかつた」と。これは貴重な証言で、金星堂は相当な犠牲を払って『文藝時代』を出していたのである。

（二〇二三年三月二十五日）

※　※　※

以上を書いた直後に、私はジュンク堂でたまたま近代文学研究者、十重田裕一氏の『横光利一と近代メディア』（岩波書店、令和三年）を見つけた。言うまでもなく、横光も川端と並んで、『文藝時代』で〝新感覚派〟と呼ばれたユニークな小説を発表している作家だ。タイトルからして臭うではないか。私は早速、神戸市立中央図書館から本書を借り出し、金星堂関連の箇所あたりを中心にざっと目を通した。

私の予測通り、十重田氏は本書の第二章、「文壇といふ市場へ」の中で、同時代の菊池寛主宰の『文藝春秋』と比較しながら、『文藝時代』と、横光、川端など同人作家たちとのかかわりを詳細に論じている。私が前述した、『文藝時代』の原稿料や返品率についての川端文からの引用は、まさに同じ箇所からのものであった。さらに加えて、氏は、『文藝』（昭和十年七月号）に載った「『文藝時代』座談会」から、菅忠雄の「『文藝春秋』と比べて相当よい紙を使つてゐた」という発言や、『文藝時代』一冊ごとの「原稿料の割当が三百円」であったという片岡鉄兵の証言も引用している。むろん、十重田氏の著作が先行研究であり、すぐれた研究者の文献調査の徹底ぶりには感嘆して頭を垂《た》れるばかりである。読者にはこちらも参照されることをぜひおすすめします。

※　※　※

外山卯三郎「新絵画研究」叢書の謎

さて、私は次にすぐ近くのイマヨシ書店にも足を伸した。ここは昔から宝塚歌劇関係の文献蒐集で有名な店である。狭い店内を順々に見てゆくと、奥の棚の美術関係の一角に、A5判の外山卯三郎編『絵画の精神研究』と同、『デッサンの研究』の背文字が見えた。私は「おっ、これはひょっとして金星堂刊行の本なのでは？」と抜き出して点検したが、どこにもその表示はない。函はあったのだろうか（不明）、表紙は白い厚紙に横組みの黒のタイトルとすぐ下に「ＬＥＳＰＲＩＴ」と刷られている。私は帰って調べてみようと、とりあえず前者の一冊だけ買って帰った（三〇〇円！）。帰宅して早速、本篇の５節でも紹介した『金星堂ニュース』の一冊子「美術部レポート」を見てみると、やはり外山の「新洋画研究」叢書の一冊として第四巻『現代絵画の精神研究』もあげられている（傍点筆者）。但し、この時点（昭和六年一月）では、一巻〜四巻のみ刊行済みで、その後も二巻ずつ刊行されたらしい。入手本の裏広告を見ると、『風景画の研究』『水彩画の研究』『技法の研究』などが並ぶ全八巻で、すべて「現代」の文字は削られている。奥付を改めて見てみると、「昭和九年五月十日初版発行で昭和九年八月二十日再版発行」、そして発行所が「東京市神田区元佐久間十番地、成光館書店、となっている。ところが、発行者は、神田区神保町三丁目二十一の「福岡益雄」となっているのだ。しかし金星堂の表示はなく、本書の別紙扉でも、成光館と印刷されている。

これはどういうことなのだろうか。おそらくは、金星堂が八巻刊行したものの、その売行きはよくなく、編者の要望で（?）、金星堂が成光館に版権を譲り渡し、同じ紙型を使って印刷発行したのではないか。それにしても成光館版は、四ヵ月後重版している。金星堂は判断を誤ったのか？（もっとも、後日、「街の草」さんで、金星堂の元本、りっぱな箱付の本一、二、三巻を見つけた。奥付をのぞいたところ、一巻だけは四刷となっていた）

内容を見ると、外山の「現代絵画の精神概論」「現代絵画のモチィフ研究」、三浦逸雄（イタリア文学者）の「メタフィジカの絵画」、林武の「現代絵画のエスプリ」、里見勝蔵の「画家と絵画」、ブラマンクの「わが生活より」などが収録されており、総じて論文調の硬い評論が多く、決してスっと読み通せるものではない（というより、私は未読である。苦笑）。ただ口絵がルオー、中山巍、モヂリアニ、キスリング、のカラー作品を始め、二十四人の西欧画家の白黒図版、一作品が各一頁ずつ掲げられていて、見ごたえがある。それに各篇の間に一頁挿まれているデッサン——こちらは画家名が不明だが——にも面白いものが多い。
ともあれ、この一冊からも当時の外山卯三郎の出版界での人気の高さと、金星堂のこの分野での営業不振の一駒が垣間見られたのである。私は同じ日に、金星堂関連の文献を二件も見つけられたという幸運な経験をしたものである。

（二〇二三年三月二十五日）

（追記）『川端康成と横光利一』展図録から

前述した『感情装飾』や『伊豆の踊子』の吉田謙吉による装幀の話を紹介しながら、私はそういえば、コロナの流行以前、平成三十年十一月に思い切って観に出かけた津市にある三重県立美術館の企画展、『川端康成と横光利一』展の図録に、本稿と関連する情報が含まれていたことを想い出した。旧知の現館長、速水豊氏にもそのときお会いし、この図録をいただいたのだ（速水氏は私のフリー編集者時代、ユニークな著作『シュルレアリスム絵画と日本』（古賀春江、福沢一郎、三岸好太郎などを中心にシュルレアリスムの日本的受容の諸相を探究している）を企画し、書き下しでNHKブックスから出されるお手伝いをした方である）。それで、部屋のあちこちを探し回ったが、どうしても見つからな

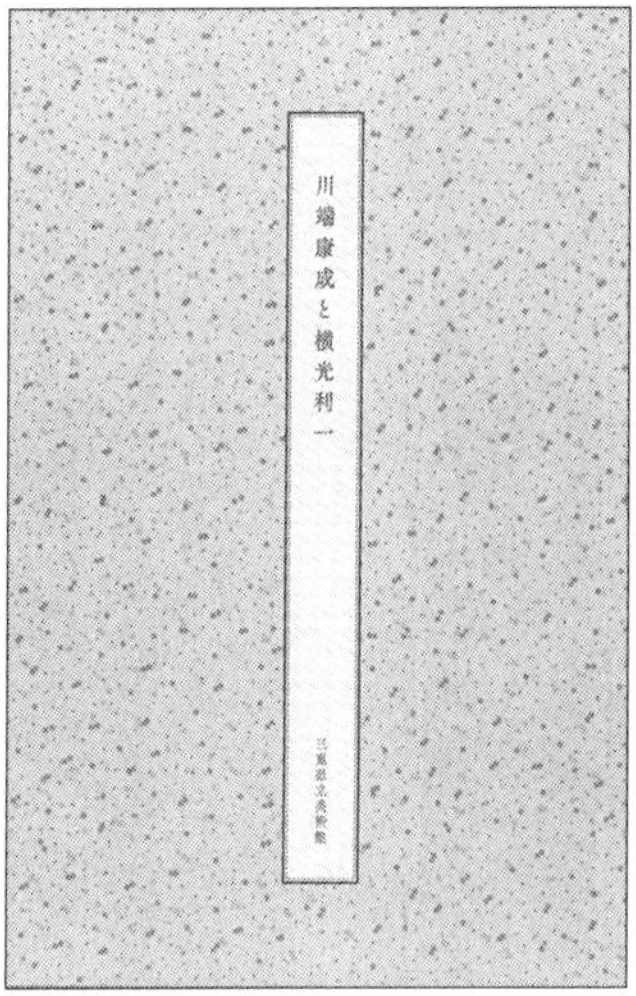

い。あきらめかけていたのだが、一週間ほどたって、本棚の一番下の図録類を横に積み上げた山の底からようやく出てきたときは、喚呼の声をあげたものだ（大げさですな）。

早速、中身をざっと再見する。本図録は、二人の文豪の生涯にわたる交流を、主に横光の川端あての書簡の展示と、各々の著作の書影を年度順にオールカラーで掲載しつつ詳細に追ったものである。このような企画展は画期的で、初めてだったのではないか。活字化された生々しい書簡の内容ももちろん興味深いものだが、古本ファンとしては二人の出版物の数々の装幀図版がいっそう魅力的である。

さらに巻末の二段組六頁にわたる速水氏による「横光・川端と前衛美術——新感覚派時代を中心に」は鋭い考察を展開した実に読みごたえのある解説であった。ここには私が書いていない事がいろいろ出てくるので、私なりに簡単に紹介しておこう。

氏はまず、私も前にたまたま取り上げた高見順の『昭和文学盛衰史』から引用し、とくに、『文藝時代』の発行元であった金星堂の出版活動と美術グループ「アクション」とのつながりを強調している。「アクション」は大正十一年秋にイタリア未来派の影響を受けた神原泰《たい》が中川紀元、矢部友衛らとともに結成した前衛的美術グループだが、その神原が、金星堂から出たゲーリング『海戦』をはじめとする「先駆芸術叢書」の各巻の装幀（同じデザイン）を手がけていた。以下は私の推測だが、このシリーズを企画したのは、アナーキストでもあった編集者の飯田だとされるが、神原とは元々つながりがあったのかもしれない。実際、三巻目のマリネッティ『電気人形』は神原の翻訳だから、神原からシリーズの情報や知恵をもらった可能性もある。その人脈から、大正十二年十月に創刊された『文藝時代』の初期の表紙は、「アクション」同人の山本行雄、中川紀元、吉田謙吉が担当したとして、各々の画家のデザインの特徴を詳しく紹介している（このうち、山本行雄はあまり知られていないが、北海道出身で二科会に出品していた画家の由）。ただ、大正十四年の四月号から六月号までは、「マヴォ」の首領、村山知義が担当しており、これはその頃、『文藝時代』同人で編集（企画・校正）を担当していた今東光の依頼だったようである（村山の自叙伝にもそのあたりの証言がある）。後日、小田光雄氏の『近代出版史探索Ⅰ』（平成三十一年）によれば、その後村山は今東光編集の『文党』同人になり、その表紙デザインも担当していたことが分かった。そういえば、今東光も若い頃は画家をめざしていた作家だ。ちなみに、村山知義も築地小劇場の初仕事で「朝から夜中まで」の日本で意識的構成派初めての斬新な舞台装置を手がけている。

大正15年5月号・吉田謙吉装

さらに、吉田謙吉の装幀の仕事についても詳しく述べられているのだ。

中川紀元のあとを受けて担当した吉田の表紙デザインは、九ヵ月も長く使われた。その最初の号（大正十五年一月号）に横光の「ナポレオンと田虫」と川端の「伊豆の踊子」（前編）も載った。吉田

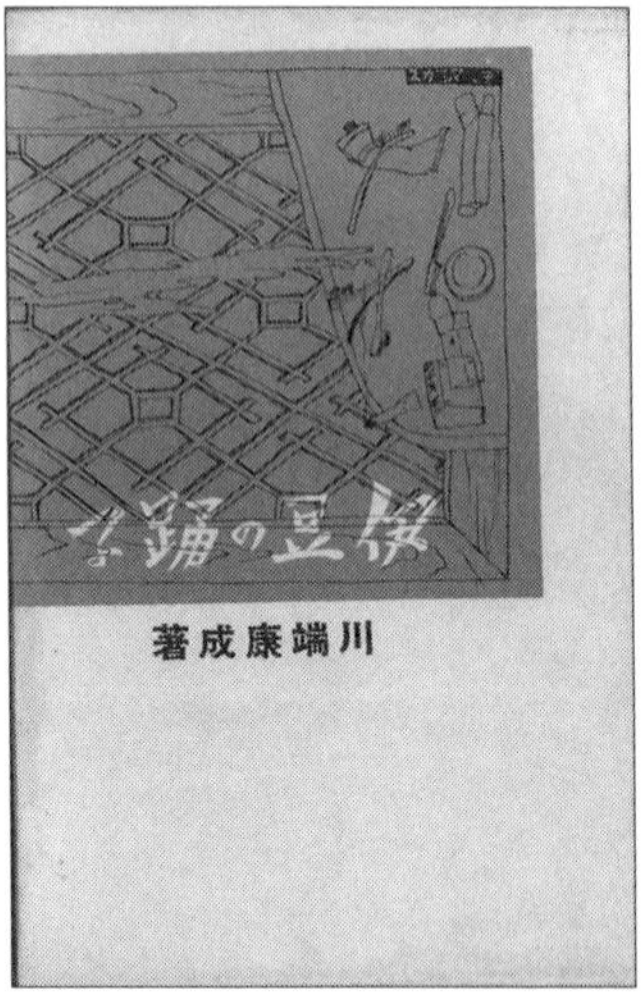

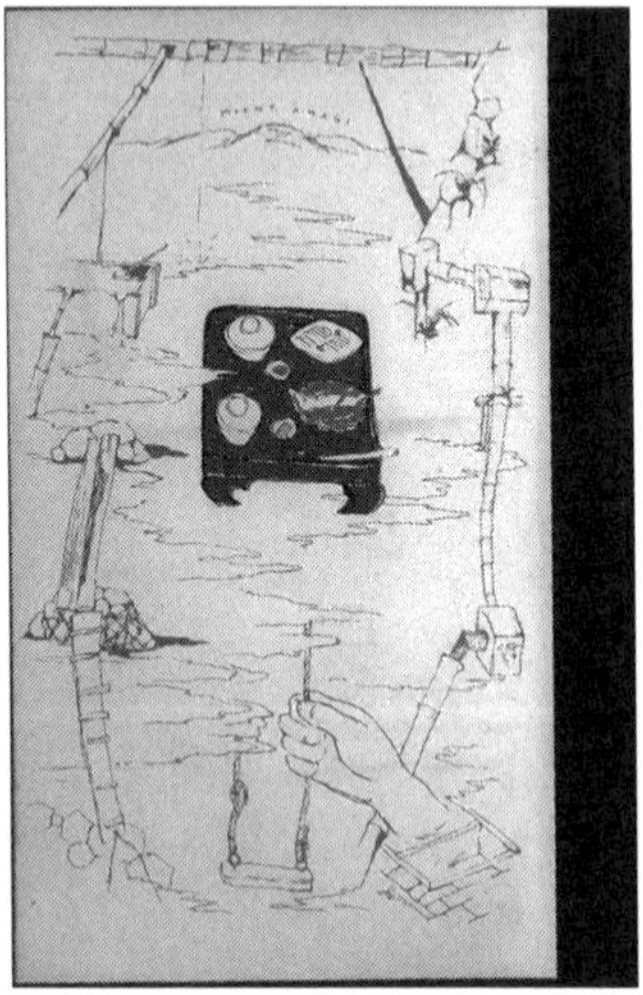

（上図）函、（下図）表紙

の表紙は「絵全体を窓に見立て、窓外の街の景色と荷馬車のイメージの反復、そして鉛筆を持つ手のクローズアップを重ねた、巧みな構成の凝った図柄であった」と速水氏は述べている。

横光も最初の単行本、『御身』を大正十三年に金星堂から出しており、昭和二年にも戯曲集『愛の挨拶』を吉田の装幀で出している。このとき、吉田の回想によれば、横光からゴールデンバットの箱のデザインを表紙にほしい、と希望され、その通りの類例のない装幀に仕上げている。

『伊豆の踊子』の装幀については、速水氏もやはり川端のエッセイ「『伊豆の踊子』の装幀その他」を引きながら、「本を飾った断片的なイメージが、すべて同地で取材したモチーフにもとづいている」と言う。

私は先に、川端の欄間についての説明のみ引用したのだが、この解説で元のエッセイには、その他のデッサンの部分の様々なモチーフにも川端の言及があることを初めて知った。

例えば、欄間の「右の歯ブラシや歯磨き入れについてもそれぞれ宿の娘や林房雄らのものと指摘される」と。そうだったのか、と私は感心し、元のエッセイも読んでみたいと思う。川端は「表紙のタイトルと著者名にアクセントとして付されたいわゆる温泉マーク」にも、大いに喜び、「こんないい私の湯本館生活の記念品がまたとあらうか」と満足していたと言う。

ただ、川端のこのエッセイを読まないと、吉田の装幀の面白さが読者にあまり伝わってこないのでは、と思うが。

速水氏は「『文藝時代』の表紙を担当した芸術家のなかでも吉田謙吉は、横光、川端のいわば新感覚派全盛期の著作に個性的な外観を与えたことにおいて特に重要であったと言えよう」と結んでいる。私の金星堂への長きにわたる探索もこのへんで終止符を打つことにしよう。

（二〇一三年三月二十八日）

（付記）吉田は、その著『築地小劇場の時代』（八重岳書房、昭和四十六年）で、舞台装置家としての体験を様々なエピソードを交えて生々しく回想している。私は「日本の古本屋」で検索して入手

した。名優、滝沢修がオビ文を寄せている。本書には吉田が担当した舞台装置の写真も多数挿入されていて、貴重だ。吉田が舞台装置と衣裳を手がけた『海戦』には自身も一水兵役で出演し、「補欠だ」というセリフひとつだったが、それがどうしても「オケツだっ」と聞こえたという（笑）。劇場内に、和菓子の店「喜津弥」が経営していた休憩室兼喫茶室があり、その隣りのすみっこに金星堂書店が店を出していたと述べている。また、ふつうは「あとがき」とするところを「カーテン・コール」と書いているところも、いかにも独創的な舞台美術家らしい。いずれゆっくり通読しようと思う。

※　※　※

『アクション』展の図録から——山本行雄のこと

前述の速水氏の解説の（注）で、貴重な『アクション』展の図録が平成元年に朝日新聞社から出ていることを知ったので、私はぜひ入手したくなり、ただちに探求を開始した。ところが、「日本の古本屋」では一件もヒットしない。何しろ三十四年前に発行された図録である。それで、ラインで日頃、交流させていただいている古書通の大先輩、中島俊郎先生に調査をお願いしてみた。すると、立ちどころに、メルカリで一冊出品されているとのお答えが……。しかも二〇〇〇円でという。狂喜して早速注文したのは言うまでもない（先生に感謝！）。

届いたのを見ると、表紙は『アクション』展にしてはシンプルなもので、白地に同タイトルが横に三列、重なって頭の位置をずらして並んでいるもの。六十二頁の薄さだが、内容はとても充実している。まず巻頭には、「アクション」グループの先導的、中心的な画家で、「アクション」宣言を起草した神原泰《たい》への聞き書をまとめたものが載っていて、イタリア未来派との出会いや結成のいきさつ、解散後の顚末など諸々語っている。次に、同人画家の出品作品を中心に、カラーと白黒図版がズラリと並んで掲載されている。神原泰、岡本唐貴、矢部友衛、中川紀元、古賀春江、山本行雄、吉田謙吉、吉邨二郎、浅野孟府、海老原喜之助、中原実（第二回展から参加）、横山潤之助など。このうち、海老原の参加は意外だった。私が初めて見る作品が殆どで、迫力満点で圧倒される。

巻末には、解説としてまずこの分野の第一人者、美術史家の五十殿《おむか》利治《としはる》の「多様な協働のもとに」がヨコ組二段で六頁余り書かれており、「アクション」の結成から解散までの前衛美術運動の流れが豊富な資料を駆使して詳細に考察されていて、興味津々で読んだ。

ごく簡単に言えば、『アクション』展は大正十二年四月に三越で第一回展が開かれ、大正十三年四月、第二回展を同じく三越で各々一週間開催の後、五月に中川紀元の出身地、松本市の東筑摩郡役所で三日間巡回された。元々「アクション」は、中川紀元がフランスから帰国直後、中心になって結成されたようだ。しかし、同年十月には「アクション」はあっけなく解散し、短命に終った。二回の展の間に未曾有の関東大震災が起こり、帝都復興のために、今和次郎や吉田謙吉らの「バラック装飾社」が造られ、同人画家たちも活動した。巻頭談やこの解説文でも当時の「アクション」同人の集合写真や「バラック装飾社」の写真なども数点掲載されており、当時の雰囲気が生々しく伝わってくる。（筆者注・なお、岡田龍夫ら「マヴォ」同人もバラック装飾に乗り出している。）この解説で私が注目したのは、有島家と福原家の古くからの交流から、有島生馬が「アクション」の顧問役を務めたこと、第二回展の出品目録は未だに確認されていないこと、などである。後者は図録発行時の記述なので、その後発見されているかもしれない。五十殿氏は最後に、「重要なことは、今日においても、『アクション』をふくめて大正期の新興美術運動がなおある強烈なインパクトを与えることであろう」と結んでいる。なるほど、と納得される結論である。

次に、速水氏が紹介していた、北海道立函館美術館学芸員（当時）の大熊敬之が「『アクション』時代の山本行雄」を二段組みで三頁載せている。これと、巻末の大へん役立つ「『アクション』関係作家略歴」にあった山本行雄の項から、簡単に紹介しておこう。

山本は明治三十五年北海道国後島に生れる。旧制函館中学に在学中の十七歳の頃、有馬武郎の『生れ出る悩み』を読んで感動し、油彩画を独学で描き始める。第七回二科展に初出品して「風景」が入選する。一方、武者小路実篤の「新しき村」の思想にも共鳴し、「新しき村」函館支部長も務める。大正十年、上京して有島宅を訪れ、自作の小説を有島に示し、出版の斡旋を依頼するが、その性急さをいさめられる。有島のアドバイスで小説家への道を断念し、函館で創作活動を開始。大正十一年に上京。フランスから帰国した中川紀元とも交友を始める。また友人の画家、横山潤之助の社会主義思想の影響も受け、第一回展で三点のうち「ある日の横山」を出品している。ちなみに、浅野孟府も横山の友人であり、浅野詠子『彫刻家浅野孟府の時代 1900〜1984』（批評社、平成三十一年）に詳しく描かれている。「アクション」同人に推挙したのはまちがいなく中川紀元だったろうと大熊氏はいう。しかし、その後、未来派や抽象表現への疑問を抱き、同人であることの矛盾を感じていたという。アクション解散後は日本画に転じ、昭和五年頃からペンネームで小説や演劇評も発表する。戦後は油彩画を再び出品し、小説、文芸雑誌の挿絵なども手がけた、とあるが、具体的な詳細は不明のようだ。ペンネームや作品名が分かれば、調べることも可能なのだが（?）、残念である。本図録には、アクション時代の山本の風景画が三点も一頁大で掲載されており、いずれも独特の迫力ある作品である。これらを見る限りはオーソドックスに近いリアリズムの画風であると思う。

さて、速水氏の解説によると、『文藝時代』創刊号から三号までの山本の表紙画は、「ブラックの静物画をより抽象化したような図柄」だが、四号〜六号ではうって代わって、「奇抜なダダ的ナンセンスを含む戯画風なもの」に変っているという。「アクション」の解散が大正十三年十月であり、『文藝時代』創刊もその十月に当る。大熊氏の解説ではその頃すでに、抽象表現への疑問を持ち始めていたように受け取れるが、実際の表紙画はそうではなかったように見える。神原泰や友人、中川紀元の意向に沿ったのだろうか。いずれにせよ、山本は元々小説家志望で小説も書いていたのだから、『文藝時代』表紙画のトップバッターに指名されたことは光栄に思い、力一杯描いたにちがいない。あるいは、編集部から創刊号に載る横光利一の「頭ならびに腹」のゲラ刷り（後に新感覚派のスタイルの代表例とされる冒頭「沿線の小駅は石のように黙殺された」の一節がある）をあらかじめ渡されて読み、小説好きな画家としての直感から、それに合う表現を試みたのか、とも勝手に想像してみる。山本は昭和三十七年に亡くなっている。

最後の解説、赤羽義洋の「中川紀元――諏訪中学からアクションまで」も興味深いが、著名な画家だし、長くなるので省略しよう（中川はフランスでマチスに学んでいる）。ただ、この一文によると、中川も若い頃から文学や演劇好きで、文才もあったので（『マチスの人と作』『ピカソと立体派』などの著作がある）、『文藝時代』の表紙画制作は山本と同様に、やりがいがあったことと思われる。

（二〇二三年五月六日）

（付記）この原稿を書き始める一週間ほど前に、私は新装なった梅田の阪神デパートで開かれている春の古本展に出かけた。その折、矢野書房の例の古い本が沢山並べてある箱の中から、金星堂の〝随筆感想叢書〟の一冊、有島生馬の『白夜雨稿』（大正十三年五月）を見つけた。背や表紙画が大分カスレたりしているとしても、これが五〇〇円とは安すぎる！　その日のうれしい収穫であった。

本書は生馬の自装で、六〇〇頁もある。目次を眺めると、「キュビスムの為に」「表現派の名」「アンナ・バーヴロワ」などの西洋の先端的な美術思潮について言及した随筆も含まれている。この叢書中、画家の著者はこの人だけである。これも想像をめぐらしてみると、『文藝時代』創刊が大正十三年十月号であり、本書刊行から五ヵ月程後である。前述のように生馬は「アクション」の顧問格だったのだから、この随筆集の出版を通して、金星堂の福岡氏や編集部長、松山悦三ともつながりができ、そのルートで「アクション」同人の画家たちを近く創刊する『文藝時代』の表紙画担当に推薦《せん》した可能性もあるのではないか。妄想になるが、ひょっとして、山本行雄のことも兄、武郎から聞いていたかもしれない。むろん、前述した神原泰―飯田豊二のルートも捨てがたいのだが。証言する資料が見つからないので、勝手なことを書いてしまった。

（二〇二三年五月七日）

※　※　※

以下は余談だが、古賀春江も「アクション」に参加している。その前後にもし川端康成と知り合っていたら、川端が強力に古賀を表紙画家の一人に推したにちがいない。残念ながら年譜によると、二人は昭和六年に知り合っている由（『文藝時代』は大正十四年〜昭和二年まで）。古賀はその後、佐藤惣之助主宰の「詩之家」から出た詩集、〝非人称命題叢書（全十八冊）〟（昭和八年〜十年）の表紙装幀（同一のもの）を手がけているし、田中清一編の詩誌『詩神』（大正十四年〜）の表紙画も数冊（？）あるようだ。私は前者の一冊だけ入手したことがあるが、後期の古賀らしいセンスのいい装幀だった。古賀も絵に添える詩を書いた人だから、ぴったりの仕事だったことだろう。短歌雑誌『香蘭』にも表紙絵を描いた号がある。さらに、石神井書林の目録から、上林暁らの同人誌『風車』の表紙画も担当したことが分かった。それにしても三十八歳の死はあまりにも早すぎる。

（付記）以上を書いてから一週間程たって、私はブックオフの新書コーナーで、前述した十重田裕一氏が今年三月に、岩波新書で『川端康成──孤独を駆ける』というユニークな評伝を出されていたことを初めて知った。うっかり見逃していたかと恥入るばかりだ。もちろん入手して、急いで斜め読みしたところ、全体の紹介は省くが、第二章で『伊豆の踊子』出版のことを取り上げており、私の記述とも多少ダブル箇所が見られた。例えば、川端による梶井基次郎の人物評は、同じ一節を引用されている。むろん、これも十重田氏の先行研究であり、私の記述は全くの偶然である。私が簡単にすませた『伊豆の踊子』の世評の変遷については、川端のエッセイ「『伊豆の踊子』の作者」を多く引用して詳しく書いている。ただ、ここは読者が川端の原文の全部を読む方がずっと興味が増すことだろう。

なお、本書は、川端の代表作、わが創元社刊の『雪国』（昭和十二年）の分析──汽車の描写と、映画のイメージの二重写しの指摘など──にも卓抜なものがあり、感嘆しつつ読んだ。

（付記）以上の原稿を書き終え、ホッとしてしばらくボケーッと休んでいた私に、ある日、衝撃的な情報が飛びこんできた。何と、金星堂からすでに平成三十年、百周年記念出版として、『金星堂の百年』という社史が刊行されているというのだ。びっくりし、ドキドキ胸が高まった。おそらく非売品で部数も少ない本だろう。今のところ「日本の古本屋」でもヒットしないので、入手の方法が分からない。

私の散漫なパッチワーク的な記述とは違って、おそらく当方の未知な資料や聞き書などをもとにして社の歴史を系統的にまとめたものであろう。それにしても、本書の出版当時、出版界で話題になったのだろうか、私の不勉強で、今まで全く知らなかった。

いささかショックだったが、気をとり直し、私の書いたものがせめて、その社史をいくらかでも補足するものであってほしいと、切に願うばかりである。少なくとも、本書の雑文が社史を読まずに書いたものであることだけは明言しておきます（苦笑）。

もうひとつ。私は神戸へ移った三年程前から、やっとスマートフォンを使うようになり、一年程前から、小田光雄氏の連載ブログ、「古本夜話」も時々興味深く拝見するようになった。この原稿の時点で、一二八六回も続いている。その広い視野からの探索には、脱帽するばかりだ。従って過去の大半の連載は未見であり、論創社から次々出されている、ブログを基にした、『近代出版史探索』（七巻まで）も大へん高価なので、一冊も入手してない。実は何度か、書店で立ち読みしたが、重たいので、二、三分も持っておられない（後日、春日道の勉強堂で、第一巻のみ安く入手した）。ところが最近、過去の連載を携帯で見る機会があり、小田氏が金星堂についても、数回にわたり、言及しているのを初めて知った。とても参考になったが、私の原稿とも重なる部分がいろいろあった。それに氏は『金星堂の百年』も入手して、参照されているようだ。ただ、私もおくればせながら、私独自の探索ルートを通して初めから書いており、小田氏が書いていないこともけっこう多くあるのが分かった（ホッと一安心……）。氏の方は主に門野虎三の本から、販売、流通面を中心に探索されている（卸しの上方屋や別会社、近代出版社などにも言及されている）。決して小田氏の連載を下敷きにして執筆したものではないことを、読者に断っておきます。読者には小田氏の連載も合わせて読まれることをお勧めします。

（二〇二二年二月十日）

※　※　※

危うく書き忘れるところだったが、その後、私は遅ればせながら小田氏の七巻の大冊を神戸市立中央図書館から順々に借り出し、主に興味のある項目を徐々に読み進めている。このシリーズは各篇がまるで短篇ミステリーを読むような、知的スリルに満ちた探索記だと思う。

七　曽根博義「厚生閣（書店）とモダニズム文学出版」を読む

――春山行夫の仕事を中心に

私は今回、「金星堂」のことが知りたくて、曽根氏の解説や評論のコピーを日本近代文学館から取りよせたが、その際に右の表題の評論（『日本近代文学館年誌―― 資料探索』一号、平成十七年）もあることを知り、一緒にコピーを送ってもらった。こちらの方はしばらく積ん読状態だったが、先日ざっと読了したので、ごく簡単に要約して紹介しておこう。それゆえ、本稿は全面的に先生の研究成果におんぶしている。

まず曽根先生は「はじめに」で、「戦前のモダニズム文学出版社は、新潮社や改造社を別格とすれば、ほとんどが新興の中小出版社だった」と書き出している（これは、私共古本ファンにとっても納得できる重要な指摘だと思う）。続けて思いつくままに、金星堂、プラトン社、厚生閣、第一書房、椎の木社、紀伊國屋書店出版部、武蔵野書院、白水社、芝書店、江川書房、野田書房、ボン書店、竹村書房、山本書店、砂子屋書房、赤塚書房、創元社などの出版社名を次々にあげてゆく。

このうちの数社については、近年様々な研究成果や著作も出ているが（プラトン社については、私も『モダニズム出版社の光芒』〔淡交社、平成十二年〕を企画して及ばずながら出版に協力できた）、「それら以上に重要なモダニズム文学運動の担い手だった金星堂、厚生閣、椎の木社、紀伊國屋書店出版部等については、出版目録はもちろん、まとまった文献がほとんどない」と述べている。ただ、その後、戦前の紀伊國屋書店出版部については、以前、内堀弘氏が紀伊國屋書店のPR誌に「予感の本棚」という総題で『レスプリ・ヌウボウ』などの書影を添えて大分連載されたが、残念ながら未だ本にまとまっていない。私もわずかながら、『古書往来』（みずのわ出版、平成二十一年）の中の「豊田三郎と紀伊國屋出版部《ママ》」で、同書店から発行されていた『行動』編集長だった豊田が出した自伝的小説『新しき軌道』（協和書院、昭和十一年）で描かれた編集部の様子を紹介している（野口冨士男が編集部員だった）。先生はこれらの出版社の実態の研究をもっと深めたかったようだが――私にいただいたお便りでも、そのことはもらしておられ、資料も少しずつ蒐めておられたようだ――その一部を発表されただけで、御病気のために平成二十八年、七十六歳で亡くなられた。まことに惜しまれてならない。

ただ、タイミングよく、私が金星堂についての原稿を書いている途中で、その成果の一部であるエッセイ集『私の文学渉猟』が夏葉社からこの年末に刊行されるという朗報が届いた。現在、楽しみに待っているところだ（後に出版された）。

さて、厚生閣の創業者、岡本正一については、鈴木徹造『出版人物辞典』（出版ニュース社、一九九六年）に出ていると言う。一部をそれによると、明治二十年大阪に生れ、上京して、キリスト教系の出版社、警醒社に入社。十五年間勤めた。大正十一年独立して厚生閣書店を創業する。初期には、井上芳郎『原始時代の宗教と其芸術』、佐藤定吉『自然科学と宗教』、御木本隆三『ラスキンの経済的美術観』、小出正吾（児童文学者）『聖フランシスと小さき兄弟』などを出している。大正十四年には雑誌『宗教と科学』を創刊し、十五年までに五輯を出した。岡本氏は熱心なクリスチャンで、日曜には植村正久の富士見町教会に家族揃って出かけたという。

吉田惟孝の『ダルトン式教育の研究』（大正十一年）や吉田の旅行記が厚生閣から出たが、これはアメリカのヘレン・パーカスト女史が創始した、生徒の能力に応じた新教育法を紹介したもの。その吉田が大正十四年に新設の小樽中学校の初代校長として赴任する。同年、同校の教諭となった二十一歳の伊藤整は教頭からすすめられて吉田の旅行記を読んだという。伊藤はそこで、ダルトン式教育を授業時間がふえるので途惑いながらも実践したことが、『若い詩人の肖像』に詳しく書かれているそうだ。その吉田校長の本を出した同じ版元から「最初の評論集『新心理主義文学』〈昭和七年四月刊〉その他を出すことになろうとは、当時の伊藤整は夢にも思わなかったであろう」とある。伊藤整の詳細な評伝をまとめた曽根先生が、厚生閣の研究に意欲を燃やしたのも必然性があるのだ。

その後、昭和五、六年頃、戦前の生活綴方運動の指導者の一人、千葉春雄を厚生閣の編集顧問に迎え、雑誌『教育・国語教育』を創刊する。これが国語教育図書出版への道を開くことになった。詩人の百田宗治も厚生閣から『詩の鑑賞』と『児童自由詩の鑑賞』〈以上、昭和二年〉を出している。こうして、昭和初め今まで主力だった宗教や科学の分野から、国語、綴方、教育の方へ出版の軸足を移していった。しかし「昭和三年以降、突然といっていいほど急に厚生閣が時代の先端を行くモダニズム文学の新しい雑誌や図書の発行元に変身するのは、百田宗治が後輩の詩人春山行夫をそこに送り込んだからにほかならない」と曽根氏は述べる。その詳しいいきさつは書かれていないが、二人に密接な交流があったのはまちがいない。

春山行夫の編集歴

春山はおそらく昭和二年から三年の初め頃までに厚生閣に入社した。そこに、風格のある若い編集者、水島治男が校正係としていたが、すぐに改造社の入社試験にパスして移っていったという（水島は周知のように、後に名著『改造社の時代　戦前篇』を遺している）。

入社後春山は、編集を担当して、季刊誌『詩と詩論』（全十四冊、別冊一）、『文学』（全六冊）、「現代の芸術と批評叢書」（全二十二冊）を次々と出してゆく。日本のモダニズム文学の運動の卓越した演出家であった。

後者には、例えば、『コクトオ抄』（堀辰雄訳）、安西冬衛『軍艦茉莉』――有名な一行詩、「てふてふが一匹韃靼海峡を渡つて行つた」を収録――、春山行夫『植物の断面』、西脇順三郎『超現実主義詩論』、北川冬彦『戦争』――所収の短詩「馬／軍港を内臓している」がとくに評判になった――、吉田一穂『故園の書』などがある（装幀は西脇マジョリー）。北園克衛の『白のアルバム』もその一冊だが、北園のエッセイ「私の処女詩集」（『本の手帖』昭和三十六年十月号）によれば、幸運にも印税ももらったという。実際に春山の回想文でも各々一割の印税を払った、と証言している。

この他、単行本で阪本越郎のモダニズム系処女詩集『雲の衣裳』（昭和六年）も出しており、目次に、表紙・春山行夫とあるので、春山の企画・担当なのはまちがいない。

ところが、この時期でも、厚生閣の出版の中心は教育書であって、文学書はその半数にも満たなかった、というから意外である。その上、「モダニズム関係の雑誌や図書の売行きは悪く、営業上、社を利することはまったくなかったらしい」と。これは金星堂の事情とも共通するものがある。

春山は後に「『詩と詩論』まで――私の編集歴」（『本の本』昭和五十一年四月号）で次のように証言している。私もこの回想記は古本で入手して昔、読んだことがある。要約して紹介しよう。

まず『詩と詩論』は原稿料なし、毎号一〇〇〇部印刷したが、売れたのは六〇〇冊位であり、全くの赤字だった。厚生閣の編集者は私一人だった（傍点筆者）ので編集、広告文案から校正まで全部ひとりでやった。この、一人だった、というのが不思議である。その時期にも教育書など出していたのだから本当であろうか（校正係は一人いたというが）。モダニズム関係の雑誌編集は夜、自宅でやったというから激職だったろう。これは、金星堂での伊藤整、町野静雄のケースと同様である。

「（筆者注・現代の芸術と批評叢書については）売れる売れないということは勘定にいれない出版なので、各巻一千部を印刷したが、ひどいのは三百部も売れなかった（筆者注・もっとも、安西冬衛の回想文によれば、『軍艦茉莉』は八五〇部売れ、残りは昭和七年改装して普及版で出し、すべてなくなった、と証言している）。売れない本でも、価値ある本を出すのがモットオだから、店主の岡本氏は、途方もないことをはじめたと、びっくりしたが、この人はそれに苦情をいわなかった（筆者注・前述のように、単行本には印税を払ったのだから、利益どころか、損失になったのではないか）。出版者というのはよほど進歩的な人でも、経営のワクを越えた仕事をやる勇気をもたない。（中略）一口にいうと、明治人の気概をもった人だった」と春山は感慨深く述べている。いわば、日本のモダニズム文学の発展は、こういう気概をもった出版人にも支えられてきたのだと言えよう。それは金星堂の福岡益雄についても言えることだ。

さらに「たとえあまり売れなくても、価値ある本は出し続ける」といった信念をもっていた出版人、編集者は他にもいる。すぐに思い浮ぶのは、私も関心を持って一部の書誌を作成したことがある明治・大正期の金尾文淵堂主人、金尾種次郎で、その出版活動の全体像は元平凡社の編集者だった石塚純一氏が詳しい評伝『金尾文淵堂をめぐる人々』（新宿書房、平成十七年）を出して明らかにした。さらにその金尾を敬愛し、仕事上のつながりもあった洛陽堂主人、河本亀之助――夢二の画集や白樺派の本、田中恭吉や恩地孝四郎らの版画雑誌『月映』など出した――もそんな出版人で、田中英夫氏の大部な労作『洛陽堂河本亀之助小伝』（燃焼社、平成二十七年）がある（本書は私も出版に協力した）。砂子屋書房主、山崎剛平や私が『古本が古本を呼ぶ』で紹介した、豊田三郎『新しき軌道』など青年作家叢書三冊を出した協和書院主、吉村清。あと、『ぐろりあ・そさえて』の伊藤長蔵も忘れられない。私はこの社の編集者たちについて三篇書いている。

厚生閣に戻ると、この社からは前本一男の編輯で、『月刊文章』が昭和十年から昭和十八年まで刊行されている。これは「昭和十年代の文学者と文学状況をいかに如実に伝える興味深い雑誌であるか」と曽根氏は言い、その完全な書誌の作成を企図していると述べている（未完成に終わったようだが）。ちなみに、故大屋幸世氏も『蒐書日誌一』（皓星社、平成十三年）の中で、『月刊文章』を七〇冊位蒐めた、と書いている（一九八五年時点で）、ただ、氏も書誌はまとめていないようだ。この雑誌は私も以前、古本で、二、三冊は入手していたが、今は一冊しか手元になく、残念である、こ

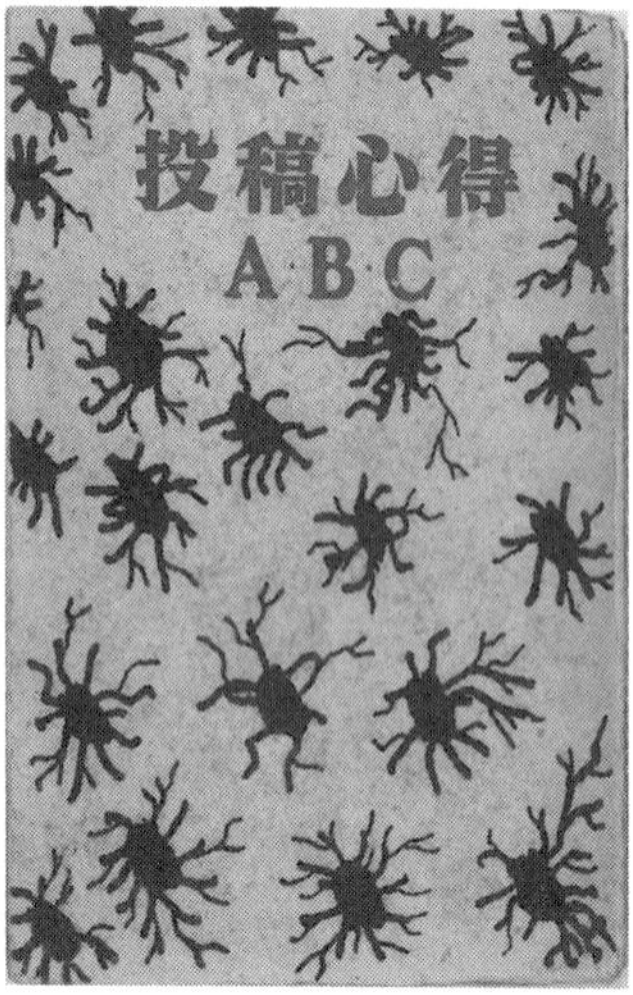

れと内容的に似た（？）雑誌に『懸賞界』（桜華社出版部、小谷実編集）があり、こちらなら昭和十三年と十四年の各一冊を入手して持っているのだが。基本的には投稿雑誌なのだが、例えば後者には、宇野浩二、福田清人、矢田津世子、矢崎弾が、本にまつわる文章を寄せている。私はたまたま同社から出た『投稿心得ＡＢＣ』という文庫本（昭和十四年十四版）も入手している。当時、いかに投稿が盛んだったか、がうかがわれる。

なお、厚生閣は戦時企業整備により、恒星社と合併し、恒星社厚生閣を設立。専門書中心の出版社として現在も活動している。

（二〇二一年十二月三十日）

（追記1）　一冊の『月刊文章』を読む

後日、ヤフオクに、前述の雑誌『月刊文章』（昭和十四年三月号、編輯者・志賀正路）が一冊だけ、安く出ていたので、友人に頼んで入札してもらった（そんなスマホ操作もできない私です……）。幸い、競争者もいなかったようで、私の元へ無事届けてもらった。まず目次頁を開いてみて、その内容の充実ぶりにいささか驚く。随筆欄には、戸川秋骨や石黒敬七、次に窪川（佐多）いね子の「わが文学修業」、福田清人の「作家の文章」、瀬沼茂樹の「文章から見た現代作家」などが並んでいる。波多野完治の『ルビ廃止の実践』も面白い。

波多野氏によれば、このルビ廃止の声が知識人の間で高まり、実際に多くの少年少女雑誌は二月号（昭和十四年）からルビ廃止になったと言う。確かに、私も明治、大正、昭和初期の小説や詩など、今から見ると、ルビがあるためかえって読みにくいと思うことが多い。ただ、氏は学年別雑誌を具体的に比較してみると、ルビをなくしても高学年になるほど、紙面がかたく見える、なぜなら漢字の数が一行に多くなるからだと。ルビを廃止して、しかも紙面を柔らかくする方途を探っている。大人向けの雑誌や単行本はどうなのか、は残念ながら言及されていない。

いずれにせよ、昭和十四年は、活字文化の過渡期に当っているかもしれない。ルビの廃止は日本の出版史の上でも案外見逃されているテーマではなかろうか（例えば、読者がルビ廃止をどう受け止めたか、といった調査や研究は行われているのだろうか）。

ルビといえば、私が昔、創元社在社中に担当した由良君美先生の『言語文化のフロンティア』（後に、講談社学術文庫に入るも、絶版）の中に、「ルビの美学」が収録されている。ルビ廃止論とは逆に、日本語の伝統と、漢字とルビの関係の面白さを考察したユニークなエッセイである。古本でもし見つかれば、ぜひ一読を勧めたい。学術文庫の方には寿岳文章の興味深い解題も付いている。

さらに、伊藤整の「小説作法」第一話が始まっている。読んでみると、伊藤整が北海道から上京して飯倉片町の庭師の家に下宿していた折、梶井基次郎もそこに下宿していた（このことは別稿にも書いた）。談笑した折の梶井の話しぶりは大へん魅力的で、いい声で楽しそうに語り続けたそうだ。その頃、春山行夫編集の『詩と詩論』が創刊され、梶井も小説として書いた「桜の木の下で」が散文詩風に組まれて載ったという。その小説を書く前に伊藤はその話を梶井から直接聞いており、いい作品になりそうだと興奮した。ところが小説を読んでみると、梶井が話したときのような滋味が失われており、がっかりした、と書いている（むろん、凡作では決してなく、美しい幻想を散文に描いた谷崎の「母を恋ふるの記」に匹敵する小説と断っているが）。

こういう実際の体験を交えた「小説作法」なら、連載全体も読んでみたいものだ、と私は思った。それからしばらくして、「街の草」に出かけた折、積まれた本の山の中から伊藤整の『文学の道』（南北書園、昭和二十三年）というシンプルな装幀の評論集（？）が出てきたので、中身をのぞいてみると、目次の初めに「小説作法―第一話から第九話」が出ているではないか。これはひょっとして！と思って、「後記」を見ると、本書はやはり、『月刊文章』に連載されたものと、同書店刊行の『文章講座』などに書かれた「小説文章の研究」などを合わせ、昭和十四年に厚生閣書店から『私の小説研究』として出したものを改題した再版本であった。喜んで買ったのは言うまでもない。本書は伊藤整の評論集の中でもあまり知られていないのではないか。

次に創作欄には、田畑修一郎の短編、「花近く」、平川虎臣の「興之助の夢」、それに十和田操の「夏目斑夫人」の第二回が掲載されている。このうち、田畑（明治三十六年〜昭和十八年。四十一歳で急死）は阿佐ヶ谷系のマイナーな作家だが、『鳥羽家の子供』、『乳牛』（以上、砂子屋書房）などで評価され、文学好きの古書ファンには割に知られている作家だ。全集は冬夏書房から三巻で出ているのだが、未だに文芸文庫にも入っていない。ただ、二〇二一年、山本善行編で、『石ころ路』（灯光舎）がやっと出版され、好評のようである。私も以前から興味はもっているが、なかなか古本でも高価で入手できず、殆ど読む機会がなかった。「花近く」は五頁の掌篇で、すぐ読めたが、これは主人公（おそらく田畑自身だろう）がふと思い立って、東京から大阪近郊の小さな家にやってきて自炊暮らしをしていたときの身近雑記のような話であった。ただ、私にとってうれしかったのは、冒頭にわずかだが、あの、戦前道頓堀にあった天牛書店が出てきたことである。主人公が大丸を出て、心斎橋筋を南に歩いてゆき、「木岡は道頓堀を東に、市電の線路を越えたところにある天中といふ、大阪にはめづらしい大きさの又本もたっぷりとしてどこかに古雅な匂ひさへする古本屋に入ると、小一時間棚を眺めて、求めた二三冊を風呂敷で手に提げると、今度はいくらか邪魔になるステッキを右に持ちかへ、左に持ちしながら、又同じ路順をひきかへして行った」（傍点筆者）と。

おそらく名物店主、天牛新一郎もそのとき店に居たかと想うと、楽しくなる。

実は丁度、本稿を執筆中に、関西随一の女性古本者、Kotetsuさんのツイッターに令和四年の収穫の一つとして、『田畑修一郎全集』全三巻（冬夏書房、昭和五十五年）の書影が画面にあがっていた。こういうマイナーな作家の全集まで入手されているとは、やはり只者ではない。私は思いついて、「花近く」が全集に入っているかどうか、尋ねてみた。すぐに、一巻に入っています、とのお返事をいただいた（感謝！）。私はこれはごく小篇なので、ひょっとして全集未収録かも、と思っていたのだが、浅はかであった。相当完璧な全集なのかもしれない。

さらに十和田操も私が前から注目する独特のユーモラスな文体をもつ作家である。引っ越し前は『判任官の子』（赤塚書房、昭和十二年）を裸本ながら持っていたし、『十和田操作品集』（冬樹社、昭和四十五年）は今も保存している。「おみやげ飛行」「屋根裏出身」「二階のない学校」など……タイトルだけで、引きつけられるではないか！

それで、連載第二回ながら、この機会に読んでみたが、これはどうやら、雑誌社に入った主人公と、その先輩の同僚編集者、タイトルの夫人との関係を中心とした物語のようで、面白そうである。前述の『作品集』で調べてみると、本書には収録されておらず、巻末の「解題」には、「『月刊文章』、昭和十四年二〜十一月号所収」とあった。十回連載だった由。私は、又々神奈川近代文学館にコピーを依頼して送ってもらったところだ。これからゆっくり読むつもりである。和田は「或る記念写真」など、あと二篇『月刊文章』に発表している。巻末の投稿作品は散文を高見順、詩を百田宗治が選評している。

以上、ごく一部を紹介したにすぎないが、こうして見ると、『月刊文章』は曽根先生が書かれたように、文章作法の解説や読者の投稿をベースにしながらも、より広く文芸雑誌としても展開していった雑誌だったのだと納得するのである。今後、ぼちぼちとでも『月刊文章』を探求したいものだ。

（二〇二二年十二月三十一日）

（追記2）「花近く」の自炊生活の場所が判明する！

（追記1）を書きおえてから二カ月程たった二月の厳寒の日、帰宅すると、桜美林大学文学会の編集人、藤澤太郎氏が学生たちと造っている文芸誌『言葉の繭《まゆ》』第五号が届いていた。ご縁ができて、私にも毎号贈って下さっている興味深い雑誌である。今までの号には、古書店「街の草」の加納成治氏や「善行堂」の山本善行氏も寄稿している。他にも藤澤氏の山之口貘についての力作評伝を始め、知られざる文学者の評伝や本にまつわるエッセイが満載だ。

早速目次をのぞくと、今回、「特集　文学環状線」の巻頭に、中尾務先生がサブタイトルを「田畑修一郎断想」とする二十三頁にわたる文芸エッセイを載せているではないか。私も『月刊文章』所収の田畑の小説にわずかだが触れたところなので、グッドタイミングだ！と思った。その夜、すぐに一読したのは言うまでもない。実に面白い。

今回は、同人誌『街』の文学仲間だった坪田勝の妹、松岡八重子と田畑の秘められた恋のいきさつを様々な資料を駆使して綿密に考証し、推理したもので、いつもの中尾節でぐいぐい読ませる（いよっ、名探偵ここにあり！）。仲間の小説家、寺崎浩も同一女性に恋していたが、田畑に譲ったのだという。詳細は原文を読んでいただくほかないが、私がとくに注目したのは、田畑が八重子との関係を素材として書いた短篇を全集から十篇あげており（その一部を引用している）、その中に「花近く」も含めていることだ。さらに年譜などから、田畑が滞在して自炊生活をおくった場所や年月も特定している。それによると、一九三八年（昭和十三年）十月中旬から二十日余りの期間であり、場所は兵庫県川西市南花屋敷の南、加茂のあたりだったという（恐るべし！　中尾探偵）。
私もこの事実を知って、「花近く」の主人公＝田畑がそこから阪急電車に乗って梅田へ出て、地下鉄（昭和八年開業）で心斎橋まで行ったのだろう、などと想像をふくらませたのである。中尾先生の一文を読み、私も今後、田畑の小説を探求してもっと読みたいものだと思わせられた。

（二〇二三年二月十七日）

（付記）　前述のルビ廃止論の件だが、後日、中島俊郎先生から有難くいただいた論集『向日庵』6号（二〇二三年三月、向日庵発行）の中で向日庵理事の長野裕子さんが「寿岳文章の書物愛」という三十頁にわたる興味深い論考を発表している。本書によると、山本有三は昭和十三年に岩波書店から出した『戦争と二人の婦人』において、初めてルビを一切使用しない試みを行なった。丁度、その本のあとがきで山本有三が提唱した「ふりがな廃止論」をめぐって、雑誌新聞などに発表された一四二名（！）の記事を集めたという白水社の本『ふりがな廃止論とその批判』（昭和十三年）が紹介されており、その執筆者の一人、寿岳氏が印刷面の美醜の視点からルビの問題を論じているという（傍点筆者）。また、その本に収録された印刷工の視点から論じられた文章も紹介している。私のかつて担当した由良君美先生の前述の本からも引用されており、うれしく思った。
なお、中島俊郎先生も「『絵本どんきほうて』の形成」を書いておられ、広い視野から論じられていて、大へん読みごたえがある。

（追記3）関井光男氏の解題より

ところで、『彷書月刊』『国文学』などに蒐書した本に基づく興味深い古書エッセイをよく書いていた関井光男氏は、近畿大学教授であったが、柄谷行人とともに近大の運営体制を批判して辞職し、平成二十六年、七十四歳で心疾患のため自宅で急死している。専門は坂口安吾と太宰治研究だったそうだが、それだけでなく、日本近代文学の古書の稀書、珍書の膨大な蒐集家としても知られ、山口昌男と対談して互角に渡り合える程の実力ある研究者だったと思う。

その関井氏のウィキペディアでの著作を見ると、その中に、ゆまに書房から平成七年に出た『日本モダニズム叢書』中の『現代の芸術と批評叢書』の編集、監修の仕事があった。それで、私は急いで神奈川近代文学館に、関井氏の序文（解題）部分のコピーをお願いした。本文は「春山行夫のモダニズム文学運動」と題する十二頁にわたるもので、前述の曽根先生の論文を補足、補完するものであろう。

ここでは簡単に、私の注目した箇所だけ列記するに留めよう。

春山のエッセイ「第一書房のころ」によると、昭和三年に厚生閣書店編集部に入社した頃は「編集部は春山行夫一人で、ほかに校正係一人と営業一人、倉庫係二人ぐらいの少人数の出版社であった」という。社主の岡本正一は根っからの商人で広告は書かず、毎月出る新刊書、四、五冊の編集や広告は春山がひとりで担当し、『詩と詩論』は帰宅してからすべて自分でやっていた、と証言している。編集者が一人だけというのは事実だったのだ。『詩と詩論』を創刊したのが、二十六歳のときというから、驚くべき才能である。関井氏はこのように「春山行夫の仕事ぶりはすさまじいものがあった」と記している。春山は『詩と詩論』第八冊発行後、健康上の理由で退社しているが、それももっともである。

厚生閣は麹町三番地にあったという。単行本の叢書の第一回刊行書、堀辰雄の翻訳『コクトオ抄』、安西冬衛の『軍艦茉莉』、春山の『楡《にれ》のパイプを口にして』は昭和四年四月に同時に出たが、原稿を依頼してから各々五ヶ月程で本にしたというから、猛スピードで進めたものだ。著者も全面的に協力したのだろう。

春山によって書かれた安西の前述の詩集、上田敏雄詩集『仮説の運動』、北園克衛詩集『白のアルバム』の広告コピーも各々引用されているが、ここでは省略しよう。各々が二十世紀の文学革命のマニフェストになっている、と言う。

叢書の復刻に際しては、北川冬彦の『戦争』のみオビも付けたが、他の本はオビが蒐集できず付けなかったと言う。オビも春山が作成しているから、あれば貴重な資料となろう。

なお、この叢書のPR用に作られた十四頁の小冊子も関井氏は入手して紹介しており、古書蒐集家としての面目躍如たるものがある。

関井氏には様々な編著があるものの、単著は一冊も出ていないという。これはまことに残念なことだ。私は元編集者として、関井氏があちこちの雑誌に書かれた面白い古書エッセイ、評論などをまとめて、曽根先生の本のような一冊が出来ないものか、と夢想しているのだが……。賛成してくれる編集者が誰かいないだろうか。

（二〇二二年五月八日）

関井光男「トポスとしての東京地図」から

そういえば、と私は最近どこかの古本展で見つけて手に入れた『國文學――解釈と教材の研究』（平成三年十二月臨時増刊号）の「近代日本文学東京地図」特集の巻末に関井氏が十一頁にわたって書いていたことを思い出し、積ん読であったのを急いで取りだし、読んでみた。期待にたがわず、実に面白い。

「トポスとしての東京地図」という総題で、明治初頭から昭和初期にかけて変貌を重ねてきた東京の空間、二十カ所を取り上げ、各々六五〇字余りの短い文章の中に、その建造物がトポスとなる社会的、文化的背景を記すとともに、そこを描いた文学者たちの作品を二、三作も引用して紹介している。なまなかの学識ではとても書けないものだ。取り上げているトポスの一部をあげると、日本橋、丸善、帝国ホテル、服部時計店、資生堂アイスクリームパーラー、三越デパート、帝国劇場、カフェ・プランタン、メゾン鴻の巣、東京駅、アテネ・フランセ、カフェ・クロネコ、などである。これらから珍しいものを少しだけ再引用しておこう。

「丸善」は明治二年、「丸屋」名で日本橋通りに開店した。田山花袋の『東京の三十年』中の丸善体験――モーパッサンの短篇集を発見した喜びを語った――は比較的知られているが、近松秋江も

『別れたる妻に送る手紙』の中で、本を「丸善から買って抱えて帰る時には、電車の中でも紙包を破いて見た」と書いている由。「資生堂～」では、まず初めに安藤更生の『銀座細見』（春陽堂、昭和六年、後に中公文庫に入る）から、昭和初頭の店の風景を描いた文章を引いている。「疲れた宿酔いのやうな、倦怠と飽きもしない喧噪　孔雀のやうなマダム達　資生堂に朝の茶啜る心地よさ」と。

　アイスクリームが日本に入ってきたのは明治初頭だが、資生堂のパーラーが開設されたのは昭和三年。寺田寅彦の随筆「ギンザ」中に「ヴアニラの香味が何とも知れず、見たこともない世界の異国への憧憬をそゝるのであった」という一節があるという。

「三越デパート」では、まず大正三年に三越呉服店から出た珍本『文芸の三越』が紹介される。三越が十二種の文芸を広く一般から募集し、その入選作を収めたものである。実は私も昔、大阪のデパートの古書展で本書を珍しくドキドキして掘り出し、そこに収録された松村みね子の小説「赤い花」を旧著『古書往来』中の「豊田三郎と紀伊國屋出《ママ》版部」の追記で紹介したことがあり、懐かしい。これも金欠の折、売り払ってしまい、今は手元にない（つくづくバカである……）。関井氏はさらに、与謝野鉄幹の歌集『相聞』から、「三越の赤き目ぞ泣く石屋根に春雨ふれば旗ぬれて立つ」を引用し、「この三越の旗は、大正期に近代デパートの象徴として一世を風靡した」と結んでいる。

「カフェ・プランタン」は画家の松山省三が明治四十四年四月、銀座の並木通りに開店したカフェで、大正期の著名な小説家、画家、役者たちが多く集まった有名な店である。この項でも、資生堂編輯の『銀座』所収の生田葵の随筆「其の頃のプランタンの燈」からその内部空間を紹介している。それによると、天井を貫いて白漆喰で塗られた太い鴨居があり、そのうえにいろいろな似顔絵が描かれていた。反歯を見せた永井荷風、小山内薫や左団次、猿之助などの顔があり、それから他人には判らない文句、即興詩のようなものが記された半紙が数多く壁に貼りつけられていた、という。

最後に取り上げた「カフェ・クロネコ」は銀座に昭和二年開業した。カフェ・ライオンやタイガーと並んで人気のあった店である。

氏はこう書いている。「帝国ホテル紛いの新奇な建物であったが、珍妙な店内が評判を呼んで新劇俳優や小説家が集まり、昭和四年に雑誌『クロネコ』を創刊。詩人の下田惟直（筆者注・詩集に『胸より胸に』『永遠の瞳』交蘭社がある）が編集し、朔太郎や足穂などが寄稿したが、その後、廃業した」と。

この『クロネコ』も希少雑誌だと思うが、関井氏はおそらく架蔵していたのだろう。怖るべし、関井先生！

他にもいろいろ引用したいのはやまやまだが、そうもゆくまい。ご興味をもたれた読者はこの『国文學』のバックナンバーに当ってみられることをお勧めします。

（二〇二一年七月五日）

八　椎の木社と『椎の木』探索——百田宗治と同人の詩人たち

椎の木社のあらまし

前章での曽根先生が今後の探究の課題とされていた出版社のうち、とくに椎の木社については、その後研究者によるまとまった論文や評論が出ているのだろうか。私は不勉強にしてよく知らない。少なくとも単独の著者による単行本や百田宗治の評伝もまだ出ていないのではなかろうか。私もむろん、新しい資料など何ももち合せてはいない。椎の木社から出ていた詩誌については手元にある『近代文学雑誌事典』（至文堂、昭和四十一年）——明治、大正、昭和にわたる文学史上、重要な雑誌について書影に簡潔な解説を加えた便利な本で、私も時々利用している——に次のようにある。

第一次『椎の木』は百田宗治の編集で、大正十五年〜昭和二年まで月刊で発行された。三好達治、丸山薫、伊藤整、阪本越郎、滝口武士、高祖保、左川ちか（第三次から）、江間章子（第二次から）らが執筆、犀星や朔太郎、西脇順三郎も寄稿した。第二次の『椎の木』は阪本越郎が発行、昭和三年〜昭和四年まで。第三次は再び百田が発行し、昭和七年〜十一年（六月号まで確認）まで出している。最盛期には六、七十人の同人が参加したという。

阪本越郎に「『椎の木』の人々について」（『詩学』昭和三十六年九月号）という回想記がある。『椎の木』はとくに百田の新旧や詩派にとらわれない、広い視野による編集が高く評価されているようだ。

椎の木社刊行の図書については、例えば扶桑書房が平成二十二年に発行した古書目録、〝近代詩特集号〟に一部カラー書影入りで六十一冊があげられているが、抜けている本も少々あるようだ。

モダニズム文学の資料に大へん詳しい石神井書林あたりが協力すれば、完全な刊行目録が出来上るのではないか。参考までに、これらの本のうちで、世によく知られているものを少しだけ、列挙しておこう。

伊藤整『雪明りの路』——本書は伊藤がまだ札幌の中学教師だった頃、『椎の木』創刊と同時に同人となり、自費出版でつくったものを百田が発行所を引受けたもの——、『イカルス失墜』、百田宗治『何もない庭』『偶成詩集』、三好達治『南窗集』同、短歌集『日まはり』、安西冬衛『渇ける神』、春山行夫『スタイン抄』、高祖保『希臘十字』(限定七十部)、西脇順三郎『Ambarvalia』、室生犀星『故郷圖絵集』『鐵集』、ジェイムズ・ジョイス、左川ちか訳『室楽』などなど。とくに、西脇の詩集は百田のすすめで昭和八年に出された、日本近代詩史上、画期的なモダニズムの詩集であり、椎の木社の大きな功績であろう。西脇は百田とは昭和二年に知り合い(三十二歳時)、昭和五年から『椎の木』に度々寄稿している。椎の木社の本は大体が一〇〇〜三〇〇部の限定出版で、装幀は白地に文字だけのシンプルなものが多い。

三好達治『南窗集』表紙

こうして見ると、すべてが現在では稀覯本で、古書価も高い本ばかりである。私など、一冊、西脇順三郎の戦後の復刻本を以前持っていたにすぎ

ない。本稿執筆後、目録で複刻版の三好達治『南窓集』（冬至書房、昭和五十五年）を安く見つけ、記念にと入手した。本文和紙の瀟洒《しょうしゃ》な造りである。

椎の木社の実態については、私が以前は持っていた百田の随筆集『路次ぐらし』（厚生閣、昭和九年）や『爐辺詩話』（柏葉書院、昭和二十一年）などに出版にまつわる回想も出ていた記憶があるが、それが椎の木社についてのものだったかは、今は覚えていない（全く肝心なときに役立たない、わが蔵書である）。百田が独りで本を造っていたのだろうか。殆どが自費出版だったのか。それとも、室生犀星、西脇の本などは企画出版だったのか。椎の木社から本を出した詩人たちの回想エッセイがあれば、いくらかは分かるだろうが、もはや私の能力の手に余る。

『椎の木』同人、北村千秋、清水健次郎のこと

そういえば想い出したが、椎の木社から本を出した著者のお二人について、私は旧著で書いたことがあるのだ。お一人は、昭和八年にジェイムズ・ジョイスの翻訳『一片《ペニィ》詩集』を出した北村千秋であり、『椎の木』同人であった。私は『雑誌渉猟日録』（皓星社、平成三十一年）巻頭で「戦前大

阪発行の文芸同人誌『茉莉花《マツリカ》』探索」を二十七頁にわたって書いているが、――これは、自分でもなかなかスリリングな探索記になったと思っているので、未読の方はぜひ読んで下さると幸いです――この『茉莉花』の編集を手がけていたのが、三重県津市出身で、関西学院大英文科（寿丘文章の教えを受ける）を出て大阪市役所に勤めていた北村千秋なのである。昭和十六年四十三輯で終刊。『茉莉花』の実物は、昔、堺市立図書館でその一部を見ただけだが、おしゃれな表紙だったのは覚えている。

　戦後すぐ、京都の臼井書房から出ていた文化総合誌『人間美學』も北村氏が編集している（昭和二十三年十一月号、八号で終刊）。私はその後、尼崎の「街の草」さんから、貴重な北村の詩集『哀春詩集』（臼井書房、昭和二十三年）を手に入れ、今も大切に持っている。

　もうお一人は、淡路島在住の詩人、英文学者の故、清水健次郎である。清水氏は私の母校、大阪外国語大学英語科出身で、大先輩に当る。氏も戦前、早くから百田宗治に師事し、椎の木社から城越健次郎名で『雪のおもてに』（昭和七年）と『失ひし笛』（昭和十二年）を出している。私は旧著『関西古本探検』（右文書院、平成十八年）の中で「淡路島出身の女性歌人、川端千枝」を書いてい

るが、そのきっかけになったのが、昔は梅田の地下街にあった萬字屋書店――よく寄っていたので懐かしい――の均一台で偶然見つけた、清水氏の私家版詩文集『麦笛』に、川端千枝のことが書かれていたのを読んだことだった。この『麦笛』に、師事した百田宗治のことも書かれていて、旧著を読み返すと私は面白く読んだらしいのだが、今はこの本も手元になく（そんな本のオンパレードで、読者には全く申し訳ない……）、全く覚えていない。

清水氏は戦後、故杉山平一を顧問として今も発行されている実力派詩人が結集した詩同人誌『季』に淡路島から参加して、杉山氏も評価する数々のすぐれた英米の翻訳詩を発表している。私は『雑誌渉猟日録』で『季』でめぐり会ったすぐれた詩人たちのことを探索して紹介したのだが、そこで再び清水氏に出逢ったのである。氏は戦後、詩集『故郷《ふるさと》の藜《あかざ》』（尾崎書房、昭和二十三年）を出したが、本書に百田宗治の序詩をもらっている。私は本書も「街の草」さんから入手できた。氏は平成十二年に九十三歳で亡くなり、『季』で追悼号が出ている。

『椎の木』一冊を入手する！

次に、私がたまたま手に入れた唯一の収穫のことを報告してお茶を濁そう。

私は正直に言って、一般的にモダニズム詩はことば遊び的な要素が大きく、現実離れしていて難解だという偏った思い込みがあって（竹中郁、岩佐東一郎などは例外だが）、詩集そのものにはそれほど関心がなかった。私のような粗雑な頭脳では理解できない詩が多いからである（あの頭脳明晰な伊藤整でさえ、エッセイ「詩人の運命」で、「北園克衛の詩は最後まで理解を拒絶する」と書いている位だ。ましてや、私などには……)。ただ、古書ファンとしてはその造本や装幀には魅力があって興味があるし、詩誌『椎の木』がどんな雑誌かにも好奇心はもっていた。だが、石神井書林の目録など見ると、一冊で一万円近い値がついていて、とうてい入手できる代物ではなかった（神奈川近代文学館が大分所蔵しているそうだが）。

　ところが、昨年の十二月、山形県鶴岡市から毎月送ってもらっている阿部久書店の目録中に、ただ一冊『椎の木』（昭和八年七月号）を五〇〇円で見つけたのである。こりゃ注文が殺到するだろうから、たぶん当らないだろうなと思いつつ、急いで注文してみた。結果は幸運にも私のもとへ届けられ、その実物を初めて見ることができ、感激した（阿部久書店に感謝！）。

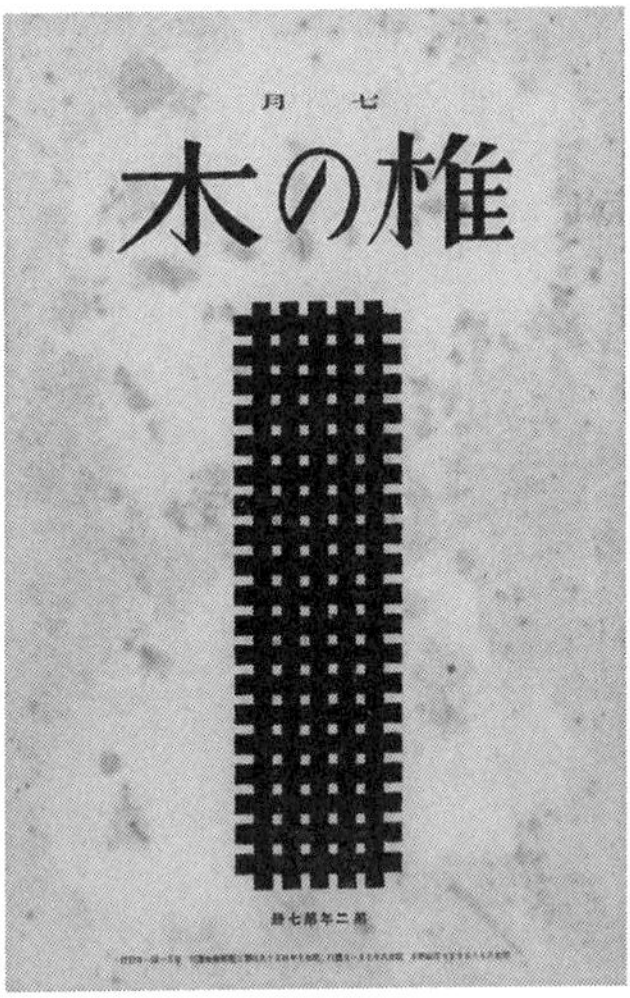

　表紙には、中央に板枠がタテヨコに重なり合ったような抽象的図案が描かれている（表紙は毎号違ったものなのか、他の号を見ていないので不明）。椎の木社の住所は、東京市中野区川添町四十六、奥付によると、東京では上方屋（金星堂の裏看板の卸し店）、銀座と新宿の紀伊國屋書店、京都でもそろばん屋、大阪の椎の木社支社で、一部三十銭で販売されていた。巻末には、春山行夫編集の『文

学』（厚生閣）、岩佐東一郎、城左門編集の『文藝汎論』、三才社の『ヴァリエテ』（野田誠三編集）の一頁広告が載っている。モダニズム関係の雑誌ばかりで、やはり編集人同士の横のつながりを想わせる（交換広告かもしれない）。

内容はまだざっと拾い読みした程度で詳しい紹介はできない。というか、詩作品については私にその能力がない。大部分は二段組みで三段組みの頁もある。佐藤朔（ヴィヨン特集のうち）、滝口武士、竹中郁、北村千秋（ジョイスの訳）、荘原照子——昔、この詩人の『マルスの薔薇』（昭森社、昭和十一年）を持っていたことがあるが、ろくに読みもせず、手放してしまった——、高祖保、春山行夫、阪本越郎を始め、当時のモダニズム詩人のオールスター勢揃いといった感のある執筆者の顔ぶれである。投稿による無名の詩人たちの作品も多い。

私には詩作品より、「書架」欄の書評集が面白かった。例えば伊藤整が井伏の『随筆』を、滝口武士が安西冬衛の『渇ける神』を、春山行夫が阪本越郎の『貝殻の墓』を各々書評している。伊藤はこう書いている。

「私たちは、よく氏の作風を愛好する読者が、井伏的な文章だとか、井伏的な表現だとか言ふのを耳にするが、それは決して氏が作り出し氏のみが持つている特殊な情趣を言ふのでなく、私たちが常々見たり、感じたりしてゐること、しかも私たちの粗雑な言語慣習が、それを捕捉して表現することを為し得ないことを、氏が特に氏の発想法に与へた柔軟さをもって表現してゐるその熟達さに感歎して発せられてゐる言葉なのだ」と。なるほど、そうなのか！と感心させられる。

また〝T・K・P〟なる仮名の筆者が「アクロバットの火曜日」というタイトルで、前月の全国の詩誌を取り上げ、短評しているが、おおむね手厳しいコメントが多い。例えば東西の『麵麭《パン》』を取り上げているが、「京都パン（筆者注・昭和七年六月創刊）は往年の『青樹』が歩いたタイプそのままの、延長でしかない。表面的な流行に敏感でありながら、足踏みばかりで一向進まない近代古典的都市・京都の、ミニマイズされた姿そのままである」などと。これは東京の詩人が京都詩人に抱く逆コンプレックスではなかろうか？　そして最後に「天野隆一にしろ、弥永宗一郎、荒木二三（文雄）、水町百窓、俵青茅にしろ、みんな一様に仲よく甘い」とも。私は関西人として、これらの詩人の詩の一部を読んだことがあり、なかなか面白かったという印象が残っているので、そうかな？と内心、抵抗を覚えた。とくに、神戸の水町百窓の『生活の一章』（詩之家出版部、昭和七年）はモダニズム詩集としてすばらしいと思ったものだ。「仲よく甘い」？　同人仲間から度々批判され、やる気をなくす例もよくあるのだから……。別に、いいことではないか、とも。このへんの事情は、私の旧著『関西古本探検』（右文書院、平成十八年、絶版）中の「天野隆一と関西の詩人たち」で十二頁にわたって書いている。

また竹中郁の『一家』――昭和八年四月発行、一号で終る。これはたまたま以前、神戸、花森書林で催された一箱古本市で神戸の詩人、季村敏夫氏提供の貴重なコピー製本を手に入れて持っている――を取り上げ、詩作品よりもエッセイや春山行夫の一文に心咬られたとしながらも、そこに所収の稲垣足穂の短篇にふれ、「『青い壺《つぼ》』は相も変らぬ空想遊戯で、遂《まこと》にこまりものだ」などと、現在の足穂ファンを怒らせるような発言も見られる。仮名というのは責任の所在が不明で、それこそ困りものである。他にも村野四郎の『旗魚』、大連の『作文』、『ポエチカ』『文学リイフレット』『冬の日』などなど。『文藝汎論』や名古屋の『青髯《ひげ》』に対しては好意的である。

編集人、百田宗治の時評風連載エッセイ「詩作法」も臨場感があって面白い（これは後に椎の木社刊で単行本になっている）。

最近続けて出席した四つの会（出版記念会だろう）、瀬沼茂樹君の『現代文学』の会、衣巻省三君の『パラフィンの聖女』の会、西脇順三郎さんの『ヨーロッパ文学』の会、萩原、室生君らの同人誌『生理』の会――の各々の印象を語っている。衣巻君の会は、珍しく社交的な集りで、婦人達の出席が多く、「若い新しい文学者総出の観があって、衣巻君の文壇潜勢力の豊かさが感じられた」と言う。この短篇集は、前稿でふれたように金星堂から、伊藤整の尽力で出されている。残念ながら、衣巻の小説は、現在、日本近代文学館などの所蔵書でしか読めない。文芸文庫あたりからの復刊が期待される神戸出身の作家である。版画荘文庫の一冊『黄昏学校』（昭和十二年、表題作と「へんな界隈」を収録）はたまに古本で見られ、私も幸い入手している（なお、校正中に、山本善行氏の編集で国書刊行会から作品集『街のスタイル』が出た）。興味深いのは、『ヨーロッパ文学』の会後の感想で、「今日の殺伐なモダニズム文学横行時代の作家や詩人の間に、も少し濃厚な芸術的雰囲気をつくり出すことは困難であらうか。あまりに「文学」的で在り過ぎて生活の享受といふ方面への熱意がむなしく拒否されてゐるのが現状である」と語っていることだ。現にモダニズム詩中心の雑誌『椎の木』を編集している百田の言葉だけに、複雑な心境ではある。以上、簡単に紹介したが、たった一冊の紹介にすぎず、全体像は近代文学研究者によるまとまった成果を期待するしかない。

（二〇二二年一月十日）

（追記1） 三岸好太郎の表紙装画と『椎の木』の詩人たち

私がたまたま入手できた『椎の木』を簡単に紹介してみたが、たった一冊だけでは、『椎の木』の一枚（いや、葉っぱ一枚か……）を見ただけで、森全体を見たことにはならないなと反省し、せめてもう少し追究しようと思った。それで、『椎の木』原物をかなり所蔵しているという神奈川近代文学館に問合せて、昭和七、八、九、十、十一年の各々一月号の表紙（カラー）と目次のコピーをお願いした。続いて、その目次から少しだけ詩作品や随筆なども……（中途半端な探索で、読者には申し訳ない）。

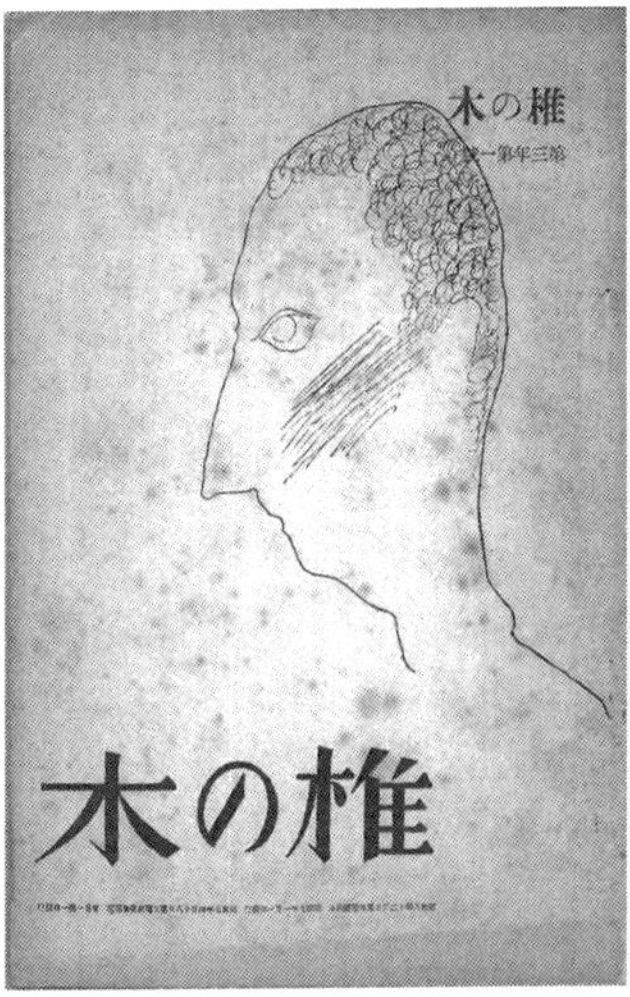

（神奈川近代文学館蔵）

届いた表紙を見ると、昭和九年一月号以外は、渡辺一夫がよく装幀に使っていたような、西欧中世の人物の古版画が使われている。シンプルだが、味のあるものだ。本文にも、同様なカットがあちこちにある。ところが驚いたことに、昭和九年一月号の表紙を見ると、西欧人っぽい人物の横顔の素描が大きくあしらわれていて、目次をよく見ると、「表紙素描　三岸好太郎」とあるではないか。三岸は私も大好きな画家だが、展覧会図録などでもこの素描は見たことのないもので、一つの発見であった。

周知のごとく、三岸は昭和九年三月、独立展に「海を渡る蝶」や「海と射光」など、シュルレアリズム絵画として有名な作品七点を出品している。私が三岸の中でももっとも好きな作品群だ。その後、妻、節子と「貝殻旅行」と称して関西へ旅行に出かけ、七月一日に立ち寄った名古屋の旅館で急死している（享年三十一。若すぎる！）。その年の一月号に素描が載ったのだから、百田はその少し前に表紙画を依頼したのだろう（描き下しでなく、手もちの作品かもしれないが）。三岸は素描集『蝶と貝殻』で詩も書いているから、どこかで百田と接触があったのだろう。例えば、速水豊氏（現・三重県立美術館館長）のユニークな著作『シュルレアリスム絵画と日本』（ＮＨＫブックス、平成二十一年）中にある、三岸好太郎の項によれば、三岸は当時活躍中の美術評論家、外山卯三郎と親しい交流があったという（二五七頁）。その外山も百田も、金星堂からシリーズ本を編集して出しているのだ。そんな人脈からも接触の機会は充分あったと思われる。

私は神奈川近代文学館の資料課の女性の方に、表紙全体のことを尋ねたところ、大体、雑誌の三号ずつ位は同じ装画が使われているが（恩地孝四郎のも、何号かあるという）、この三岸の装画だけは、一号から七号まで同じものだと教えてもらった。百田が三月の独立展の「蝶と貝殻シリーズ」を見て、余計に気に入り、七号まで掲載を延長したのかもしれない。ここにも、当時のモダニズム系詩人・編集者と画家との交流がうかがわれる。

※　※　※

前述の、百田宗治と三岸好太郎、そして外山卯三郎の関係について、私はもう少し詳しく知りたいと思っていた。それで、ある時、何げなく外山卯三郎の著作を「日本の古本屋」で検索していると、札幌市にある角口書店出品の『生誕一一〇年　三岸好太郎展』図録、が八百円で出てきた。タイトルの次に、「外山卯三郎とカンディンスキー」ともある。これは何か臭うぞ、と思い、早速注文した。

送られてきたのを見ると、地元の北海道立三岸好太郎美術館、函館美術館発行（平成二十五年）、六十四頁の図録で、表紙は私の好きな「雲の上を飛ぶ蝶」、裏も「海と射光」の部分図版が全面に使われており、一見して気に入った。

中身も、次々と作風が変貌してゆく三岸の作品が生涯（三十一歳で死去）の年代順に多数収録されており、さすがに地元の美術館だけあって、今まで未見の絵（例えば札幌の風景画）も含まれている。巻末には解説として前者の学芸員、苫名直子の

「三岸好太郎と道産子スピリット」と後者の学芸員、柳沢弥生による「三岸好太郎への影響――外山卯三郎とカンディンスキー」が載っている。前者では、三岸の異父兄に子母澤寛がいることを初めて教えられた。この事実はあまり知られていないのではないか。

私は早速、後者の柳沢氏による二段横組み三頁の解説を興味津々で読み、いろいろと知らなかった事実を教えられたので、ごく簡単に紹介しておこう。

三岸は、第三回独立展（昭和八年）で、「花」や「オーケストラ」を出品しているが、それらがカンディンスキーの初期作品のモチーフとよく似ているという。このカンディンスキーの日本への紹介者の一人が、美術評論家の外山卯三郎（明治三十六年～昭和五十五年）であり、刊行した数々の美術理論を説いた書籍でカンディンスキーの色彩論を度々紹介している。三岸はこれらの書籍から影響を受けたようだ。

そして外山の略歴も紹介しているが、それによると、和歌山の出身で、北海道帝国大学予科に進み、在学中、ダダイズムなどの前衛芸術に傾倒した。やがて京都大学で美学美術史を学ぶ。その後美術評論家として活動し始め、独立美術協会の理論的擁護者でもあった。三岸も独立展の最年少創立会員であり、二人はその創立の一九三〇年頃から交流をもつようになった、とある。二人は三岸が亡くなるまで交流があり、三岸晩年の貴重な『筆彩素猫集　蝶と貝殻』（昭和九年、限定一〇〇部、素描十点の凸版墨刷りに各々手彩色）の出版にも外山は全面的に協力したという。これも初めて知る事実だった。註を見ると、この二人の交流のことは、『北海道立近代美術館紀要』（平成十三年、平成十八年）に載った同学芸員、佐藤章宏の「カンディンスキーと日本（1、2）」に詳しく書かれているらしい。その外山氏が金星堂編集部に招かれ、そこから『新構図法の研究』など多数を出しており、同時代に百田も金星堂の出版に関係していたのだから、そのへんで自ら、何かの機会に三岸氏とも知りあったことは容易に想像がつくのである。もっとも、百田が独立展の三岸作品を観て高く評価し、直接アプローチした可能性もあるのだが。

さて、送ってもらったわずかな本文の記事の中から、私がとくに注目したものを簡単に紹介しておこう。昭和七年一月号に、阪本越郎が「梢の追憶　第二次椎の木について」を載せている。第二次『椎の木』は、伊藤整、丸山薫、半谷三郎、乾直恵らと昭和三年十一月号から昭和四年九月号まで出したが、「この発行所は仮りに僕のところに置いたが、『椎の木発行所』として『椎の木社』とはしなかった」と証言している。そして主な執筆者などを概観しているが、目立った収穫として、昭和五年五月号にシュルレアリスム研究として、そのアンケートを広範な分野の文学者に実施して回答を得たことをあげている。また余談として、当時阪本氏の家の近くの麻布狸穴《まみあな》の植木屋の二階に、北川冬彦が仮寓しており、その同じ二階に伊豆から帰った梶井基次郎も住んでいた（梶井は伊豆で川端康成の『伊豆の踊子』の校正もやったという）。後に三好達治も北川と隣り合って居たことがあった。この三人が去ってしばらくして、北川冬彦の紹介で『雪明りの路』の若い詩人、東京商科大学に通う伊藤整が移ってきたという（筆者注・最後の証言は阪本氏の記憶違いだろう。伊藤整の『若い詩人の肖像』では、伊藤は、北川・梶井としばらく同居していた様子が生き生きと描かれている。「青空」の同人仲間もそこへ来ていたようだ）。堀口という植木屋の主人も文学好きで、文学者に部屋を貸すのを喜んでいた。「兎も角、この植木屋さんの二階はこれら新らしい作家たちを育んだ巣であったのだ」と述懐している。どうも〝文学者が文学者を呼ぶ〟環境というのがあるらしい。彼らが集まると、さぞ文学や出版の話で盛り上がったことだろう（筆者注・その近くの谷底に島崎藤村の二階家があった）。

同じ昭和七年一月号から始まった百田宗治の連載「詩作法」は次のように書き出されている。

「『椎の木』をまた出す（筆者注・第三次）といふ考へは、殆んどそれこそ天来《アンスピラシオン》のやうに僕の上に来た。こんなことはまるで考へもしなかつたのである」と。そして「雑誌を出すといふことは一つの病気のやうなものかもしれぬ」と吐息している。続けて、本号に結集した詩人たちの名（殆ど第一次、第二次の同人たち）を挙げていく。さらに新たに参加した同人も挙げられるが、その中にまず雑誌『野獣』の同人、三浦隆蔵の名があったので、私はアッと驚いた。

モダニズムの同人誌『野獣』を見つける！

実は数年前、元町の花森書林で、棚の前に積み上げられた古い雑誌の中から、この『野獣』創刊号（昭和六年九月発行）をその表紙のシュルリアリスム風の装画にいたく魅かれ、思わず入手していたからである。表紙の画家、狩野晃行も同人の一人で、口絵の白黒版「式根の景」も面白い。奥付頁によると、芹田廣海が編輯兼発行人で、三浦の他に同人は市村雄造、松下恒久、村上芳雄、沼木龍三、須形軌夫の八名だが、私には全く不明の人ばかりだ。各々が小説や評論を発表しており、ジョイス、エリオット、シットウェルの作品翻訳もある。一寸拾い読みしてみたが、なかなか難解な文章なので、積ん読のままであった。中に須形軌夫の短い「後期野獣主義樹立の主旨」があり、読んでみると、やはりシュルリアリスム志向の同人誌であることが分かる。須形によると、〝後期野獣主義〟を簡潔に定義すれば、構成、静穏、詩的精神、単純化、機械的な硬さをもつ、とされていて（箇条書きに一行ずつ並べているのを私がひとまとめにした）、まさに表紙の絵画がそれを具現化しているようだ。私は、これはモダニズム詩全般にもあてはめられる定義ではないか、と思った。

目次前の広告には、小林秀雄『文藝評論』（白水社）、厚生閣書店の『今日の文学』が各一頁、裏広告には伊藤整編集、金星堂の『新文學研究』三輯が載っている。これもおそらく交換広告であろう。『今日の文学』の目次中の詩作品の中に、神戸の詩人、水町百窓の名を見出して、思わずうれしくなった。『野獣』を入手直後に、私は神奈川近代文学館に所蔵を尋ねたところ、第三号（昭和七年一月号）のみある（近藤東文庫の一冊）とのことで、他の図書館や文学館でもないと言う（いつまで出たのかは不明）。これは相当貴重な同人誌だなとニンマリしたものである。

　それで、その表紙や口絵、目次、内容の一部コピーをお願いして送ってもらったのを今も持っている。目次を見ると、同人の他に春山行夫、近藤東、外山卯三郎も寄稿しており、なかなか充実している。裏広告には、外山卯三郎の『純粋絵画論』（第三書院）、ランボウ、小林秀雄訳の『酩酊の船』（白水社）、それに厚生閣の『詩と詩論』第十四冊が各々一頁とって載っている。後者の目次中の「エスキイス」の一文に、三浦隆蔵も「問題」を書いている。ただ、『野獣』の資料は入手しても読みこなしていないので、情けないことにこれ以上、内容を紹介する余力がない（と、逃げを打っておこう）。ともかく、貴重なモダニズムの同人誌を神戸の古本屋で入手できたことだけで私は満足している。昭和初期、神戸でも竹中郁、福原清、山村順を始めモダニズムの詩人の活動や岡本唐貴、浅野孟府らの前衛絵画運動があったのだから、それに関係した文学者や読者が保存していたのかも、などと妄想する（もし、モダニズム文学の研究者に求められたら、いつでも提供する用意がありま す〝笑〟）。

百田の文章に戻ると、一月号には作品はなかったが、「『亜』以来の吾らが古き友人瀧口武士を始めとして城小碓（筆者注・京都の詩人で、昭和二十五年、コルボウシリーズの一冊『ベーリングの歯人』を出した）」らも参加すると言い、さらに同人外では年来の親友、室生犀星を始め山内義雄、安西冬衛、春山行夫、竹中郁君などが寄稿を約束してくれている、などと述べている（事実、その通りになった）。同人は約五十名とのこと。なお、京都からは、安藤真澄や後の脚本家、依田義賢も参加している（なお、溝口健二監督映画の脚本を多数書いた依田義賢の詩人としての側面については、私の旧著『関西古本探検』で少し書いている）。

昭和八年一月号では、内田忠と室川創が各々昨年一年を回顧して「〈椎の木〉の作家」、「〈椎の木〉による人々」をまとめている。内田は椎の木社から『影のない樹木』『1と2』『左右』など、計九冊も出している人だ。第三次『椎の木』の生んだすぐれた詩人として、二人共、相木俊三と阿部保を取り上げ、コメントしている。二人の詩集は出ているのだろうか（後述）。左川ちかについては、「その地味な芸風は女流詩人中に於て白眉」、「枯淡までにはまだ遠いが兎に角熟練してゐる」などと評されている。たしか左川ちか（川崎愛）は、その頃まだ二十歳過ぎであり、地味な芸風とか枯淡とは、はてな？という気がするが。

高祖保については「最も老熟した筆法と、才気ある詩人として高祖保氏がいる。それは氏の博学と明朗な理知によるものだ」と書かれている。山村酉之助は「椎の木随一の言葉の魔術師」とコメントされている。椎の木社から『晩餐』や『美しき家族』などを出している大阪の詩人だ。山中富美子の評価も高く、「網の目のやうな言葉の草叢。感性の光に眼が痛い」などと評されている。

左川ちかについては、別号で小特集や追悼特集も編まれているが、ここでは私が平易で、比喩的表現が抜群に面白いと思った作品を一篇だけ紹介しておこう。

波

水夫が笑つている。

歯をむきだして
そこらぢゆうのたうちまはつてゐる
バルバリイの風琴のやうに。
倦むこともなく
彼らは全身で蛇腹を押しつつ
笑ひは岸辺から岸辺へとつたはつてゆく

我々が今日もつてゐる笑ひは
永劫のとりこになり
沈黙は深まるばかりである。
舌は拍子木のやうに単純であるために、
いまでは人々は
あくびをした時のやうに
ただ口をあけてゐる。

左川ちかは北海道余市町出身で、兄、川崎昇の親友である伊藤整（曽根氏の『伝記伊藤整』によれば、二人には秘められた恋があったのだそう）や百田宗治、春山行夫、北園克衛らと深い交流があったが、胃がんで二十四歳で亡くなっている。現在、急速に評価が高まり、『左川ちか全詩集』（森開社、平成二十二年）や紫門あさを編『資料集成』（東都我刊我書房、平成二十九年）なども続々出ている（後述）。私も遅ればせながら、もっと詩作品や散文も読んでみたいものだ。

楠田一郎、白崎禮三、藤村青一のこと

取り上げられた詩人の中に楠田一郎もあり、「古典の影に神秘の風が吹いている」などと評されている。楠田については、わが神戸の詩人、君本昌久が独りでやっていた蜘蛛出版社から、飯島耕一と鶴岡善久の熱心な勧めと作品蒐集の努力によって、『楠田一郎詩集』が数少ない企画出版の一冊として、昭和五十二年に出されている。その苦労したいきさつが君本氏の『蜘蛛出版九十九冊航海記』（平成二年）に書かれていて、興味深い。とくに、それまで明るいモダニズムの詩を発表していた楠田が、戦争前夜、『新領土』に出した連作詩篇「黒い歌」には衝撃を受けたと語っている。楠田は昭和十四年、二十七歳で夭逝している。この詩集は二、三度古本展などで見かけたことがあるが、残念ながら未入手である。

さて、昭和八年一月号所収の百田の「きれぎれの思ひ出」からも少し紹介しておこう。

その前に丁度、今読み進めている故曽根博義先生の新刊『私の文学渉猟』中に、短文だが、百田宗治の『愛の鳥』が紹介されている。それによると、百田は明治四十四年、弱冠十八歳のとき、氏が育った道頓堀にあった大阪の田中書店から、小型本の歌集『愛の鳥』を出した。

そこには早熟の官能的な歌が含まれている。引用されている五首から二首のみ、紹介しておこう。

月にそむき別れの接吻《キス》を交すときまたなく君の
艶なりしかな
くちびるのたゞれ果つまでくちづけてはるかの
海に月は落つ

宇崎純一のカット

いやはや、実にドキッとさせられる歌ではないか。

ちなみに、毎回、興味深く拝見している〝神保町のオタさん〟の最近のブログによると、氏も本書を所蔵しており、その見返しが宇崎純一のカットであることを発見している。後記に名前が出ているそうだ（後日、本書をオタさんから譲ってもらい、大いに喜んだ）。

なお、私はヤフオクで、百田が翌年の明治四十五年に同じ田中書店から出した小説集『春の貢《みつぎ》』を安く入手したが、百田の著作中、あまり知られていない本のようだ。唯一のこれも早熟の恋愛小説集である。

次に出したのが、百田が回想している第一詩集『最初の一人』で、百田二十三歳のとき、大正四年に大阪の短檠社から出ている。本書は古いあきつ書店目録にも出てこないので、相当な稀覯本だろう。装幀についての記述を引いておこう。「四六判よりやや小型の横幅のひろい本で、本文には手厚い画用紙を使ってある。表紙はいまでいふ佛蘭西風の紙表紙で」、「紙は透しの入った画簡箋のやうなものを使ひ、それをわざわざ淡黄色に染めたやうに記憶してゐる」などと。百田が若いときから、造本や用紙にも相当凝った人だったことがうかがえる。本文六十四頁。次号にも『最初の一人』にまつわる自伝的随筆を書く予定だそうで、ぜひ読みたいものだ（これは、後に実際には書かれなかったことが分かった）。

目次を見ていて、もう一人、アッと思ったのは、百田はコピーで読む限り触れていないが、白崎禮三の名が出ていたことだ。私の旧著『古書往来』に収めた「織田作之助、青山光二らの友情と〜（以下略）」の中で、青山のエッセイ集『懐かしき無頼派』（おうふう、平成九年）の一文、「白崎礼三のこと」に拠って一寸紹介していたからである。白崎は織田作の三高時代の同級生で、最初に織田作に文学的影響を与え、青山や瀬川健一郎らとともに同人誌『海風』を創刊した。織田作の自伝的小説「青春の賭け」にもよく出てくるが、織田作や青山の「恋愛や生活にあますところなく根気よくつきあった人物」（青山による）である。ただ、青山のエッセイによれば、彼には『椎の木』『嶽水会雑誌』『海風』に発表された二十数篇の詩があるが、しごく難解なものだという。せっかくの機会なので、三つ程コピーしてもらった中から比較的平易な一篇だけ引用しておこう。

ひく、昆虫のとびかふ湿地に水は陽炎ひ、みだれ生ひさかまき這ふ草々に、まどろみのやう、もの聲がよどみ、なま暖い風につれ、風のうちに苛々しく燃える律動のきしみ、さけびのやうに湖面を波うち、耀しいひと條の光はすべての水滴を射ぬいて、ひとしく木の葉は離れ、のがれると見えて燥きつめたく、在るがまゝに、幽なすがた、水は消えさり音なくて。

小説も二、三篇書いているのだが、青山に言わせると、「理解させるのが、だいいち、可能とも思われぬ作品」だそうだ。

白崎は例の『大事典』には立項されてないが、「コトバンク」に出ているのにはいささか驚いた。そこに大正三年、福井県敦賀市生れ。昭和十六年に再上京して「読物と講談社」に入り、二年間勤めた、とあるのは今回、初めて知ったことだ。青山のエッセイによると、氏は白崎の訃報を聞いて、東京から急いで敦賀の実家まで出かけ、母堂の話を聞いているが、彼の晩年の愛読書が作者不詳の『宮本武蔵』（吉川英治作でないもの）で、枕許に積みあげてくり返し読んでいたという。その報告を聞いて作之助も青山も首をかしげたと言うのだが、その雑誌社に勤めていたと知って、私はなるほどと合点がいった。雑誌をつくっていくうちに、いつのまにか感化をうけたに違いない。昭和四十七年に、青山光二と富士正晴編で、『白崎禮三詩集』が非売品で出ている。富士正晴の努力で作ったというから、富士氏はつくづく編集者としても奇特な世話をやいた人だと思う。この詩集も今は稀覯書の一冊であろう（最近の石神井書林目録に三万円位で出ている。あきつ書店では七万円！）。

後日、私は天神橋の天牛書店の百均コーナーで、南信雄『ふくいの文学』（福井県文化振興事業団、昭和六十三年）を入手した。その中に二段組みで二頁に満たないが、白崎礼三に言及した箇所を見つけた。これによると、白崎が生前発表した詩作品は全部で五十三篇という（『椎の木』には、二十四篇掲載された由。さすがに地元の研究者による調査は詳しい）。

そして、昭和十四年『海風』に発表された作品「白帆」を引用している。敦賀の実家で療養していた頃の作品という。平易な、いい詩だと思うので、ここにも再引用しておこう。

優しい影に包まれて
私はこゝに
どこか遠くにゐるやうだ

沖を悲しく白帆ゆき
波の音砕け　沈み　轟き

優しい影に包まれて
私はこゝに
どこか遠くにゐるやうだ

もう一人、私が注目したのは、藤村青一の詩作品が載っていたことだ。藤村青一については、私の旧書『関西古本探検』の「大阪の知られざる古い詩人たち」で、大西鵜《う》之介とともに割と詳しく紹介しているからだ。青一氏は兄の雅光氏とともに戦後すぐに大阪で不二書房を興し、詩誌『詩文化』を約二十冊発行、小野十三郎の『詩論』（改訂版）や安西冬衛の『座せる闘牛士』なども出版している。昭和八年に処女詩集『保羅《バウロ》』（近代の苑社）を出しているが、これは年代から見てモダニズム系の詩集であろう。さらに、昭和十五年に出した随想集『詩人複眼』（不朽洞）をたまたま今はなきクライン文庫（平成二十四年頃、閉店）で見つけ、紹介しているが、その序文を川柳の師、麻生路郎とともに百田宗治が書いているのである。『椎の木』時代に世話になった縁からだろう。

本書も引っ越しの折、手放してしまった。面目ない。なお、戦後はユニークな〝詩川柳〟集も出している。その後、雑誌『初版本』（人魚書房）四号の中で、加藤仁氏による藤村青一の主に戦前の詳しい評伝を読み、その調査ぶりにびっくりしたが、これも今は手元にない。

以上、全く不十分なものだが、『椎の木』の一、二本分ぐらいは紹介できただろうか。

（二〇二二年一月二十八日）

（追記２）外村彰氏の第三次『椎の木』複刻版解題より

いやぁ、参りました。前稿を書いている途中で、コピーの件で神奈川近代文学館の資料課の人とやりとりしていたら、すでに第三次『椎の木』の複刻版、全五十五冊（全三巻、別冊一）が平成二十九年に京都の三人社から出ており、外村彰氏による解題が四十六頁にもわたって付されているというではないか。外村氏といえば、私も以前、氏による評伝『近江の詩人 井上多喜三郎』（サンライズ出版、平成十四年）を楽しく読み、旧著『古書往来』で紹介したことがある気鋭の近代文学研究者であり、その後も『多喜さん詩集』（亀鳴屋、平成二十五年）を編んだり、『念ふ鳥 詩人高祖保』（亀鳴屋、平成二十一年）などいろいろ古書ファンに格好の本を出している資料発掘型のすぐれた研究者である。この複刻版のことは今まで全く知らず、うかつであった。ただ五万四千円もする代物である。モダニズム文学の研究者なら、必須の基礎資料としてムリしても購入するだろうが（いや、研究費で購入する手もあるかな？）、私は一介の古書ファンにすぎず、全体に目を通すエネルギーも、もはやない。それでもまたも、この解題部分のみ、コピーをお願いした。読者には、外村氏のこの労作を読んで下さいとお薦めするだけでもよいのだが、せっかく入手したので、せめて今まで私が言及しなかった事実だけでも簡単に補足して、責をふさぐことにしよう。

私は珍しく、コピーが届くやいなや、集中して二日程で読了した。一読して、やはり綿密で丹念な学者の研究にはかなわないな、と感嘆したものだ。

複刻用の原本は、前述でふれた詩人、阿部保氏が保存していたものを御子息が提供したものの由。初めに、次のように書き出されている。「昭和七年一月創刊、百田宗治（一八九三〜一九五五）主宰の第三次『椎の木』は、モダニズム系抒情詩の純化を志向した、一九三〇年代前半の詩的潮流を代表する詩誌のひとつである」と。「椎の木」という誌名は、芭蕉の『幻住庵の記』にある「先づ頼む椎の木も有り夏木立」から採られたという。これも初めて知ったことだ。書誌的な事実としては、『椎の木』の衛星誌として、『尺牘《せきとく》』（全六冊）、季刊『苑』（全四冊）、山村酉之助編集の『文章法』（全四冊）、乾直恵、高祖保編集の月刊『苑』（全六冊）も発行されている。

昭和九年の第二号から同七号頃まで、高祖保が編集のアシスタントとして関与し、同人論や左川ちか特集などを企画した。大阪のブルジョワで、ギリシャ語やラテン語もできたという山村酉之助も、金銭面で厳しくなった百田から編集を一任され、昭和十年三号頃から編集に参加している。その頃から政治的な「行動主義」に傾く山村と、「詩の純粋性」を追求する乾、高祖が思想上の対立から疎遠になり、後者の二人が月刊『苑』を創刊したらしい。

昭和十一年から再び百田が編集を担ったが、百田はその前年頃から児童誌『工程・綴方学校』を主宰しており、編集の情熱が児童詩教育の方に移っていた。そのため、『椎の木』はやむなく昭和十一年六号で廃刊になった、という。

さて、解題は『椎の木』発行の年次に従って順々にまとめられている。同人やその中でもすぐれた若い詩人たちを取り上げ、その短めの作品を一点ないし二点（年度が違う時点で）引用し、各々の詩人の簡単なプロフィールや作風を簡潔に紹介している。順に名前をあげると、左川ちか、山村酉之助、高祖保、西川満、阿部保、山中富美子、江間章子、阪本越郎、柏木俊三、内田忠、荘原照子、川口敏男、高木恭造である。

私が前述したものの、全く不明だった一人、柏木俊三は山梨県生れ（？）で、詩集『栖居』（カイエ社、昭和九年）があるという。詩誌『カイエ』（全八冊）を楠田一郎、饒正太郎らと創刊している。外村氏も「優れた散文詩を多作した詩人として、後世に記憶されるべき詩人である」と高く評価しており、どこかの出版社で詩集を復刊してほしいものだ。

また阿部保（明治四十三年〜平成十九年）については、山形県出身の学匠詩人。当時、東大美学科の学生で、後年、E・A・ポーの「大鴉」等の翻訳で知られた人という。後にウィキペディアなどで調べたところ、戦後、北海道大学教授としてヨーロッパ文学史を講義した。詩集に『冬薔薇』『蝶』『詩集／ギリシヤ』『夢の画廊で』がある。

外村氏は「聖書」という散文詩を引用し（ここでは省略）、「あたかも自動筆記のごとく、連関する世界像を夢幻のうちにイメージしてゆく詩である」と評している。私は後に「日本の古本屋」か

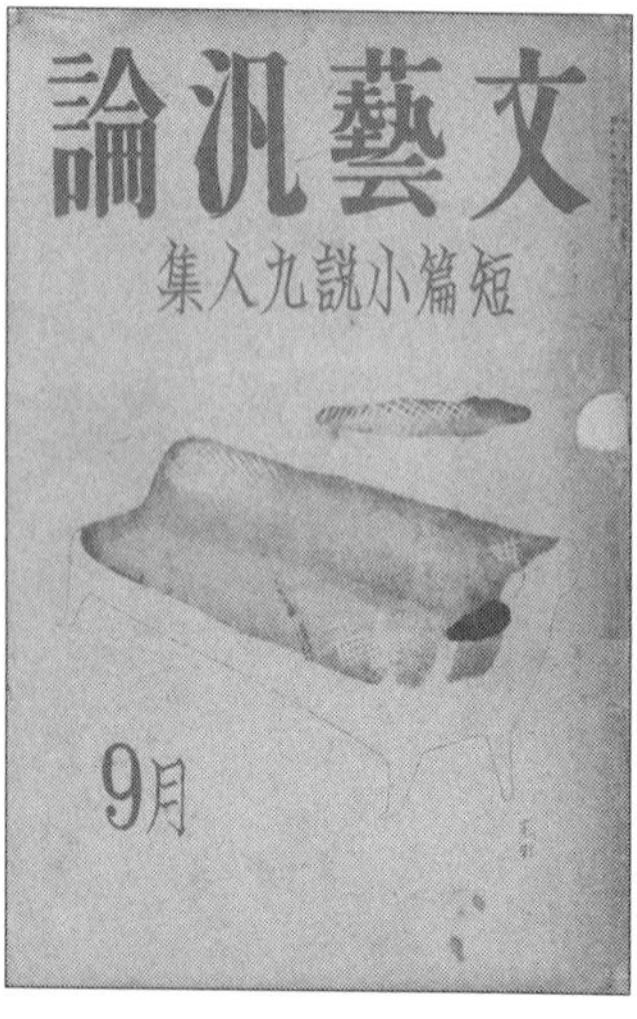

ら探して、そのタイトルに魅かれ『夢の画廊で』（弥生書房、昭和六十年）を入手した。読んでみると、平易で読みやすい叙情的作品集であり、戦後の詩風の変化を感じさせた。

山中富美子（大正元年〜平成十七年）は岡山県倉敷市生れの詩人で、十七歳の折、『詩と詩論』に初めて作品を発表し、以来『エスプリ・ヌーボォ』、『マダム・ブランシュ』、『文藝汎論』などに寄稿した。平成二十一年に『山中富美子詩集抄』（限定三〇〇部）が森開社から出ており、再評価の気運が高まっている。ただ、「日本の古本屋」で検索しても、現在一件もヒットせず、入手は絶望的だ。

さらに、江間章子（大正二年〜平成十七年）についても、新潟県生れで、あの「夏の思い出」（夏が来れば思い出す、で始まる中田喜直作曲の美しい合唱曲）の作詞家として有名だが、「戦前は前衛的なモダニズム詩人として知られた」という。この事実は案外あまり知られていないのではないか。引用されている散文詩、「星」は割に短いので、ここでも再引用させていただこう。

夜の映写機は緑の帽子の女の蔭で青い光を放ちます。扉を開くと、古い書物のやうな一頁、径が急いで花を隠しはじめる。階段を降りると、白いゆふぐれの中で、並んだろうそくの災が波のやうに揺れる。足許で白薔薇は水晶のやうな花を開く。美しい小鳥たちはもう溝の中に棄てられてしまったらうか。此の庭は壺のにほひがする。

外村氏はなぜか触れていないが、江間は昭和十一年に詩集『春への招待』を北園克衛の東京VOUクラブから出している。これはモダニズム系の詩集と思われるが、「日本の古本屋」で現在、何と九万五千円で出ている稀覯本だ。江間の著書の中には『埋もれ詩の焔《ほむ》ら』（講談社、昭和六十年）があり、そこに左川ちかや若いモダニズム詩人たちとの交友が生き生きと描かれているが、残念ながらネットで一件もヒットしない。私は後に、神戸市立中央図書館から借り出して、興味津々で読んだ。後半は、『カイエ』を創刊した饒正太郎とその妻、伊東昌子の思い出に頁が割かれている。同人たちの詩の引用も多い。

平成二年に〝書肆ひやね〟から出た詩集『タンポポの呪祖』（限定三〇〇部）も、一九三〇年代に書かれた作品らしい。

外村氏は「第三次『椎の木』は左川、山中や江間といった女性詩人が佳作を多く発表していた。彼女たちの活躍ぶりも同誌の特長のひとつに挙げてよいであろう」と述べている。

なお、後日、多数の詩集だけでなく『女性詩史再考』（詩の森文庫、思潮社、平成十九年）などで、明治以来の〈女性詩〉を歴史的に位置づけた、すぐれた仕事を遺した詩人、故新井豊美さんが『現代詩手帖』（平成十四年十一月号）の北園克衛特集号に寄せたエッセイを読んだ。その一文によると、左川、山中、江間らのモダニズムの詩には「その感性が昭和初期という時代の女性にしては屈託がなく、のびのびと明るく表現されている」と指摘している。さらに百田宗治にもふれ、「人生派といわれた百田は、新しい流れに敏感なリベラリストであったらしく、女性への偏見のない姿勢が印象的である」と述べている。私にはうれしい言葉である。

外村氏は、また年度ごとに椎の木社刊行の単行本も列挙している。氏も参照したのだろうか、征矢哲郎「椎の木社の本」（川島幸希主宰の雑誌『初版本』に収録）によると、計七十冊出しているという。前述した扶桑書房の目録掲載本より、あと九冊だけ多かったことになる（この『初版本』も以前たしか三冊程持っていたのだが、いつのまにか処分してしまい、今回の原稿に役立たなかった。後の祭りである）。

氏は解説の最後の方でこう総括している。

「かつて若い詩人たちが芸術的実験を試みる場《エコール》として『椎の木』が機能していたこと、そうして同誌が戦前詩壇において一時代を画す役割を担ったことは否みようがない」と。

以上、ごく簡単に紹介しただけだが、興味のある読者はぜひ複刻版そのものに当っていただきたいと思う。

なお、後日知ったことだが、第一次『椎の木』十二冊の複刻版もゆまに書房から出ているようだ。不勉強を恥じるしかない。

私としては、椎の木社内部の、百田の編集ぶりや出入りする詩人たちとの交流の様子をもっと知りたい気持ちがあるが、それは百田の連載「詩作法」での裏話や自伝的文章に丹念に当ってみる必要があろう。怠け者の私は、今後の宿題としておいて、一旦筆を置くことにします。

（二〇二二年二月五日）

（追記3）　阿部保訳『ポオ詩集』（新潮文庫）から

前述した『椎の木』同人のうち、阿部保について最近新しい情報を得たので、つけ加えておこう。令和五年一月中旬、六甲降ろしが吹きすさぶ厳寒の日、時々訪れる三宮近くの春日野道商店街の中にある勉強堂をのぞいた。古くからある店で、ここの店主さんは古本業界全般について一家言ある方なので、いつも一寸した会話の中から、いろいろ教えてもらっている。

さて今回、文庫の棚の前に、帯付き美本の古い岩波文庫が十数冊積まれていたので、一冊ずつ点検していたら、その中から『ポオ詩集』（阿部保訳、昭和三十一年初版、昭和五十一年二十五刷）が現れた。これだけが新潮文庫で、一一〇頁の薄い本（五〇円也！）。二十年で二十五刷だから、相当なロングセラーである。

私はこの訳者名を見て、あ、これは前述した『椎の木』同人だった阿部氏ではないか！とピンときた（さすがにまだ完全にはボケていないようだ……）。喜んで買って帰ったのは言うまでもない。

ただ、年代も古いので、現在も流通している文庫なのかが分からない。そこで早速、三宮のジュンク堂へ出かけて調べてみると、新潮文庫の棚の中にちゃんとあった。奥付を見ると、平成十九年に五十一刷で改版し、令和四年二月に五十六刷、となっている。私の入手した文庫のカバーと異なったカバーなので、改版の折、変えたのかと思う。タイトルも「ポオ」から「ポー」に変わっている。計六十八年間に五十六刷だから、一、二年に一回は増刷している。素人考えだが、本書はポーの詩の翻訳として一定の評価があるのだろう。ちなみに、日夏耿之介訳の『ポオ詩集』が創元選書で昭和二十五年に出ている、こちらは絶版のまま、創元文庫に入らなかったのだろうか（未確認）。

むろん、日夏訳の方が評価はもっと高いはずである。それに野田書房から昭和十年に出た日夏訳の『大鴉』（限定一三〇部）など、愛書家にとって垂涎の書のようだが、十万円前後もする代物で、私は当然ながら一度も実物にお目にかかったことはない。『大鴉』はその後も出版社を変えて出す度に、日夏が訳に少しずつ手を入れているという。

阿部氏訳の本書は、「大鴉」を始めとするポオの詩、十八篇とポオの評論「詩の真の目的」から成っている。そして「はしがき」で阿部氏によるポオの簡潔な略伝と、巻末にも「詩人エドガア・

アラン・ポオ」と題する評論（七頁）が付いている。後者は（註）によると、阿部氏が昭和十年五月、『椎の木』に書いたものに少し手を加えて再録したという。

「はしがき」の冒頭はこう書き出されている。「エドガワ・アラン・ポオはアメリカの生んだ一人の――恐らくは最大の鬼才であった。その天才は不思議な光芒を遥か、フランスの空に曳いて、悪の華の詩人ボオドレエルを生んだ」と。詩人ならではの巧みな表現ではないか。

「あとがき」の初めの文章も興味深いものなので、少し長くなるが、引用しておきたい。

「私がポオの作品に興味を覚えたのはもう十幾年の昔である。その記念がポオの「詩の原理」の翻訳となった訳であるが、これは昭和十年、百田宗治氏の主宰する「椎の木社」から出た。――（中略）――黄色い表紙の瀟洒な本であって、私の最初の本であったので愛着も深く、その頃百田先生の住んで居られた中野の家の屋根の上に、輝いていた、小さな青い星の色と同じように、私には懐かしく思い出される。先生の書斎には明るい綺麗な詩集がいくつも積んであった」と。この回想の文章からも、当時多くの「椎の木」同人が百田氏の自宅（兼編集室）を訪れていたことがうかがわれる（おそらく千客万来だったのではないか?）。

ただ、この出版が確かな事実かどうか、確かめようと、まず前述した扶桑書房の目録、「近代詩特集号」を見てみたが、六十一冊ある椎の木社刊行本の中には見当らなかった。そこで、外村彰氏の第三次「椎の木」復刻版の解題を見返してみると『詩の原理』が確かに昭和十年二月に刊行されたことが記されていた。カラー書影を見られなかったのが一寸残念である。例によって『ポオ詩集』の本文はこれからゆっくり読むことにしよう（苦笑）。

（二〇二二年一月二十一日）

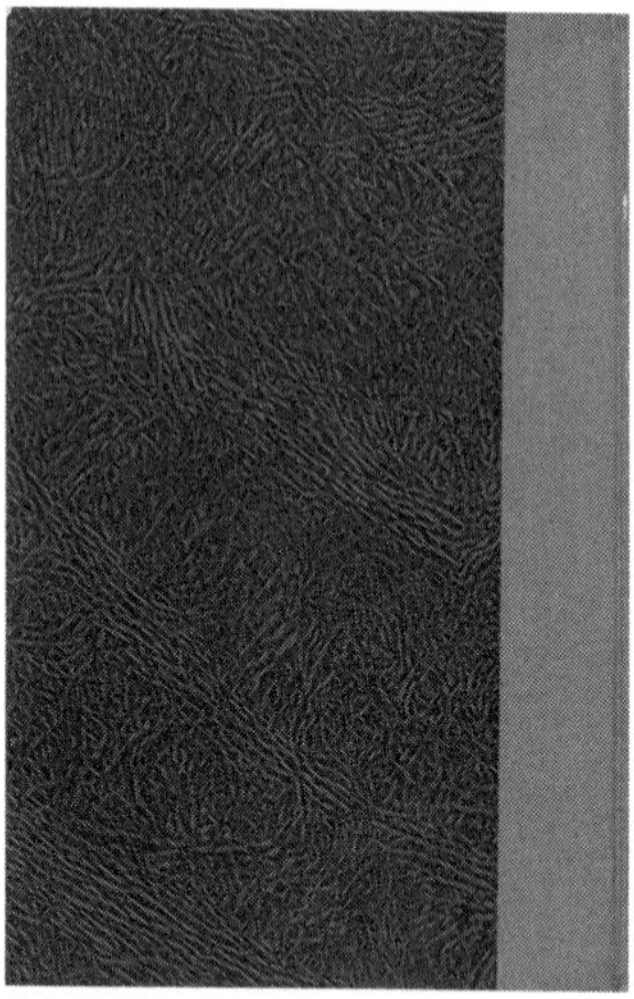

『冬薔薇』表紙

（付記）梅雨末期の雨の合い間をぬって訪れた「街の草」さんで、思いがけず整理中の箱の一番上に置かれた阿部保詩集『冬薔薇』（札幌市、川崎書店新社、昭和三十年）を均一値で見つけた。カバーもあった由だが、入手したのは裸本で、表紙がばらの襞のような濃紺の紋様と、背にかけて朱色の布装で、深味のある装幀である。本文はアート紙で、六十四頁の薄い詩集ながら、中身は各篇がずっしりと胸に響く、とてもいい詩集だと思う。ただ、ここではこれ以上、頁数をふやさぬように、とりわけ印象に残った短い一篇のみ、引用しておこう。

雪の金魚

札幌、　五月　雪降る

雪のふる
雪のふるなかに黄金の金魚燃え

はらはらと
雪ふり
雪のふりやまず

イメージが様々にふくらむ、幻想的な作品ではないか。口絵の著者近影の写真も雰囲気があって好ましい。ぜひ報告しようと思ったのは、著者自身の跋文の最後に次の文章を見出したからである。「閨秀詩人左川ちかさんの令兄川崎昇氏の策励がなかったならば、本詩集は生まれなかったであろう」と。詳しい出版のいきさつは書かれてないが、ここには阿部氏も同人であった「椎の木」の主宰者、百田宗治を中心とする人脈が生きていて、――川崎兄妹は早くから百田氏と親しかったし、おそらく阿部、川崎氏は戦前から交流があっただろう――戦後も交友が続いていたことが証しされている。あるいは、百田氏は戦後すぐ北海道に三年程住んでいたので、その間に三人の交流があったかもしれない。ここからはあくまで推測だが、この詩集の版元、札幌の川崎書店は川崎氏が戦後、営んでいた出版社(?)で、阿部氏に熱心に依頼して出版の労をとったのかもしれない。ちなみに、本書は阿部氏が北海道大学文学部教授の頃、出されている。

(二〇一三年七月十日)

(追記4) 島田龍氏による左川ちかの研究から

本稿を書き進めている途中で、とくに現在大へん注目されている『椎の木』同人の詩人、左川ちかについての情報をもっと得たいと、スマホで検索していたら、立命館大学人文科学研究所員の中堅研究者（現在四十八歳）、島田龍氏が左川ちかの仕事を精力的に研究して論文を書いており、近く新しい全集を編集して出されることも知った。氏は未知の資料もいろいろ発掘して研究を進めているらしい。ブログの中で、既発表の評論や論文一覧をあげているが、その中に「左川ちかを探して（1）――左川ちか『硝子の道』と藤村青一『淡水と気温』」が森開社発行の詩誌『螺旋の器』二号に発表されているのを知った。藤村青一は今までにも私がわずかにふれた大阪の古い詩人である（私の『関西古本探検』でも紹介）。これはぜひ読みたいと思うものの、平成三十年に出た小冊子のバックナンバーなので入手の方法がよく分からない。交流のある、詩集に詳しい津田京一郎氏に住所を教えてもらい、森開社の編集部に手紙で問合せたところ、社主の小野夕馥氏から連絡をいただき、在庫があるので、贈呈するとのご親切なお返事をいただいた。まことに有難いことであった。

届いた詩誌を見ると、B5判四十三頁の小冊子ながらかなりレベルの高い、モダニズム詩についての評論やフランス文学系の翻訳などが載っている。巻末の小野氏の「詩冊工房摺師　Q氏の苦悩」も時代や土地は分からないが（西欧中世を想わせる）、木版摺師が主人公の三頁弱の物語で、とても読ませる独特の文体からなる文章だ。巻末には、片山廣子「イエーツの序文」が再録されている。

さて、巻頭には、左川ちかの新発見の詩篇「硝子の道」が一頁掲載され、続いて島田龍氏の解説評論が、左川、藤村の詩の引用を含め二段組みで六頁載っている。

左川のは散文詩で、「飾窓が廻轉してゐる。花束は外套のうへにある。リンゴは屋根から屋根へところがつている。」という詩句から始まり、「幻の鏡。不思議な道。一本の指先が硝子窓に触れた時、その向ふ側のメロンはたやすく突き刺すことができる」で終る。比較的分かりやすい街頭スケッチのような作品である。そこに知性のきらめきが感じられる。藤村のは、二頁にわたる詩で、左川ちか女に、と副題がつけられている。語句の中には「きみは滴りおちる。きみは雫。きみはぼくの方へ歩んでくるよ。／きみは硝子の聖女《まどんな》のきみよ。きみは絹糸を吐いて生きてゐる」のような親しみをこめた、崇拝する心情が歌われている。残念ながら、全文引用は長くなるので省略しよう。

島田氏は左川のこの作品を評して、「モダンな都市の風物を彩る言葉と言葉のイメージが連鎖し、前衛絵画のように構成されている」と述べている。この新たに発見された作品は、『関西文藝』昭和七年五月号に発表された（書影も掲載）。この月刊文芸誌は、大阪市の文藝協会が発行していたもので、大正十四年三月創刊、第八巻五号まで確認されている。関西大学総合図書館が所蔵しているという（さすがは谷沢永一のいた関西大学だ！）。私など、今まで古本でも全く見たことがない雑誌だ。

雑誌の執筆者も多数あげられているが、その中に江間章子や百田宗治、北川冬彦、北園克衛らモダニズム系詩人も含まれている。左川ちかの載った号の詩特集に、藤村の仲間であるモダニズム、シュルレアリスム系の詩人が数多くいるという。

藤村の略歴も紹介され、明治四十一年大阪で生れ、——私が以前本に書いた文章を見ると、明石市生れ、となっているが？——昭和六年に関西学院大を卒業となっている。左川ちかとは、百田宗

『螺旋の器』3号

治宅で知り合ったらしい。藤村と知り合ってから、その縁で阪神間の種々の同人誌にも寄稿するようになり、その一つが『関西文藝』だったのである。

神戸では戦前、『闘鶏』や『プロムナアド』に寄稿しているという。そういえば『闘鶏』はわが神戸の純粋詩人、静文夫（註）も属していた詩誌である。静氏は『MADAM／BLANCHE《マダム・ブランシェ》』にも寄稿していた人だから、左川ちかとの誌上での接点はあったはずである（遺稿詩集『天の罠』（エルテ出版、平成四年）に安永稔和氏によって詳しい詩歴が解説されている）。関西の雑誌から、まだまだ左川の作品が発見される可能性があるらしく、今後も楽しみである（神保町のオタさんあたりが見つけて下さらないだろうか）。

（註）静文夫は明治四十二年神戸生れ。学歴は今のところ不明だが、晩年は西宮市に住み、貿易商、角谷商会の重役にまでなった人。詩集に『彩眠帖』『旅行者』（天秤発行所）『季節』（編集工房ノア）がある。戦後は、足立巻一らの『天秤』に長く参加。『天秤』終刊後、三浦照子と『風神』創刊（静氏は二号まで参加）。平成三年、八十二歳で亡くなった。私は『雑誌捗猟日録』の中で、『風神』のお二人について少しばかり紹介している。

（二〇二一年二月二十一日）

左川ちかと春山行夫

前述の『螺旋の器』三号には、島田氏の「左川ちかを探して」(2)が出ているのを知り、続いて森開社に今度は改めて注文した。これは、左川ちかが春山行夫あてに、春山が当時よく執筆していた女性向け雑誌『若草』(寶文館)や豊田三郎編集の『行動』(紀伊國屋書店出版部)に氏の紹介、後押しで詩を発表でき、初めて原稿料をもらった喜びと感謝のことばを綴った二通の書簡を紹介し、二人の交流の跡をたどった興味深い文章である(ちなみに『行動』編集長、豊田三郎については、私の旧書『古書往来』で割に詳しく紹介したことがある。また、『若草』編集長、北村秀雄についても、『ぼくの古本探検記』(大散歩通信社、平成二十三年。絶版)で一篇書いている)。

春山は、左川の詩を高く評価し、「純粋性を破った先に生ずる統一や均斉の妙」をその詩に認めている、という。詳細は原文を読んでいただきたいが、古本ファンには次の事実も注目される。

春山の自宅の膨大な蔵書の大半は昭和二十年三月の東京大空襲で焼失し、疎開させていた蔵書も戦後戻ってこなかった。しかし「晩年まで古書店街で戦前の雑誌・書籍・詩集を集め直し、執筆に必要な研究書・参考書を求める春山の姿を記憶している者は少なくない」と島田氏は言う。私は残念ながら、氏の戦後の一般向けエッセイ集『木曜雑記』『詩人の手帖』『食卓の文化史』『読書家の散歩　本の文化史』あたりを入手して拾い読みした記憶しかない。

最近古本屋の均一コーナーで入手した『西洋雑学案内』(平凡社カラー新書、昭和五十一年。一巻ま

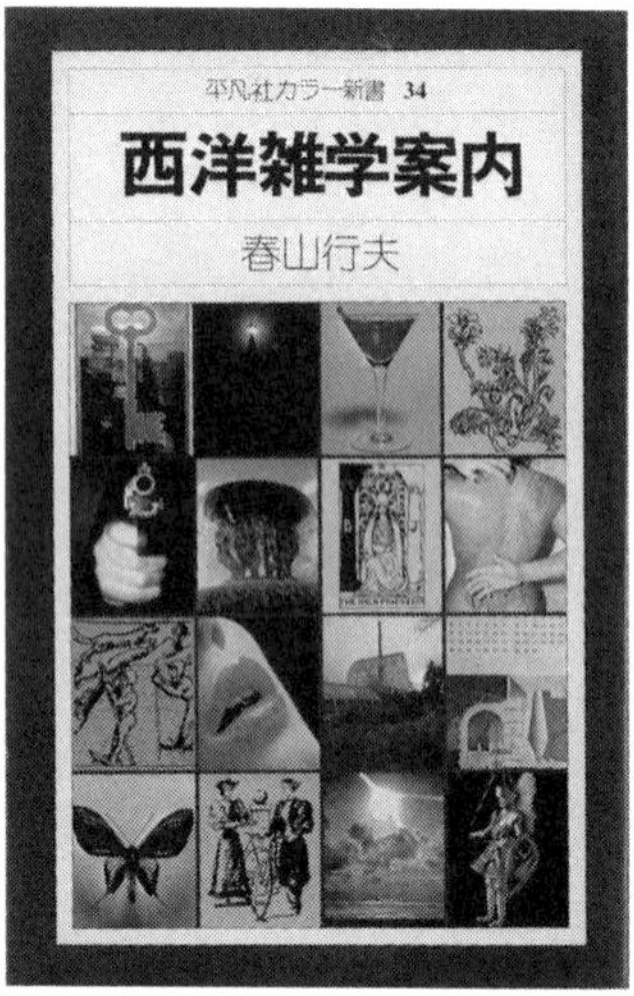

で確認）も春山のそんな古書渉猟の楽しい成果の一冊だろう。その序章に「本をさがす話」という面白いエッセイを書いている。氏は一文の最後に「数年前、私はアポリネールがはじめてシュルレアリストという用語を使った詩劇の本（大正七年刊）を均一本のなかでみつけた」と言い、「東京での洋書さがしでは、まったく予期しない本にぶつかることがしばしばで、東京は不思議な偶然が、私（ならびに私と同じような本さがしの愛好者たち）を魔法的にひきまわしている宝さがしの場所のように思われる」と結んでいる。いかにも詩人だった春山らしい表現だ。関西人の私には、羨ましい限りである。そういえば、春山が戦後すぐに出していた個人誌『ペンギン』を昔、一冊だけ見つけて、引越し前まで持っていたのだが、今は手元にない（ないないづくしである……）。

私には詩人というより、博学の文化史家という印象の方が強い。昭和初期日本のモダニズム文学運動に氏が『詩と詩論』などで編集者として果たした大きな役割は今後遅ればせにもっと追求したいものだ。そういえば、田村隆一のエッセイによれば、田村氏も若い頃、『詩と詩論』や春山行夫の『詩の研究』を読んで大いに刺激を受けた、というから面白い。

※　※　※

もう一つ、戦後の春山行夫にまつわるエピソードをまとめて紹介しておこう。

私は最近、神戸の古本屋で、『彷書月刊』百号特集「各界奇人伝」（平成六年一月号）を手に入れた。その目玉に巻頭の鼎談《てい》「奇人たちのコスモロジー」があり、知の巨人、山口昌男、関井光男、坪内祐三（司会・内堀弘）が出席しているので、面白くないはずがない。読んでみると、案の上、近代日本の奇人たちの横のネットワークをめぐって、多数の名前を挙げながら、縦横無尽に語られており、堪能した。私の知らない人物も数多く、つくづく無知を知らされる。途中で、（オフレコの話、延々と続く）とあるので、それも読んでみたかったが（笑）。後に山口昌男は数々の単行本で、より詳細に論じているが、その発想の根はすでにこの座談会で語られているのだ。それにしても、この三人ともすでに亡くなられたとは、日本の出版界、思想界における大きな損失であるとつくづく思う。

この鼎談は二月号に続く、とあったので、私は急いでまた、神奈川近代文学館にコピーをお願いして送ってもらった。

その最後の方に各人の春山行夫体験が出てきたので、要約して紹介しておこう。

まず関井氏が、ある古本屋をのぞいた折、棚に取り置きの本が並んでおり、面白そうな本なのでほしくなり店主に尋ねると、それは春山先生のだ、と言われたという。関井氏がほしいと思う程の本だから、珍しい本たちだっただろう。

これに応じて坪内氏も、氏が『東京人』の編集者だったところ、何かのアンケートで返事が来て、その第二信のハガキに、自伝のようなものが書きたい、とあった。それで氏は、『東京人』に連載で、上京した頃の思い出をぜひ書いてもらいたい、と思ったが、とうとう実現せず、惜しいことをした、と。

山口氏に至っては、講談社（『西洋広告文化史』か『花の文化史』のことだろうか）の編集を手伝ったおばさんが春山行夫を知っていて、自宅に一緒に遊びに行ったことがある。そこで二時間ほどチャランポランに二人でしゃべったのを、そのおばさんがテープにとっていた。ところが、山口氏、その女性の名前を忘れてしまい、テープの所在が分からない、と言う。まさに宝の持ちぐされであり、ぜひ活字化してもらって読んでみたかったなと残念に思う。関井氏によると、春山氏は活字を買ってきて、自分で組んで、雑誌をつくっている、という。『詩と詩論』以前というから、詩誌『指紋』（一号のみ）『謝肉祭』（四号）あたりだろうか。

それはともかく、終刊してしまった『彷書月刊』のバックナンバーは、未だに未知の情報の宝庫だと改めて思わされる。


（二〇二二年八月五日）

※　※　※

続いて、新たな情報もお伝えしよう。

本稿を校正中に、ネットから注文しておいた中村洋子『春山行夫覚書 小説』（弘前市、緑の笛豆本、平成十年。限定二五〇部、四十六頁）がけやき書店から届いた。中村さんは某短大図書館の司書で、晩年の春山の蔵書整理を手伝った人という。詩集『途上』を出している。春山の健在中に『人物書誌大系』（日外アソシエーツ、平成四年）中の書誌『春山行夫』をまとめ、喜んでもらったらしい。この豆本のタイトル中の「小説」が一寸不可解だったが、読んでみて判明した。

　本書によると、春山の死後、書庫にあった受け取った手紙の束の中から、北園克衛からの一通もあり、それには冒頭に「堂々とした小説をありがたく拝受いたしました。凄いな」と書かれていて、中村さんは驚いたという。その書簡の写しも口絵に出ている。これはその後、どういうわけかどこにも発表されず、未刊に終った。この小説はどんなものだったのだろう。蔵書の大半は東京大空襲で燃えてしまったが、それでもこの原稿がどこかに残っている可能性も零ではない、と中村さんは書いている。この原稿は長篇の可能性もあり、伊藤整が『若い詩人の肖像』に書いたような、春山のそれも読みたいものだと希望を述べている。私も全く同感である。

　また春山が書庫から取り出してきたものに、第一詩集『月の出る町』以前に造った私家版で一冊のみの詩集、四冊もあったという。

それから、春山は終戦まで中野区内に住んでいたが、中野坂上の洋食店「菊屋」で「椎の木」の仲間たちが集まる「中野会」があった。春山もその常連で、前述の手紙によると北園克衛も誘われたりしたそうだ。中村さんは「春山は百田との交流を大切にし、百田の他界後も墓参、偲ぶ会を続けた」と述べている。お二人の交友の深さが偲ばれる（本書巻末の「エピローグも参照のこと）。

なお、本豆本の表紙、口絵には他の著書とは異なる春山の写真が各々採られていて、貴重である。


（二〇二二年十二月二十七日）

※　※　※

『幻の女』の原書をめぐる乱歩と春山の攻防のエピソード

せっかくの機会なので、もう一つだけ、春山氏が登場する話を紹介しておこう。たまたま神戸の古本屋で長谷部史親の『探偵小説談林』（六興出版、昭和六十三年）を見つけ拾い読みしていたら、『雄鶏通信』とその終末」という一文に出会った。『雄鶏《おんどり》通信』といえば、敗戦直後の昭和二十年十一月に早くも創刊され、春山が初代の編集長を務めた雑誌だ（途中から、武内俊三らが編集人になっている）。私も昔、三冊程古本で持っていた記憶があるが、今は一冊しか手元になく、内容も海外や海外文学の紹介記事が多かったこと位しか覚えていない。

長谷部氏はこのエッセイの初めに、江戸川乱歩と春山行夫の古書をめぐる劇的な出会いのエピソードを紹介している。それはアンソロジー『一冊の本』（雪華社、昭和四十年）中の乱歩の文章に出てくるそうだ。昭和二十一年の初頭、乱歩は神田の古書店で春山が取り置いてもらっていた古本の束の中に、探求中のアイリッシュの『幻の女』の原書を見つけ、春山が店に戻ってきたのにかかわらず、その一冊を抜き取り、強引に本を抱えて遁走《とん》したという、愉快な（？）話なのである。結末がどうなったかについては書かれていない。

続けて、春山の戦前の編集者としての仕事を高く評価し、戦後発行の『雄鶏通信』の書誌的紹介もしている。この雑誌は国会図書館では七巻七号（通巻六十八号）で休刊扱いになっているが、実はその一年後の昭和二十八年七月に最後の六十九号が「東京空襲秘録写真集」として出ているという。

注目すべきは、この雑誌が海外の探偵小説関係の記事にかなりの誌面を割いていたことで、例えばシムノンやハメット、アイリッシュらの短篇訳がいろいろ掲載されている由。後期には〝雄鶏ミステリー通信〟なるコラムも連載されているそうだ。

こうして見ると、春山は欧米の純文学や詩、評論だけでなく、海外の質の高い探偵小説にも早くから目を配り、読んでいたことが分かる。その守備範囲の広さには改めて驚かされる。

なお、長谷部氏は略歴によれば、古書店も経営していたそうで、入手した珍しい文献資料に基づく新発見もいろいろ書いていて、楽しい読み物になっている。

一例をあげると、私が本書で取り上げたバー・カヌーの店主、森泉笙子さんの文才を日劇ミュージックホールの踊り子時代に早くも見抜いて育て、最初に作家として世に送り出した丸尾長顕についても一文書いている。昭和三年に京都で創刊され、六年に大阪で復刊された探偵小説雑誌『獵奇』の中心メンバーの一人が丸尾氏であったという。また「鴨居羊子と江戸川乱歩の対談」という意外な組合せについてのエッセイもある。

そういえば、私は長谷部氏の『推理小説に見る古書趣味』（図書新聞社、平成五年）も未読なので、今後探求して読んでみようと思う。

※　※　※

私は数日後、乱歩の原文がどうも気になって、例によって神奈川近代文学館にコピーをお願いした。届いたのを見ると、二段組みで二頁程の短文であった。大まかには長谷部氏の紹介通りだが、氏が触れられていないことも書いてあったので、ごく簡単に要約して書いておこう。

乱歩氏はまず、「日華事変の起こった昭和十二年ごろから、本の輸入が段々むつかしくなり、十四年世界戦争が始まってからは全く輸入途絶」と記し、西洋推理小説界の様子が全く分からず、書物への非常な飢えを感じていたという。そんな中、占領中のアメリカ軍人が読み捨てたポケット本――大半が推理小説――が、露店や古本屋に氾濫していた。また、アメリカ軍は、日本人向けの図書館を放送会館の一階に開いてくれたので、氏はそこにも日参したが、館の書棚の中に『The

Story Pocket Book』という小型本のシリーズを見つけた。その中にコーネル・ウールリッチ（アイリッシュの本名）の『さらばニューヨーク』を見つけ、すぐに読んでみると、氏のもっとも好きな作風の作品であった。同じ図書館で調べてみると、その代表作に『ファントム・レディ』があることを知った。

　それをぜひ読みたくて、毎日のように露店や古本屋を漁っていたが、なかなか見つからなかった。ある日、神田の巌松堂に立ち寄ってみると、店の片隅に洋書の一束が置かれており、その一番上に『ファントム・レディ』が乗っていた。以下は長谷部氏が書いている通りだが、その時、春山氏なら怒らないだろう、と思ったのは、丁度、『雄鶏通信』からアメリカの推理小説界の紹介を頼まれていたからで、原稿の材料になるのだから、と勝手に決めてしまい、その一冊の代金を払って店を出ようとしたら、そこへあいにく春山君がやって来たのだという。しかし、「私は有無を言わせず、本を持って逃げ出してしまった」と書いている。

　乱歩氏はこの本を早速徹夜して読み、夢中にさせられた。雑誌に紹介するとき、「幻女《げんじょ》」としたのが、後に翻訳で『幻の女』として出版されたのだという（黒沼健訳。汎書房、昭和二十五年）。一冊の原書をめぐる両巨頭の古本屋での出会い。お二人のつばぜり合いを彷彿とさせることに興味津々のエピソードではないか。

（二〇二三年三月十五日）

編集者としての北園克衛と左川ちか

回り道をした。前述の島田氏の文末には、左川ちか関係の多くの参考文献があげられているが、その中に北園克衛の「左川ちか」(『詩学』昭和二十六年八月号)を見つけたので、早速、また日本近代文学館にコピーを依頼した。届いたのを見ると、三段組みで一頁そこそこのエッセイだが、貴重な情報がつまっている。最初の書出しはこうだ。

「一九三〇年の初夏の頃であった。僕が住むことになった西銀座の井上ビルの三階に『文藝レビュー』といふ同人雑誌の編集部があった。僕はそこで一人の若い詩を書くといふ少女に紹介された。そのいかにもしなやかな體《からだ》つきの少女が左川ちかであったのである」と。

『文藝レビュー』といえば、これもコピーで一部を入手していた曽根博義先生の新刊『伊藤整とモダニズムの時代』(花鳥社、二〇二一年)所収のすぐれた評論、「『文藝レビュー』創刊前後」によると、伊藤整が小樽から上京後、まだ二十四歳の、東京商科大大学生のとき、昭和四年三月、親友の川崎昇、河原直一郎とともに創刊した五十五頁程(創刊号)の文芸雑誌である。彼らが金星堂の『文藝時代』を引継いだと見なした『文芸都市』――舟橋聖一や尾崎一雄らが紀伊國屋書店出版部から出した――の刺激を受け、発行したもので、編輯者は伊藤整、発行者が川崎昇、河原直一郎(当時、在仏)である。創刊号には、春山行夫が「詩壇レビュー」、北川冬彦が「映画レビュー」を書き、堀辰雄がコクトオの「マルセル・プルウストの声」を翻訳。詩は高村光太郎や後に評価の高まる北川冬彦の「戦争」、安西冬衛、百田宗治、小野十三郎らが寄稿。中谷孝雄が小説「お豊」を書いている。アンケートに答えた三十名を加えると、執筆者五十二名。各々が伊藤の依頼に応じ、原稿料なしで書いてくれたのだ。後に大学の先輩で親友の、瀬沼茂樹も参加している。同人たちが集まっては酒宴になったという。『文藝レビュー』は昭和六年一月号まで出ている。伊藤は同誌で処女小説「夜更けのレストラン」など数篇を発表した。後に伊藤は金星堂に編集者として入社するのだが、編集者としての経験はすでに同誌を通してあったのである。

さて、北園氏の左川ちかの思い出に戻ろう。伊藤や兄の川崎昇が常時、編集室にいたのだから、妹の川崎愛（左川ちか）がそこに出入りしていたのはしごく当然であろう。『文藝レビュー』は当初、東京市外中野町の川崎昇の自宅に発行所があったが、その後西銀座の木造建ての井上ビルの三階に移った。左川ちかも多少、編集の仕事を手伝ったかもしれない、などと想像すると楽しい（ちなみに島田龍氏作成の年譜によれば、実際に編集助手として参加したとある）。当時その真下の二階に住んでいた北園は、兄、川崎昇に妹を事務所で紹介された。これもめぐりあわせであろう。瀬沼茂樹の回想によれば、当時の北園は痩身で背が高く、ファシストのような黒シャツに真赤なネクタイをしめていた、という。

ちなみに親友の伊藤整を生涯、敬愛していた瀬沼茂樹が伊藤の没後、三回忌に出した『伊藤整』（冬樹社、昭和四十六年）の巻末に、「伊藤整との出会い」を二十六頁にわたって書いている。「小説・伊藤整」と副題がついているが、私にはノンフィクション作品のように思われる。これは、瀬沼が二十五歳時、東京商科大学（現一橋大学）三年生の折、彼が仲間と『一橋文藝』を出していたところへ、一歳下で一年生の伊藤が現れて出逢い、以来昭和五年、瀬沼が卒業して千倉書房に入り、参加していた『文藝レビュー』が昭和六年終刊する位までの伊藤とのつきあいを詳しく回想した興味深い文章だ。

その一節によれば、文藝レビュー社は「銀座四丁目の服部時計店の裏通り」にある安っぽい木造三階建ての井上ビルの三階にあった。そこは畳敷きの四畳半位の部屋で「同人がいちどに入ると、たちまちいっぱいになった」と。その部屋がサロンになって、度々同人会がひらかれたと言う。そこでの様々な同人の姿も描かれているが、省略しよう。私には文藝レビュー社の空間のイメージがよみがえってくる得がたい回想であった。

北園氏はその頃、岩本修蔵と「アルクイュのクラブ」――アルクイュは、北園が大好きな作曲家、エリック・サティが住んでいたパリ郊外の地名だという――をつくって、詩誌『白紙』を出していた。『白紙』が『MADAM《マダム》 BLANCHE《ブランシェ》』に改題され、両誌で少しずつ左川は詩を発表していったという。さらに「彼女が癌のために入院する少し前、西銀座八丁目の鑛業会館に事務所を置いて『ESPRIT《エスプリ》』といふ小型雑誌を二人で編集したことがあった」という（ちなみに、戦後若き山川方夫や江藤淳らが編集部にいた第三次『三田文学』の編集室も鉱業会館の一室にあった！ 私の『編集者の生きた空間』に評述）。「もうすっかり夜となった銀座のオフィスの三階の暗い窓を背にして、一寸ビアズレエの少女を思はせる黒い天鵞絨《ビロード》の衣裳を着た左川ちかと、編集プランを練ったり、遅い夕食をとったことなどが想ひ出される」と、北園は印象深く語っている。その衣裳は彼女が自分でデザインしたものだったという。またアリタミサコの一文（『詩と思想』二六五号）によると、裏地は緋色で、手に黄金虫をかたどった指輪をしていた。この黒ビロード服の彼女の写真は遺っていないのだろうか。俗物の私は見てみたいものだと切実に思うのだが。ともあれ左川ちかも短い期間ながら、北園の片腕として編集者の仕事をしたのだと想うと、感慨深いものがある。この雑誌は、アメリカの『バニティ・フェア』をモデルにした小型の洒落た文化雑誌だったが、四号で廃刊してしまった。島田龍氏によれば、パリの話題を多く伝える雑誌だったという。むろん、私など初めて知る雑誌である。

氏は最後に「彼女は生れつき謙譲で静かな性質であったが、詩の世界では王女のやうに自由に大胆にふるまってゐた」と言い、その早い死を悼んでいる。心に沁み入るエッセイだ。北園氏は悲しみの余りか、葬儀に参加しなかったという。

　私は彼女の詩はまだわずかしか読んでいないが、こんな文章を読むと、彼女のたたずまいやおもかげが鮮やかに目に浮ぶようで、ますます関心をもたされたのである。ちなみに『椎の木』（昭和十一年二月号）の「左川ちか追悼集」に寄せた阪本越郎の一文には、彼女が「細い笛のやうな声をもつていた」とある。また前述の「アルクイユ」のクラブで初めて出会い、親友として三年程つきあった二、三歳下の江間章子の思い出によれば、彼女は「アイスクリームのように舌の上ですぐ融けてしまうような小説を書きたい」と話していたという。一篇でもいいから読みたかったなぁ、と私は思う。また、江間さんは『埋もれ詩の焔《ほむ》ら』の中で、左川ちかの印象を「おっとりした性格の上に『ポエジー』というケープを肩にかけたような感じがあった」と詩人らしく巧みに表現している。

一方、左川の方も『文藝汎論』に寄せた一文で、江間さんの印象を「いつでも元気で明るくって、楽しそうに見えるお嬢さんです」と語っており、いつか二人共同で銀座に感じのいい本屋か菓子屋を出したいという夢を語り合っていたという（島田龍編『左川ちか全集』解説による）。

さらに話があちこち前後するが、同書の中で、江間さんは、左川ちかが北園克衛とともに一時《いっとき》『ＥＳＰＲＩＴ《エスプリ》』を造っていた前述の編集オフィスにふれて、「彼女は日中、北園克衛と、銀座うらのウナギの寝床のような、狭く、細長い粗末なオフィスの机で、広告文を書くような仕事をしていた」と証言している。その空間のイメージがよりはっきりと浮び上ってくる記述である。

近く書肆侃侃房から出るという彼女の新版全集が楽しみである（二〇二二年に出版され、評価が高く、反響があちこちで広まっている）。

（二〇二二年三月六日）

（付記） 左川の黒ビロード服については、平成五年十月に出た書き下しアンソロジー、川村湊・島田龍編『左川ちか　モダニズム詩の明星』（河出書房新社）の口絵写真中に小さいが掲載されている。ただ、上半身だけで、顔もぼやけていて、残念だ。私には彼女は写真より実物の方がずっと雰囲気のある、すてきな女性だったように思われてならない。また『ＭＡＤＡＭ《マダム》・ＢＬＡＮＣＨＥ《ブランシェ》』の同人だった川村欽吾の回想によれば、彼女は黒のベレー帽がとてもよく似合ったそうだ。

『ESPRIT《エスプリ》』を風船舎の目録で発見！

三三二頁で前述したものの、その後、奇跡に近いことに遭遇したので、労を惜しまず報告しておこう。

第七次のコロナ禍がまだまだ収まらない八月下旬、たしか二年半ぶりに東京、世田谷にある風船舎（店舗無し）の新目録十六号、特集「今日は帝劇、明日は三越、明後日は……――偶発的東京名所案内」が私共にも送られてきた。全頁で五五三一点、五五〇頁もあり、ずっしりと重たい。よくこれだけ蒐集したものだと感嘆しきりである。表紙裏表には、戦前の銀座通りを歩く人たち（主に女性）を写した絵葉書があしらわれている。

本目録は、東京全域から始まり、千代田区、中央区……と順々に区ごとにその地域に存在した、例えば百貨店、劇場、映画館、ホテルなどの資料、そこから発行されたプログラムやリーフレット、絵葉書、雑誌などが数多く掲載されている。主な図版や書影も毎頁のように載せられており、見るだけでも楽しい。ただ、私は東京在住者ではないので、知らない施設や資料などもどんどん出てく

る。その中で私が注目したのは、やはり様々な出版社（改造社、平凡社、三省堂等々）から昭和初期を中心に出されていた内容見本や図書目録の数々である。近代出版史研究の上でも貴重な資料であろう。後者では中央区に出てくる丸善和書目録（昭和十四年）、春陽堂図書目録（昭和五年）——これは図版を見ると、私も昔、持っていたものだ——、博文館図書目録（明治二十五年）、大倉書店出版発売書目（明治二十九年頃）——周知のように、漱石本を多く出した所だ——などが珍しいものであろう。

私は三日程かけて、ざっとではあるが、全体に目を通した。その中でとりわけ注目したのは、まず千代田区の誠文堂から昭和五年に出た山名文夫の『カフェバー喫茶店広告図案集』で、欠点はいろいろあっても十一万の値が付いている。私は古書展でも一度位しか見たことがなく、中身をぜひ見てみたいが、おそらく永遠にムリだろう。千代田区では、旧神田区にあったレヴュー時代社から昭和五年に出た『レヴュー時代』創刊号も出ていて、これも山名文夫の装画だ。中央区では、旧称で京町区横町にあった中山太陽堂発行の美容雑誌『ビューティ』（すべて昭和十年刊）が四冊出ている。私は昔、『モダニズム出版社の光芒——プラトン社の一九二〇年代』（淡交社、平成十二年）に企画段階でかかわったのだが、本書によれば昭和三年に母体である中山太陽堂の経営危機などによってプラトン社は解散している。ちなみに本書は絶版になり、近代出版史の貴重な資料の一冊になっている。中山太陽堂からその後、この『ビューティ』が出ていたのは知らなかった。十四頁位の薄いものだが、吉田謙吉も記事を書いている。考現学の視点からかも……（何号まで出ていたのかは不詳）。なお、プラトン社にかかわった文学者たちについては、その後、永美太郎がマンガ『エコール・ド・プラトーン』（リイド社）でも描いている。

さて、回り道をしたが、中央区中の二〇八頁に到り、私は次の一点に目が釘付けになった。「こ、これは！」と驚嘆する。解説をそのまま引用しよう。

「『ＥＳＰＲＩＴ』全４号揃　エスプリ社（銀座・日本鉱業会館）昭８・９

菊縦長版　各36Ｐ程／北園克衛と左川ちか共同編集による「生きた流行・生きた知識」を謳う月刊誌。堀口大學、太田黒元雄、山脇巌、戸川秋骨、春山行夫、野口久光、江間章子、近藤東、衣巻省三、中河与一、小栗雋一郎、戸川エマ、岩佐東一郎ほか寄稿」となっている。三冊が西欧の女性、一冊が日本の女性の写真があしらわれた書影も添えられている。いかにも北園克衛らしいデザインだ。蔵書印や多少のイタミがあるも、計一括二十二万！　一冊当り五・五万だから妥当な値段かな、とも思う。のどから手が出るほど欲しいが、むろん私には高嶺の花だ……。北園、左川の研究者や各近代文学館などがすぐに注文することだろう。残念ながら指をくわえて見ているしかない。私はただ、稀少雑誌『ＥＳＰＲＩＴ』の発行年代、頁数、判型、主な執筆者をこの目録のおかげで明記できたことで満足するしかない」

（二〇二一年八月二十五日）

（付記）　私は、『ＥＳＰＲＩＴ』の行方がどうも気になるので、Ｆａｘで自身のささやかな注文書――創元社（昭和十六年三月）の『書目総覧』（三十二頁）と伊藤整が企画したという金星堂の『ジイド全集』（全十二巻）の内容見本（十二冊）――を送った折、ついでに尋ねておいた。しばらくして幸いに注文品が届いたが、店主氏の添え書によると、私の予想どおり『ＥＳＰＲＩＴ』はすぐに注文がきて売り切れたと言う。願わくば、それが近代文学研究者の手に渡り、後日、その詳しい内容紹介を何かの誌上で（例えば『日本古書通信』）発表していただきたいものだ。入手したのがどこかの近代文学館なら、コピーも頼めるから、よりうれしいのだが。

なお、ご親切に『ＥＳＰＲＩＴ』の各発行年月日を教えていただいたので、次に示しておこう。

創刊号――昭和八年十二月十五日
第二号――昭和九年二月五日
第三号――昭和九年三月五日
第四号――昭和九年四月五日

左川はこのわずか二年後に二十四歳で亡くなっている。しかし、これを編集した日々は最後の、やりがいのある、楽しい仕事だったと思われる。

なお、二〇二三年九月に岩波文庫から出た川崎賢子編『左川ちか詩集』に、『ＥＳＰＲＩＴ』三号に載った左川の楽しいエッセイ「Ｃｈａｍｂｅｒ ｍｕｓｉｃ」が二頁、収録されている。左川の散文も生き生きしていて面白い。本書の解説は、最新の内外の研究成果に基づく二十八頁にわたる力作である。

（付記）『詩と詩論』時代の春山行夫については、後日、京都、藤井大丸での古本展でたまたま出会って知り、またコピーで入手したのだが、『日本の詩雑誌』（有精堂出版、平成七年）がすでに出ている。その中の一篇、和田博文「『詩と詩論』――レスプリ・ヌーボーの領土」が十五頁にわたって広い視野から書かれたすぐれた内容で、大へん参考になる。和田氏も、前述で引用した春山の回想文を使っているが、その他に『詩と詩論』に書かれた春山の「雑録」も参照していて、より詳しい情報が盛り込まれている。

また、私が注目したのは、本文の（注）に、『詩と詩論』創刊より三年前の大正十四年四月に出た前衛的詩誌『造型』の編輯者は彫刻家の浅野孟府だったと記していることだ。私が初めて知った新たな事実だ。美術と前衛詩の交流を企図した雑誌で、萩原恭次郎や神原泰が詩を寄せているという。周知のように、孟府は岡本唐貴とともに大正十二年、神戸に来て、原田の森を拠点に前衛芸術運動の中心人物として活躍した人だ（後に東大阪の大東市に定住）。その生涯は、浅野詠子の評伝『彫刻家浅野孟府の時代』（批評社、平成三十一年）に詳しく描かれている（本書も『古本愛好家の読書日録』で紹介した）。

なお、私は引越しするまで、小島輝正の『春山行夫ノート』（神戸市、蜘蛛出版社、昭和五十五年）を古本で見つけ、珍しい本と思って入手し持っていたのだが、ろくに読みもしないまま、手放してしまった（つくづく、アホである）。三年前はまだ、春山行夫への関心が薄かったせいである。

〈追記5〉 百田宗治の左川ちか追悼文にふれて

まだまだ続いて恐縮だが、何かの文献で、百田宗治が戦後すぐに出した『爐辺詩話』（柏葉書院、昭和二十一年）の中に「左川ちかのこと」という一文を収めているのを知り、またもや神奈川近代文学館にコピーをお願いして送ってもらった。その際、同書の中に『椎の木』や椎の木社についてふれた文章があれば、そのコピーも、と言い添えておいたところ、ごくわずかだが、「自伝的に」なる四十八頁分のエッセイに出てきます、とのことで、それも続けて送ってもらったのである。

まず前者は十一頁程の短いものだが、心にしみる追悼文であった。

百田の短い追悼詩と左川ちかの簡単な略歴を初めに掲げた上で、左川の死を知らされた夜のことを書いている。「（昭和十一年）一月八日の晩、ベーカーの映画を観たあとで、私は友達と新宿のある喫茶店の長椅子で憩んでいた」「一時間ちかくも経ってから、入口の扉があいて、大きい鞄をか丶へた春山行夫君がはいって来た。その喫茶店はいつも編輯者春山行夫が夜更けてから立寄るといふ喫茶店であった」と。そこで初めて、川崎君の妹愛さんが自宅で亡くなったことを知らされる。ちなみに、百田がこの喫茶店で時々春山行夫と出会っていたこともこの文からうかがえる。

それまでも百田は彼女が癌研究所に入院していて、日に日に衰弱して、死期が近いことを知っていた。百田の手で彼女の詩集を出すことにしていて、それが延び延びになっていた。彼女も、百田に詩集のことを頼んでいたという（筆者注・編纂《さん》は伊藤整に託したようだ）。「その詩集がこんどいよいよ出ることになった。彼女の生前ではなしに。そして私の手からではなくて――。私の詫びの気持はもう彼女には届かない」と。

調べてみると、この『左川ちか詩集』は昭和十一年十一月（彼女の死後十ヵ月後）、森谷均の昭森社から限定三五〇部で出ている。本書は「日本の古本屋」のネットで一件のみヒットし、二十万円も付いている。装幀・挿絵は三岸節子。これも百田が三岸夫妻と交友があっての紹介依頼ではないか（なお、三岸節子も独立展の初期に何度か出品しているので、百田が作品を見た可能性はある。この点、川村湊は前述本の「左川ちかと三岸節子」で、この詩集を編集した伊藤整が装幀を依頼したように述べているが、百田が装幀に関与した可能性もあながち否定できないのではないか）。

この百田の文章はその詩集に収録されたものだ。椎の木社の経営状態が悪化して出せなかったのだろう。痛恨の思いが伝わってくる。伊藤整やその親友、川崎昇が小樽から上京し、『椎の木』同人として早くから百田宗治とのつきあいが始まった関係で、次いで上京した川崎の妹である左川ちかも百田と親しくなり、百田夫妻から娘同然に可愛がられていたようだ。百田は最後にこう一文を結んでいる。

「根のないこれらの花々——作者のいないこれらの詩が、どんな風に人々に受け取られて行くだらうか。（中略）おそらく数少いであらうこれらの詩の読者の苗床のなかで、この花々の匿し持っている小さな種子が、どんな風に根をおろし、のびて行くかを、いつまでも私は見守ってゐたい気持でいまはゐるだけである」と。

百田がもし今も健在なら、現在、彼女の全集が再々出るし、岩波文庫に入ったり、海外でも翻訳されるほど評価が高まっていることを我が事のように喜び、感慨深く思ったことだろう。この原稿を書きながら、古本を読む、というのは、すでに去っていった人たちと再び出逢い、彼らを一時《いっとき》懐かしく偲ぶという行為でもあるのだ、としみじみ思う。

続いて「自伝的に」もざっと通読した。

これは、百田が十七、八歳（明治末、大正の始め）から短歌や詩を書き始め、昭和六年に『ぱいぷの中の家族』を出した頃までの各々の詩集から一〜四つ位の作品をあげながら、影響を受けた詩人たちや自身の詩風の変遷を自己分析し、合わせて転々と移住した自宅の様子なども描いたものだ。

その中でも注目されるのは、自分がある時期「民衆詩」「民衆詩人」の代表者の一人のように呼ばれていたが、自分としてはホイットマンらの民主的思想から出発したので、「民主詩人」「民主詩」の方がより正しい呼び方と思う、と主張していることだ。これは現在でも、詩史の上でどうも正されてないようだ。

『椎の木』編集の百田の思い出

『椎の木』（第一次）時代のことは後半でわずかにふれられている。

昭和三年ごろ、牛込の若松町に住んでいて「下駄の歯入れ屋か子供相手の駄菓子屋でも住んでゐさうなきたない家で、家といふよりも軒店《のきみせ》とでもいった方が適当な感じがした」「腰をかゞめなければくぐれないいやうな古びた低い玄関があった」と。

「この家には丸山薫なども遣って来たし、三好達治君もむろん顔を出した。一どきりだが、北川冬彦君が亡くなった梶井基次郎君を連れて来たのもその家だ」とも。

次に出てきたのは、『椎の木』編集上のエピソードで、私にはことのほか面白いものだ。「私の『椎の木』に死んだ芥川龍之介君が俳句を呉れ、それを私の粗忽から投書の句のなかにまぎれこませてしまって、当時句の選をしてくれてゐた室生が気が付いて教へてくれたのもその当時のことである」と。これが『椎の木』何年何号のことなのか、原物に当ってみるのも一興であろう(後に、第一次『椎の木』複刻版の解題によって、昭和二年六月発行の第九号に二句寄稿しているのが判明)。

実は、私、これを書いている前後に、伊藤整の『若い詩人の肖像』(新潮文庫、昭和三十三年)を大へん遅ればせながら読んでいた。『椎の木』や百田宗治、さらに左川ちかなども描かれていないかという期待があったからである。本書は自伝的小説で、伊藤の二人の恋愛相手と、中学校教師のときに侮辱を受けた同僚教師一人以外は文学者たちも皆実名で書かれており、文学史的にも興味深く読める。どの程度、加工されているのか分からないが、私にはほぼ事実に基づいているように受け取れる(もっとも、伊藤はあくまでフィクションとして書いたらしいが)。とくに最後の「若い詩人の肖像」「詩人たちとの出会い」の章が実に読ませる。

その中に、伊藤が東京商科大学に合格し、札幌から、一年の休学手続きに再び上京、その直後百田宗治の家に二度目に出かけた際のことが描かれている。伊藤が数え年二十三、百田は三十五歳の時であった。三人の先客があり、二十五歳の三好達治、東大生の阪本越郎、それに丸山薫であった。

各々の初印象をズバリ、的確に語っている。三好は「老成した風のあるいかつい顔で」「関西弁ではきはきとものを言い」、丸山は「いかにも大人という感じで、私の方を、少し斜視らしい大きな目でちらと見て軽く頭を下げた」などと。

　百田については、「早口の溌剌とした話し方をし、一つの話題から別の話題と次々に移って、渋滞するところがない、という風であった。この人は淋しがりの人よりも才気煥発というべき人だ、と私は思った」と書かれている。こういう伊藤の文章は、百田の随筆だけでは分からない生きた人物像が伝わってきて、とても興味深い。さらに『新潮』の元編集者だった作家、楢崎勤が『作家の舞台裏』（読売新聞社、昭和四十五年）の中で、「詩誌『椎の木』を主宰する百田宗治が人あたりのやわらかい関西弁ではじめて伊藤整を紹介してくれた」（傍点筆者）と書いている。これも生きた証言だ。他にも、とくに小樽の高等商業学校の一年先輩に当たる小林多喜二との小樽の喫茶店「越路」——林哲夫『喫茶店の時代』（ちくま文庫、令和二年）に加えてほしい店である——での出会い、小林の気質や行動の特性、その文学（文章）の特質を捉えた文章は圧巻である。さらに、しばらく同じ下宿に住んでいた梶井基次郎の人間像の描写にも魅了される。

　左川ちかについては、彼女が女学校の四年生のときだが、距離をとって客観視して描き、「彼女は面長で目が細く、眼鏡をかけ、いつまでも少女のように胸が平べったく、制服に木綿のストッキングをつけて、少し前屈みになって歩いた」とだけ書いている。その後の二人の親密な関係の展開を思うと、ことさら冷静すぎるように思われるのだが。

百田の文章に戻ろう。私は前稿で、金星堂のことをいろいろ書いたが、次の一節は私にはうれしい証言で、書く場所が違うが、ぜひここで引用しておきたい。

「まだ『文章倶楽部』といふ雑誌の出てゐた頃である。とくにその当時神田で金星堂といふ書肆を経営してゐた福岡益雄君などの家があって、福岡君が訪ねて来て、いっしょに企画して出したのが『現代詩講座』といふ十冊の詩の講座で、これには私も相当に力を入れた。（中略）春山行夫君等の『詩と詩論』といふ季刊冊子《クオウタリー》などが出て、日本の詩に若いあたらしい革命の気運が産まれ出した頃である」と。やはり福岡氏は社主であると同時に編集者としても積極的に企画にかかわったことがこの一文でもうかがわれるのである。

（二〇二二年四月十六日）

『椎の木』編集の仕事場——百田宗治『路次ぐらし』から

以上の原稿を書き上げた翌日、定期便の如く武庫川の「街の草」へ出かけた。そこで、店頭の台にその日整理された本の山の中から、百田宗治の『随筆／路次ぐらし』（厚生閣書店、昭和九年）が姿を現わしたので、あっと驚いた。昨日まで、百田の一文を引用したりしていたのだから、一種の共時性体験《シンクロニシティ》ではなかろうか。古本が私を呼んだのかも……。この本も実は以前持っていたのだが、例によって引越しのとき、手放してしまったのだ。恐る恐る店主の加納さんに値段を伺うと、残念なことに奥付が欠けているので、コーヒー代位でいいと言われる。状態もよく、函付なら、五千円以上付いている本である。これはラッキーと思い、すぐに確保したのは言うまでもない（心の中で、それにしても安いとニンマリ……)。

本書は棟方志功の第一装幀本だそうで、ブルーの布表紙の中央に筆で力強く書かれた(棟方の筆か)題簽を乗せた、すっきりした装幀。背にも、題簽を貼ってある。両見返しも、羽根を拡げた六匹の蝉が斜めに一樹ずつに止まっているのを図案化した意匠で、木版と思われる。してみると、早くから百田と棟方との交流もあったのかもしれない。あとがきによると、タイトルの「路次」の文字は本来は「露地」か「路地」だが、「昔から使ひ古した私流の語彙《い》に従ってこの文字を選んだ」と言う。

本書は過去十五年間位にあちこちに書いた随筆を大体年代順に並べたものという(各々の出典の記述はない)。

タイトル頁の次の扉頁には「手水鉢にはいつもあたらしい水を一ぱいにしておかう/雲を宿して置かう」という詩人らしい一文が掲げられ、その裏頁には、アミエルの箴言が引かれている。

目次を見ると、少し長めの「交友回顧録」(詩話会崩壊頃の思い出)や「北原白秋氏との応酬顚末」、それに「大阪と文藝雑誌」も載っており、文芸史的にも貴重な情報である。まだパラパラと拾い読みしているだけだが、後半の方に私にはうれしい随筆が二、三出てきたので、引用しておきたい。

本稿のテーマ、第三次『椎の木』編集中のリアルタイムの記述である。

まず「朝夕」では、『椎の木』を編集中の仕事場の部屋の様子が書かれている。

「階下の茶の間の三畳へ二階の卓と椅子を下し、必要な書物や手廻りのものを、窓際の棚の上に置きならべて、毎日そこで仕事をしてゐる」

「楠田一郎君（筆者注・前述した『椎の木』同人の一人）が釜山から持って帰ってくれた小さい土器風の壺、それから昔室生に貰った清の香入とオモチャの驛鐸が一つ、その他は書物と原稿の束、それに椎の木の同人名簿や発送帳など。その棚の上は毎日午後になると新聞や雑誌や郵便物などで手もつけられない位に堆高くなる。その中から必要な原稿や雑誌などを引抜いて、椎の木の広告の原稿を作ったり、表紙を考へたりする」と。

これを読むと、編集時の悪戦苦闘の様がうかがえ、前述した芥川の句の掲載場所のミスも、ムリもないなと思わせられる。

もうひとつ、「日録」では、夏の暑い一日を綴っているが、まず牛込の病院に入院中の三好達治君を見舞い、その足で新潮社に寄って久しぶりに中根駒十郎君（『新潮』や『文章倶楽部』を編集主幹として創刊させ、長く専務を務めた）に逢っている。それから浜松町の印刷所へ廻っている。引用しよう。

「印刷所では今度出す三好君の『南窗集《なんそう》』の紙や、室生君の世話で出る板垣芳男君の詩集の組体裁などを極《き》める。この夏のうちに『南窗集』や、ジョイスの『室楽』（筆者注・左川ちか訳）や、それから室生君の『鐵集《くろがね》』などを本にしてしまはねばならぬ。やり出すとちょっと止められぬ仕事だが、吾ながら妙なことをやりはじめたものだと思ふ」

「こんな小さい出版の真似などやり出す気はまるでなかったのだが、辻野久憲君のヴァレリイの訳（筆者注・『詩の本質』昭和七年）を本にして、思ひの外成績がよかったのについ吊込まれて、かういふ仕義になってしまったのだ」と。椎の木社で以来、単行本を次々と出すことになったいきさつが語られている。それほど計画的に始めた出版業ではなかったようだ。書誌によると前述の三冊は皆、昭和七年の八、九月に出ており、同時に雑誌も毎月出していたのだから、多忙を極めた日々だったようだ。これに続く「日録――軽井沢行き」でも、九月に入ってから、友人の室生犀星の軽井沢山房に出かけて三日程滞在し、そこで印刷所から送られてきた『鐵集』の校正を二人でやって終え、書留郵便で送り返したことが綴られている（本書は九月三十日発行）。その間にも室生邸に立ち寄った堀辰雄や丸岡明夫妻、庄野誠一（『肥った紳士』砂子屋書房、など出した作家で、後に文芸春秋社、養徳社の編集者になる）らと会って談笑している。やはり多彩な人脈をもつ社交型の人だったことがうかがえる。

以上、椎の木社というプライベートプレスの実態をわずかながらも紹介できたので、このへんで筆を置くことにしたい。

（二〇二二年四月二十日）

（付記）ついでながら、私は前述の伊藤整『若い詩人の肖像』を興味深く読みおえた直後、「街の草」へ出かけた折、たまたま見つけたのが小樽商大同窓会録『緑丘―伊藤整追悼号』（昭和四十六年、八十一、八十二合併号）である。これも〈古本が古本を呼ぶ〉体験で、貴重な収穫だった。まさに小説に描かれた頃の伊藤整と交流があった小樽の人たちが多数、彼との思い出を寄稿している。

他に親友であった瀬沼茂樹、伊藤がフランス語の教えを受けた内藤濯、子息の伊藤礼、それに私が別稿で紹介した札幌中学校時代の伊藤の生徒で小説家、大西雄三も「『若い詩人の肖像』のモデルたち」を執筆している。とりわけ読みごたえあるのが「《座談会》伊藤さんを語る」で、川崎昇や田居尚（文学の盟友）も参加して、伊藤の年譜に沿って、彼の素顔やその知られざる事実を十五頁にわたって披露している。伊藤の三回忌に作られた貴重な雑誌で、関係の写真も豊富である。

（追記6）岩佐東一郎の仕事

『路次ぐらし』からの話で筆を置いたつもりだったが、その後もう一つ報告したい二、三の文献に出会ったので、追加しておこうと思う。

左川ちかと深い交流のあった人たちを今まで断片的に取り上げてきたが、そのうちの百田宗治、春山行夫、北園克衛は各々詩人であるとともに、卓越した編集者でもあった。その意味で、もう一人、逸せられぬ人物がいる。当時、文芸誌『文藝汎論』を城左門とともに編集・発行していた岩佐東一郎である。

私は最近まで知らなかったのだが、新刊の島田龍編『左川ちか全集』の詩の解題を見ると、計五回、同誌に詩作品を載せている（一回は翻訳詩）。おそらく最初は北園か春山が左川を紹介したのだろう。左川は最初、詩を二篇、昭和七年十月号に発表しているが、すぐ十二月号にも二篇、寄せているから、岩佐氏が作品を気に入って続けて依頼したのではないか。どの程度の交流だったのかは定かではないが、左川ちかの葬儀に川崎昇家に駆けつけた六人程の詩人（衣巻省三、春山行夫、阪本越郎、江間章子など）の中に岩佐氏や城氏もいたのである（江間章子の証言による）。

　岩佐はウィキペディアなどによれば、明治三十八年、東京日本橋生れで、チャキチャキの江戸っ子。暁星中学三年生のとき、早くも外国にいた堀口大学に手紙を出し、門下生第一号となる。同時に堀口の紹介で日夏耿之介にも師事。大学生の折、文芸同人誌『奢灞都《サバト》』（日夏監修）『開化草紙』を創刊した。昭和四年、法政大学仏文科を卒業。昭和五年まで、同人雑誌『ドノゴトンカ』を二十号まで出したが、つぶれてしまう。その後、昭和六年九月号から創刊したのが『文藝汎論』であった。二年目の文藝汎論社の奥付の住所は品川区大井庚塚町四九二八、となっている（自宅の由）。創刊号の筆者の中に、北園や宗瑛、竹中郁、菱山修三、佐藤惣之助、西山文雄らがいる（宗瑛は、歌人で翻訳家、片山廣子（松村みねこ）の娘で、堀辰雄が『菜穂子』や『物語の女』のモデルとして描いた片山総子のペンネーム。私の『古書往来』で紹介している）。

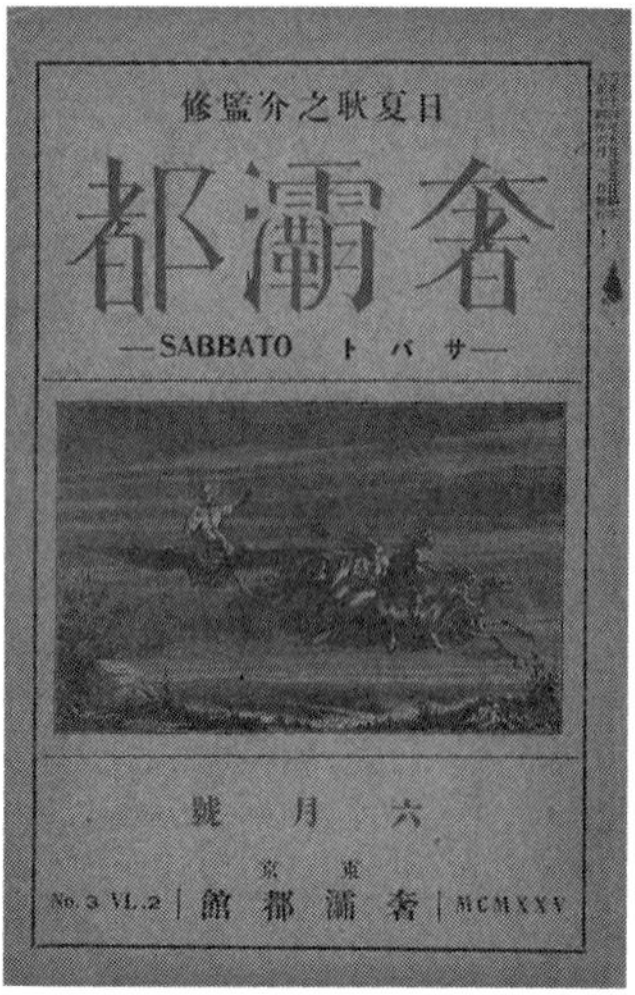

　同誌にはモダニズム系の衣巻省三や稲垣足穂など小説も多く載せている。これは百号を越えて続いた。詩の他に俳句もつくり、昭和十年、モダニズム詩人による俳句誌『風流陣』を文藝汎論社か

ら創刊。岩佐の豆本句集に『昼花火』（昭和十五年）がある。同じ風流陣俳句叢書（全十二冊）の一冊に、高橋鏡太郎の『空蝉』もある（限定一〇〇部）。昭和二十一年には北園克衛と『近代詩苑』を創刊した（私はこの事実を初めて知った）。洒脱な粋人としても知られ、晩年はＮＨＫラジオ「とんち教室」生徒の一人として出演している。昭和四十九年に亡くなった。詩集には『ぷろむなあど』――日夏の序文、限定百部私家版――（近代文明社、大正十二年）『航空術』（第一書房、昭和六年）、『三十歳』（文藝汎論社、昭和十二年）、『春秋』（同、昭和十六年）、『幻燈画』（岩谷書店、昭和二十二年）などがある。

例の『大事典』には「洗練された明るいウィットと瀟洒《しょうしゃ》なユーモアを特色とする軽妙なモダニズム的スタイルの抒情を完成した」とある。

私は、詩集の二冊は昔、欠陥本を持っていたのだが、じっくり読んではいない。詩集も、また安い本を探して、読んでみたいものだ。ただ、氏の遺した随筆集は昔入手して面白く読み、気に入って、『茶煙閑語』（文藝汎論社、昭和十二年）、『茶烟亭灯逸傳』（書物展望社、昭和十四年）は未だに書架にある（但し、どちらも裸本）。例えば後者にある「詩集『三十歳』刊行記」などは、限定本造りの苦労を詳細に語ったもので、抜群に面白い。何しろ、限定一五〇部の内、予約で申し込んだ読者用に、約六十冊は天銀、唐さん縞の布装に、岩佐の各々違う詩原稿を表紙に貼った上を、またうすい和紙で貼った、というから凝りに凝っている。「古本漁り」の一文もある。『風船蟲』（青潮社、昭和二十五年）と『くりくり坊主』（書物展望社、昭和十六年）も以前持っていたのだが、なぜか手放してしまった。

実は最近、山形の阿部久書店月報の五〇〇円均一コーナーに『くりくり坊主』を見つけたので、また注文してしまった。幸い、届いたのを見ると、期待以上の函入、美本で、喜んだ。さすがに書物展望社、斎藤昌三の装幀本だけあって、表紙が鮮かなブルーで、背にかけて白の継ぎ目製本、見返し、扉も目がさめるようなブルーの厚紙、それに和紙の捨て扉に、岩佐の署名落款入りの一句「葉桜や夕べしづかに雨となる」が入っている。その上、天が天金でなく、天青になっているという凝った造本で、私はこの本でしか見たことがない。

改めて、パラパラと拾い読みしてみる。やはり、中でも本や雑誌、古本屋にまつわる文章が面白い。例えば「雑誌壹百冊」では、『書物展望』が百号を迎えたことに想いを至し（昭和六年七月号が創刊号）祝意を表し、交流の深かった斎藤昌三のことを語っている。書物展望社に来る人たちは皆のんきになって、無駄話をして油を売っているが、そんな中で斎藤氏は厭な顔もせず相手になりながら、さっさと編集作業をこなしていたそうだ。その文中に、「印刷所によっては活字不足で、やたらにゲタが這入ってゐる場合など泣きたくなる。先日も僕の『文藝汎論』のある小説で、『靴』と云ふ字がなくて、『靴』が全部ゲタになったなどは悪い洒落であらう」とあるのなどは、傑作な校正ゲラのケースである（ゲタというのは、活字がない場合、ゲタの跡のような黒い記号を仮に置いておくのである）。活版印刷時代でしか起らない話だが。

また「雑誌の創刊」では『文藝汎論』創刊時の裏話を語っているが、病いを得た西山文雄が創刊費用に七十円提供してくれ、岩佐氏も自分で五十円と母にも三十円寄付してもらったという。さらに、『書物展望』を斎藤氏と創刊したばかりの旧知の岩本和三郎が、元の編集部にいた『東京堂月報』に無料で創刊号の広告を出してくれたのにも感謝している。創刊号は二〇〇〇部刷って栗田書店に委託し、他に寄贈用として二〇〇部余りを刷った。一〇〇〇部以上売れれば利益が出るはずだったが、実際は五〇〇部しか売れず、がっかりした。しかし、他の同人の手前、誰にも言わなかったという。それが以後、毎月欠かさず出し今度、百号を迎えるのだから愉快だと結んでいる。書誌によれば、通巻一五〇号（昭和十九年二月号）まで出ている。

他にも、『文藝汎論』に表題作を載せたモダニズム小説集、石河穣治の『水泳選手』（七篇収録。民族社、昭和十六年）の大へん好意的な紹介もあり、私はぜひ読んでみたいと思った。但し、本書は現在、国会図書館にしか所蔵されていない。ちなみに本書中の一文「兵隊古本屋」を、私が編集したアンソロジー『古本漁りの魅惑』（東京書籍、平成十二年）に収録させてもらったというご縁もあるのだ。『文藝汎論』は現在、石神井書林などで七〇〇〇円位は付いているので、おいそれとは手が出ない。私は古本展でたまたま安く手に入れた昭和八年九月号の〈短篇小説九人集〉のみ持って

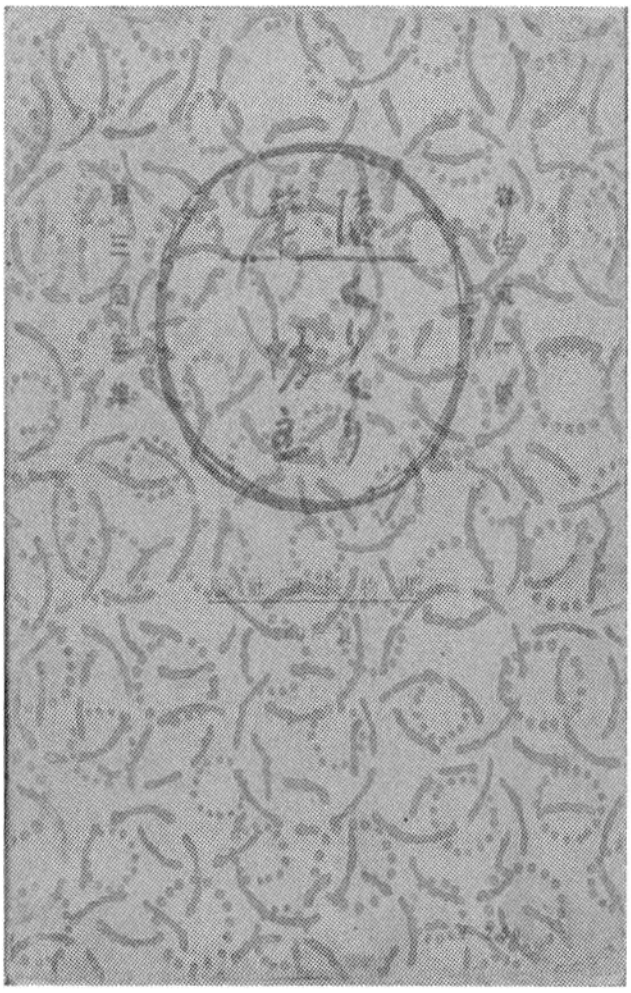
『くりくり坊主』函

いる。岩佐や阪本越郎、衣巻省三らが小説を載せている珍しい号である（表紙は北園克衛、三一〇頁参照）。

山本信雄のその後――岩佐東一郎『くりくり坊主』から

さて私は『くりくり坊主』をあちこち読みながら、令和三年、古本で、岩佐の『書痴半代記』（ウェッジ文庫、平成二十一年）も入手していたことを憶い出した。本書も以前、元版の東京文献センター刊の本を持っていたのである。文庫版には、内堀弘氏が解説を書いている。これも、表題や「書痴交遊録」「書痴漫筆」の三部から成る実に読みごたえある、古本ファンに格好の随筆集だが、長くなるので、詳しい内容紹介はまたの機会にしよう。

お待たせしました。ここからやっと主題に関連する一文（『春燕集』の人）の紹介に入ろう。

氏は三、四年ばかり前、届いた俳句雑誌『春燈』――戦後すぐ、久保田万太郎主宰、安住敦編集で創刊したものだが、村上菊一郎、吹田順助といった外国文学者や木下夕爾、岩佐や俳人の奇人・高橋鏡太郎なども随筆を寄稿している、実に充実した雑誌である。私も古書展で十数冊入手し、旧書『古書往来』の一文で紹介したことがある。――をめくっていて、俳句欄にある人物名を見出し、はてな?と思う。それは、戦前、『文藝汎論』に度々詩を寄稿してもらっていて、昭和八年に『木苺』という清楚な詩集を同人だった「椎の木」社から出した山本信雄さんだった。初めは同名異人の人かと思ったらしい。山本氏は大阪のK銀行に勤めていたが、戦前、所用で上京した折、いろいろ交友があった。岩佐氏の家の近くにあるK銀行の社員寮にいつも泊ったので、よく寄ってくれたという。その山本氏が今度、春燈叢書の一冊として、句集『春燕集』（跋文・安住敦）を出したので、とても喜んでいる。本書には他に散文詩や随筆も収めているという。岩佐氏は本書から好みの句、十句を引用している。その中から私も三句だけ孫引きさせていただこう。

紙魚落つる青春褪せしジイドが書
葛切りに京の暑さは云ふまじや
みな歪む野の墓冬の虹立てり

岩佐氏は、自分と正反対で、山本さんは静かな人で、いつも遠慮がちな人だ、と語っている。

本篇には実は後日談もあるのだ。私は最近、久々に京都の善行堂で催された一箱古本市をのぞくため、神戸から足を運んだ。その折、各々の一箱をのぞいたあとで、雑然と積まれた本や雑誌も漁っていたら、その中から、粗末な紙で造られた、表紙も共紙の私家本らしい薄い詩集が出てきた。一寸のぞいていると、「あっ、その本は売り物ではないです」と善行氏は言われる。後で氏に確認したところ、『山本のぶお詩集』であった。杉本秀太郎への献呈本の由。ひらがな名なので、別人かもしれないが、名前を漢字とひらがな両方で表記する文学者は間々いるので、同人物の可能性もまだかすかにある。遺稿詩集かもしれない。岩佐氏のエッセイによれば、山本氏は第二詩集『灯下』を出す予定だったが、その時点では未刊だったという。善行氏も、山本信雄の『木苺』や句集を知っており、調べているところだと言われる（恐るべし、善行氏！）。いずれ、その結果をエッセイに詳しく書いてくださるのを私は期待している。

以上が、『椎の木』同人の一人だった、大阪の山本信雄についての、ささやかな紹介である。

（二〇二二年五月二十六日）

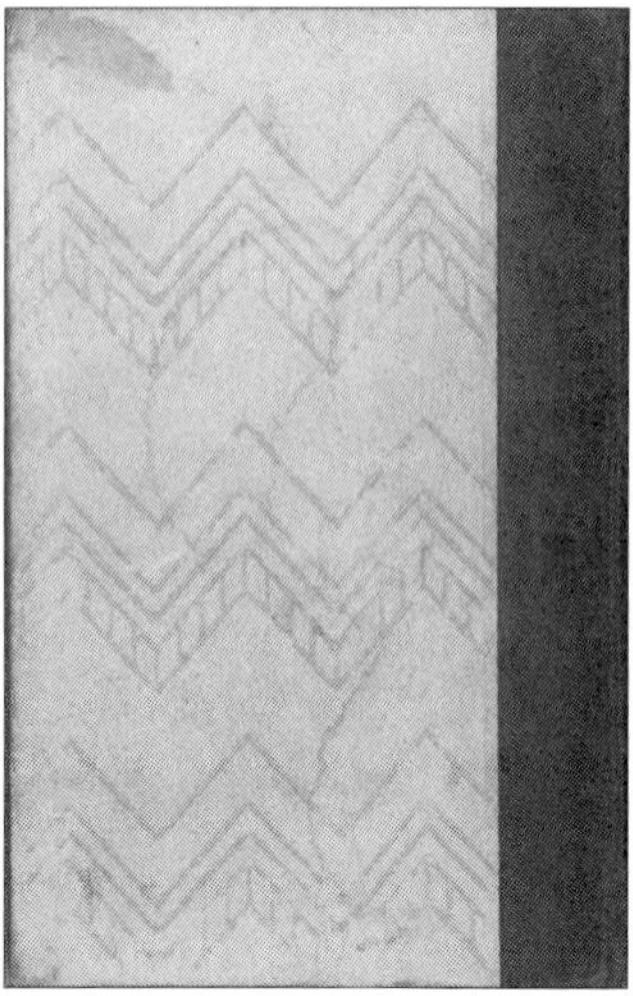

『航空術』表紙

岩佐東一郎詩集『航空術』から

私は前述の『大事典』での岩佐の詩風への高い評価を知り、氏の詩集を改めて読んでみたくなった。そこで「日本の古本屋」で検索したところ、沖縄のブックスジノンから、裸本ながら、第二詩集『航空術』（第一書房、昭和六年）が何と千二百円で出品されているのを見つけ、喜んで注文した。この貴重な東京発の古書が、いかなる経由で沖縄の古本屋にたどり着いたのかにも好奇心をそそられる。本書は、第一書房の「今日の詩人叢書」全十冊中の一冊で、三好達治の『測量船』や竹中郁の『象牙海岸』、田中冬二の『海の見える石段』などの名詩集も同シリーズに入っている。背にかけての継ぎ目部分が皮装で、タイトルが金文字。とても感じのいい装幀だ。

まだ全部は読んでいないが、期待にたがわぬ、エスプリとユーモア、巧みな比喩に富んだ明るい詩が多い。ただ、時代のせいか、すべての漢字にルビがふられているので、かえってそれに目をとられて邪魔になり、スッと読み通せないきらいはある。

せっかくの機会なので、選択に大いに迷うが（表題作の他にも、面白い詩が満載だ）、私のとくに気に入った作品を次に二つだけ引用しておこう。まず短い詩、「主義」を。

主義とは紳士の散歩杖。奥さんの出世箱。お嬢さんのビューティ・スポットの類《たぐ》ひであるか。
つまりは心の装身具。邪魔でなければ持つがよろしい。

午　前

新聞が朝を戸毎《とごと》に配達する
珈琲茶碗がぱつちり眼を覚ます
郊外が都会人《ひとびと》を追ひ立てる
ラッシ・アワアが身がまへる
眠気《ねむけ》が粉々に打ち砕《くだ》かれる
からつぽな都会《まち》が蓋《ふた》を開ける

昇降機《リフト》のピストンが動き出す
街路が群集のベルトをかける
交通整理が機《はた》を織る
百貨店の温度が上昇する
ロオルス・ロイスが奥さんを取り出《いだ》す
やがて正午が食欲を整理する
そして雲が太陽の汗をぬぐふ

（筆者注・ルビは大部分カットし、必要なものだけに止めた。昇降機はエレベーターのこと）

（二〇二二年五月三十日）

※　※　※

本稿校正中に、神田の呂古書房から岩佐の可愛らしい豆本詩集『カレンダー』（北海道、えぞ豆本、昭和三十二年、四十六頁）が届いた。本書は主に自ら選んだ十五編の詩が収められている。やはり秀逸な比喩があちこちに散りばめられた、楽しい詩集だ。とくに初めの二編のエロティックな作品にはドキッとさせられる（お主、やるな！と）。これは読者には見せられない（笑）。

この中に私がどうしても紹介しておきたい詩があったので、少し長くなるが全文引用させていただこう。

文字

ああ　いくとせ
わたしは昆蟲採りのように
原稿紙の細かな網の目の中へ
文字を捕らえようとして
人生の草原を駈けめぐったことだろう
文字は蝶のように舞いあがり
文字は螢のように光を発し
だが　この網に入ると
それは醜い蛾となっていた
それは枯葉となっていた
文字を追い回し
文字をたずねて

青春の年月を浪費したわたしに
いま　悔恨の白髪が
静かに黄昏の霧と降りかかり
どっかと年齢の切株に腰を下ろすと
文字は大空の星となって
わたしの頭上に
ゆかしく　けだかく
無限の詩を描いていた

これは物を書くすべての人が思い当り、共感する作品ではなかろうか。（令和四年十二月二十八日）

山本信雄のエッセイから――百田宗治とのつきあい

岩佐東一郎の随筆から、『椎の木』同人だった山本信雄のおもかげをわずかながらうかがえたものの、山本氏の略歴や著作についての情報はまだごく少ない。第一、氏の詩もまだ一篇も読んでいない。そこでふと思いついたのが、第一次『椎の木』複刻版（ゆまに書房）から、山本氏の作品を少しでもコピーして参照することだった。神奈川近代文学館の人に尋ねると、人物別索引が付いているというので、まずそれをコピーしてもらい、その三分の二位にあたる一、二巻の掲載分コピーを送ってもらった。索引は掲載号を列記しているだけで、作品名は分からず、届いたのを見ると、詩より散文やエッセイの方が多かった。エッセイは短いものが殆どだが、それを読むと銀行員だったせいか、余暇生活はなかなか豊かだったことがうかがえる（エリートかも？）。三木市の広野ゴルフ場に出かけたり、六甲音楽園での印象、梅田の朝日会館でテレシイナの踊りを見たり、その十階の「アラスカ」で休んだり、花園ラグビーの観戦、宝塚レビューの観劇などが出てくる。

私にとって一番興味深かったのは、「あ・ら・ばあじゅ」という散文のコーナーに何度も掲載されていた「ＰＯＲＴＥ—ＶＯＩＸ」と題する一連の文章である。丁度、氏の詩集『木苺』出版の前後に当る時期に書かれている。

そこに百田宗治との長いつきあいについても回想されている。それらをつなぎ合わせて書いておこう。百田氏が大阪の住吉公園のお寺の一室に住んでいた頃、まだ中学生だった山本氏が厄介になっていて（親戚なのだろうか、そのへん、不明である）、『叙情小曲集』という私家版詩集をつくり、百田氏に序文を書いてもらったという。それを金沢の室生犀星にも贈ったところ、金沢一中生の詩人から同人誌創刊への誘いの便りが来て、犀星の甥に当る小畠敏種ら四、五人と『翁行燈』という詩雑誌を出した。これは大連の『亞』や竹中郁の『羅針』などに次いで、評判がよかった、と述べている。これも私の知らなかった雑誌である。

「巻麺麭《パン》の丘」という一文では、氏が慶応大に通い出した頃（英文科だろうか、不明）、大森の子母沢の下宿の二階に百田氏と隣り同志の部屋にいた、という。「その窓から巻麺麭の丘が見えた。「巻麺麭の丘」と言ふのはその頃百田さんが、或る少女雑誌にお書きになった散文の題だった」。近くの森の風景は絵葉書に見る露西亜の風景そっくりで、百田氏によく連れられて、ピン・ポンをしたり、森を散歩したりしたそうだ。

椎の木社から詩集を出す計画は六、七年前からあったが、ぐずぐずしていた。昭和八年九月に椎の木社から、百田氏に一切をお委せしてやっと『木苺』（限定一二〇部）を出せた喜びを語っているが、初め氏は『沙羅の木』をタイトルに考えていた。それを百田氏の意見で『木苺』に改題したのだという。というのは、その二、三年前、氏は神経衰弱になり、浜寺近くの諏訪の森海岸で仮住いしていたおり、個人雑誌『木苺』を道楽で六号まで出した。田中冬二、安西冬衛、竹中郁、阪本越郎などが度々寄稿してくれ、「当時大阪では珍しい清新なものだったと自負している」と言う。この雑誌は詩史の上でも殆んど知られていないのではなかろうか。百田氏による改題は、そんな事情も考慮されたのかもしれない。

詩集の打合せのためか、四月の初めに上京し、東中野の椎の木社（百田の自宅）を訪ね、七年ぶりに百田氏と会っている。七つになる娘の暁見さんにも初めて会い、「ああ、暁見さんが笑つてゐる。ぱいぷの中の家族。蓮華《れんげ》の花を模様にして奥さんが佇つてゐらつしゃる」と。傍点筆者は、百田氏の詩集のタイトル（金星堂、昭和六年）である。氏のチヤチなコダック（謙遜だろう）で一家の写真を写した印象である。詩集出版後、大阪のブルジョワ詩人、山村酉之助と一緒に上京し、高祖保の『希臘十字』（限定七十部）出版の会と兼ねて、銀座で記念会を催してもらったことを報告している。帰宅すると、真紅の『西脇順三郎詩集』、署名入りの著者本第一冊が届けられていて、「まるで外国製の本ではないかと思はれるやうな華麗な鷹揚な、宝石のやうな手触りの本」と印している。西脇氏は慶応大教授だったから、講義を聴いていた可能性もある。モダニズム詩胎動時代の雰囲気がリアルタイムで伝わってくる文章だ。これは同じ椎の木社から、昭和八年九月に『木苺』にわずかに遅れて出た『Ambarvalia』のことだろう（限定三〇〇部）。

肝心の詩については『木苺』以後に『椎の木』に発表された八篇位しかコピーで見ていない。『椎の木』の他の前衛的なモダニズム詩に比べると、分かりやすく叙情的な詩が大部分のように思う。短詩を重ねてゆく、総題が「ナプキンに書いた詩」――竹中郁のシネポエム的な――も面白いが、ここでは「蝉」を総題とする二篇の詩を紹介させていただこう。

有加里《ユウカリ》の大木の頂辺《てっぺん》に蝉が啼いてゐる
さしあげる子供等の竿はとどかない
夕景がその簇葉の中に涼しい吊床をつくる頃
蝉は見えない空の一方へさびしいその翅を拡げていつた

紫陽花
――病後のある日

山のホテルの前庭《にわ》のあぢさゐ
テニス・コートに翻る虹のやうな裳裾《スカート》
ああ　噴上みたいに高く打ち揚がる白球
その影だけがあぢさゐの上を横切《よぎ》って
遠く海の方へ堕ちて行く
――耀く六月の陽は麦藁《わら》帽子の下に支へ切れず……

さらに、詩集出版のしばらく前に書かれた「アカシアの家から」には、『青い夜道』の詩人、田中冬二《ふゆじ》との手紙を通した親密な交流が書かれている。「私に頂く手紙にはいつも旅や草花や季節の詩が美しく織りこめられてゐる。この人の頂いた手紙を綴ると大変爽《さわ》やかな一巻の詩集が出来上りそうである」と。そして「僕の詩集『木苺』が出たら最も喜んで下さる僕の親しい人たちの中の田中冬二さんは一人である」とも。むろん、百田宗治は言わずもがな、であろう。そういえば、冬二氏も同じ銀行員だったから、より身近に感じられる親しい存在だったことだろう。
以上、全く不充分ながら、山本氏の詩的生活の一端を垣間見れたことで良しとしようか。

（二〇二二年六月六日）

（追記7）『柵』で山本信雄の没年を推測

第七次のコロナ禍が急速に拡大しているので、部屋にいる時間が多くなった。今まで入手した雑誌類などを乱雑に積んでいる棚を何げなく整理していたら、大阪発の雑誌『柵』が四冊程出てきた。以前、〝街の草〟さんで入手したものだ。この雑誌は詩人の志賀英夫氏が編集・発行していたもので、全国的に見ても内容のレベルが高く、とくに連載エッセイは例えば、「稲垣足穂」（吉村英夫）や「ジャン・コクトオへの旅」（三木英治）など、文学史・詩史の重要な資料となるものがいろいろ含まれている。私は見つける度に、その目次をチェックして、注目すべき記事がある号なら買うことにしている。入手した直後に読もうと思う箇所に付箋を貼っていたのだが、どうしたわけか、まだ一つも読んでいなかった（いかに怠け者かが分かりますな）。

そのうちの一冊、昭和六十二年十一月号（通巻十一号）には、大野新の「井上多喜三郎さんの自転車」（二段組六頁）と杉山平一の「竹中郁――詩人という身体」（同二頁）が載っている。二つとも追悼の文章だが、私は初めて読む興味深いものであった。さすがに身近につきあった詩人の観察は鋭い。また、八号には、私が『関西古本探検』で紹介した大阪の古い詩人、大西鵜之介の追悼談が藤村青一によって語られていて、貴重だ。ただ、ここはその場所ではないので、詳しい紹介は別の機会にゆずろう。

私がアッと目を止めたのは、志賀氏の編集後記に当る「身辺雑記」という日録風の頁である。そこに、「九月二十日　山本信雄未亡人から、柵の皆様にと、日本現代詩大系全十三巻を送って下さる。御厚意を皆さんにお伝えしおわけした」とあったからだ（傍点筆者）。おそらく亡き夫君の蔵書整理の一環として贈られてきたのだろう。これによって、晩年の山本氏が『柵』とかかわっていたこと、とくに志賀氏と交流が深かったことがうかがわれる。推測にすぎないが、山本氏はこの半年以内か前年、即ち昭和六十一年〜六十二年に亡くなられたのでは、と思われる。山本氏の没年の手がかりがなかった私には一寸したうれしい発見であった（もっとも、年月がたってから、処分する遺族もいるが）。

もう一つ、この号の裏広告に『柵』の発行所、詩画工房（大阪府豊能郡能勢町）の新刊案内として、『藤村青一作品集』が出ているではないか。内容紹介が次のようになっている。

「『聖』と『俗』、即ち魂と肉体の葛藤という主眼で氏の世界を眺め、編集の都合で、主知的、構成的な短詩を選んで、以後の氏の詩の世界を暗示するとともに、当時の著者のシュルレアリスムへのいち早い詩的接近を紹介した」と。これはまさしく、『椎の木』時代を中心とする青一氏のモダニズム詩を収録したものではないか。こんな本が出ていたとは全く知らなかった。今後ぜひ探求したいが、今のところ、「日本の古本屋」でもヒットしないし、所蔵図書館も分からない。また課題がふえてしまった。

（二〇二二年八月二日）

（追記8）　堺市立中央図書館へ『藤村青一作品集』を見に出かける

前述の追記で、藤村青一の未見の作品集について書いたが、以来どうも気になって、近くの図書館で調べてもらったところ、国会図書館にもないが、唯一、堺市立中央図書館に禁帯出だが所蔵されている、という。

ちと遠いなぁ、と思ったが、乗りかかった船なので、十月下旬のある日、思いきって堺市へ出かけた。近くに天皇陵古墳が沢山点在する、自然に恵まれた大仙公園の一郭にある現代的な明るい図書館であった。

早速、書庫から持ち出してもらった貴重な本と対面する。白いカバー地にタイトルだけのシンプルな装幀だ。目次の前頁に「安西美佐保氏寄贈」（美砂保氏は安西冬衛の奥さま）の印がある。これは堺出身の詩人、安西冬衛文庫の一冊なのである。全九十二頁。一九八七年十二月、詩画工房発行。

目次を見ると、想像していた未刊詩集ではなく、藤村氏の既刊詩集『保羅』『秘奥』、句集『白黒記』、随筆集『詩人複眼』などから、詩友、三木英治氏が選んで編纂したアンソロジーであった。氏が若い頃に描いたシュールで面白いカットも数点載せられている。

私は全体をパラパラ拾い読みした上で、全頁の半分に当たる四十五頁分位（詩集部分や随筆、三木氏のあとがきなど）を選び、コピー機でコピーして、図書館をあとにした（その前に開架の書棚もざっと見て回ったが、さすがに堺出身の与謝野晶子関係の本は充実していた）。

帰宅後、ざっと一読したが、詩集のところは、シュルレアリスム風のもので、やはり難解なものであった。私が興味深く読んだのは一篇のみの随筆「象牙の塔」四頁である。

昭和の初期、「南海沿線の岸之里駅近くに、『象牙の塔』という小さな、しかし風変わりな喫茶寮があった」と書き出されている。そこの主人は独身の彫刻家で、ピカソ、キリコ、アルキペンコなどの画集やコクトオ、ジャコブ、アラゴン、ヴァレリィー、ジイドなどの著作、それらに関連したレコードも備えられていた。『象牙の塔』には、無名の若き詩人、画家、音楽家たちが集まって、いつも愉快に議論していた。

青一氏はそこで初めて、近所に住んでいた川柳の大家、後に師匠となる麻生路郎氏と出会ったという。しかし、店の主人が事故で不慮の死を遂げて以来、そこに集まった芸術家の一人一人は戦争へと進む現実の風に突き当たり、落ちぶれたり消息不明になっていると聞く。氏は最後に「彼等の没落は架空な主観の拡充の故である。客観的な叡智の欠けていたこと、それは何といっても救われないことであった」と一文を結んでいる。

編者の「あとがき」は二段組みで七頁ある。ここで三木氏は、青一氏の略歴をたどり、各著作の概要とコメントを述べている。三木氏が初めて青一氏と出会ったのは、釜が崎の詩人、東淵修氏が出していた『銀河詩手帖』の寄稿者の集まりの場であった。そして本書の発行元、詩画工房の詩誌『柵』にも青一氏は寄稿している。さらに、三木氏らが出していた詩誌『今日の家』にも昭和五十四年に同人として参加してくれたという。

詳細は省くが、自身の回想によると、二十四歳時に出した第一詩集『保羅』の評判は芳しい評価を得られなかったという。とくに十二歳上の兄、同じく詩人の藤村雅光氏の評価は手厳しいものであった。残念ながら『椎の木』時代については言及されていない。第二詩集『秘奥』は昭和二十五年十二月に出されたが、その年末、全国に向けて二年間程刊行した『詩文化』も廃刊となっている。氏の失明については、句集『白黒記』に詳しく唱われており、詩人としての矜持が光芒を放っているという。三木氏によれば、氏は眼が不自由であっても、自由で無垢の人であり、詩人としての矜持と情熱をつねに私たちにおしえて下さる、と書いている。

氏は晩年も、白髪にベレー帽をかぶり紐ネクタイというダンディな恰好でよく姿を現したと言う。本書刊行時、青一氏は七十九歳だった。おそらく、氏を元気づけ励ますために、本書は三木氏らの誌友の援助もあって、出版されたのではないか（あくまでも推測ですが）。（二〇一二年十二月二十五日）

（付記）あと一つ、一寸した発見も報告しておこう。『柵』四号（昭和六十二年三月）には、石田三智雄が追悼文「敬愛する足立巻一――その生立ちと業績」を二段組み、七頁にわたって載せている。痛切極まりない哀悼の文章に胸を打たれる。石田氏については今まで知らなかったが、足立氏とは関西学院中学部の同級生だという。彼自身も病床でこの一文を書いている。

石田氏は、藤村青一が関西学院大在学中に主宰した『詩使徒』（シュルレアリスムの傾向が強い）――戦後『詩文化』と改題――にも昭和四年創刊から同人として参加している。

その冒頭で、詩友であった高梨一男の死を『柵』の記事で知り、驚いたと述べている。その高梨氏も自身も共に若い頃、『椎の木』同人であったという！　そして石田氏は昭和八年に詩同人誌『闘鶏』を創刊した人でもあるのだ。この雑誌に左川ちかや藤村青一も投稿したし、高梨氏や前述した静文夫も参加していたのである。ちなみに、高梨氏には東京幡ヶ谷で、古書店〝日輪書房〟をやっていた時代があるという。その当時、石田氏は初版本蒐集に凝っており、高梨氏は氏の書棚から、井伏や太宰の本など多数、買い取って（?）自転車に満載して持って帰った。石田氏はそれらによほど愛着があったのか、一冊二冊と買い戻しに行ったそうだ。高梨氏が最後に出版して贈ってくれた詩集は『羊腸詩集』（湯川書房、昭和五十九年）であった。高梨氏の詩集は私も古本屋で時々何か見た記憶があるなと思い、「日本の古本屋」で検索してみると、多数ヒットした。主な詩集のみあげておこう。

『晩夏』（大雅洞、昭和二十六年）、『呉春花』（昭森社、昭和四十三年）、『春雪』（大雅洞、昭和四十四年）など。他にも版画入りの私家本や、装幀、造本に凝った本が多いようだ。（二〇二一年八月二十日）

（付記）後日、ふと思いついて、グーグルで山本信雄を検索してみたところ、思いがけなく、岐阜在住の四季派の詩人、中島康博氏——実は私の旧著『雑誌渉猟日録』（皓星社、平成三十一年）でも一寸紹介した方——が主宰している「四季・コギト・詩集ホームページ」中に、山本氏の『木苺』の書影や目次が紹介されていたのだ。詩集に未収録の詩（私も一部、すでに引用した）も引用している。さらに、個人誌『木いちご』第一号の目次、句集『春燕集』（椎の木社、昭和四十一年刊）に寄せられた安住敦の「山本信雄への手紙」、著者のあとがき、田中冬二の『春燕集』についてのエスプリに富んだ書評（これは随筆集『妻科の家』（東京文献センター、昭和四十五年）に収録されている）

も。とくに、安住、田中氏の一文は、私の前述したことと密接なつながりをもつ文章ばかりで驚いている。しかし長くなるので残念ながらここでは省略せざるをえない。詳細はぜひこのサイトを見て下さい。

（二〇二二年十月八日）

（追記9）『詩と思想』高祖保特集号から——編集者としての高祖保

私は最近、島田龍氏のツイッターを毎回、面白く拝見している。その読書の守備範囲の広さ（マンガにも詳しい！）には感心するばかりだ。氏が六月末に、もうすぐ発売される『詩と思想』（土曜美術社出版販売）七月号が〈高祖保〉特集であり、そこに氏も「高祖保と左川ちか」を寄稿している、と報告しているのを見た。ただ、この雑誌は現在は書店に殆ど出ていない（書友、小野原道雄氏によれば、唯一、西梅田のジュンク堂には一冊あったという）ので、私はあわててJR六甲道駅前のアミーゴ書店から注文して、やっと手に入れた。

本特集は、高祖保研究の第一人者、前述の外村彰氏を中心に企画されたもので、巻頭の外村氏の談話では雑誌の『英挙』だと言う。確かにその通りで、私は以前、大阪の詩誌『びーぐる』三十四号で、黒瀬勝巳特集が出たときも同様の感慨を抱いたものである（残念ながら、『びーぐる』は令和五年四月、五十九号で終刊した）。

けれども、私は高祖保の遺した詩集『希臘十字』（椎の木社、昭和八年）、『禽のゐる五分間写生』（井上多喜三郎の月曜発行所、昭和十六年）、『雪』（文藝汎論社、昭和十七年）、『夜のひきあけ』（青木書店、昭和十九年）『高祖保詩集』（岩谷書店、昭和二十二年）を一冊も入手していないし、外村氏の詳しい評伝『念ふ鳥　詩人高祖保』（龜鳴屋、限定二〇八部、平成二十一年）などもまだ読んでいない。そんな私でも、本特集を読んでゆくと（まだ途中だが）、高祖保入門として最適な内容で、ぐんぐん引き込まれ、今後、ぜひ探求してゆきたい気持にさせられる。もっとも、本篇の『椎の木』探索は、いささか長くなりすぎたので、もう余力もなく、今まで書きもらしたことで、私が特に注目した点を本特集から簡単に紹介するにとどめよう。

まず、大塚常樹氏の「高祖保を育てた『椎の木』」が本稿と関連があって注目される。

高祖はすでに第一次『椎の木』四号から百田宗治の呼びかけに応じて参加して、以後十二号まで毎号のように詩や俳句を投稿している。氏が彦根中学四年生のまだ十六歳の頃からというから驚く。百田は初期から左川ちかとともに高祖の作品を高く評価し、だからこそ、第一詩集『希臘十字』も自社から出版したのだろう。後に百田は高祖が出征する前年の昭和十八年、『文藝汎論』誌上で、高祖を「天童」と呼んだという。なお、第一次『椎の木』には総計一三八人の詩人が作品を発表しているそうだ。

高祖が編集者としても早熟な才能があったことは、大阪のユニークな文芸小冊子『ぽかん』でも探索的な好エッセイを二度分載せている、点字図書館に勤める彦根出身の澤村潤一郎氏が書いている。高祖は彦根中学卒業後、昭和四年一月に友人二人と文芸誌『門』を創刊、八輯まで出している。その執筆メンバーを高村光太郎、竹内勝太郎ら二十名余りあげているが、世に知られた錚々たる詩人たちばかりである。『椎の木』関係者だけでも、百田宗治、外山卯三郎、春山行夫、三好達治、近藤東らがいる。なお、澤村氏は『門』創刊号を所蔵しているようだ。ひょっとしたら、詩人、故武田豊が営んでいた滋賀、長浜にあった〝ラリルレロ書店〟で見つけたのかもしれない（書影もある）。他の七冊は外村彰氏から提供されたという。これもすごい蒐集である。外村氏によると、この『門』の複刻版出版も計画中だと語っている。実現を期待しよう。

さらに扉野良人氏の「『をぢさんの詩』のこと」（高村光太郎の詩集のこと）で知ったのだが、高祖は外村氏作成の年譜によると、昭和十八年、高村宅に通い、『をぢさんの詩』編纂を手伝っている。前述の『門』に高村が「その詩」を寄稿して以来の交流の結果であろう。高村は、高祖の追悼文で「組方から、校正から、かな使ひから、装幀から、その隅々にまで彼の神経が行きわたった」と書いているという。その高祖は昭和十九年、陸軍少尉として応召され、東南アジアを転戦の後、ビルマ（現ミャンマー）で、故国に妻子を遺し、翌年、三十五歳で戦病死したというから、何とも痛ましい。

高祖保と岩佐東一郎の交流

さて、本篇の追記の流れからして、私があまり知らなかった高祖と岩佐東一郎との交流についても本特集でふれられているので、報告しておこう。

島田龍氏の一文によると、昭和八年十月、銀座で開かれた『椎の木』の座談会に二十三歳の高祖も参加し、同じテーブルに岩佐、城左門、左川ちかがいた。それ以来、親しい友人となり、『文藝汎論』に詩文を寄稿するようになる。昭和十八年四月号から、翌年二月の廃刊まで同誌の編集同人でもあった。年譜によれば、昭和十七年、文藝汎論社から第三詩集『雪』を出版、岩佐と関西方面に旅行もしている。翌年、本書で第九回文藝汎論詩集賞を受賞する。岩佐は戦後昭和二十一年七月に出た『現代詩』に、高祖の追悼文を寄せ、こう書いている。「遠い異郷の野戦病院で死を目前にした彼が、どんなにか家族を想ひ、故国を偲んだことか、私はそれだけでも胸が苦しくなる。涙がこみあげて来る」と（島田氏の一文による）。これは高祖一人のことではなく、第二次世界大戦で、外地でむなしく戦没したすべての日本人たちへの、生き残った者からの痛切な想いであろう。外村氏によれば、岩佐は高祖を「至純の童心に充ちた青年紳士」と評したそうである。またウィキペディアによれば、堀口大学は高祖を、「『雪』の詩人」と呼んでいる。

高祖の詩に見られる霊的な世界観は、母親の信仰した大本教からの影響もあるのでは、という外村氏の指摘も興味深い。

なお、本誌で、重光はるみ氏が後期の詩集『夜のひきあけ』から「牛」を、未刊詩集『獨楽』から「家庭」を紹介しており、高祖の素直で愉快な家族愛についても言及している。私には、難解な高祖詩のイメージをくつがえす意外な作品であった。

以上、私はあまりにダラダラと長く書きすぎた気がしないでもない。耐えきれぬ酷暑の中、ここらで筆をおき、冷房をつけて眠りに入ろうと思う。

（二〇二二年七月六日）

（付記）　新資料を入手したので、ごく簡単に紹介しておこう。

高祖保の御子息で、元読売新聞文化部デスクの記者として長年活躍されてきた、現在八十六歳の宮部修氏が令和五年八月、思潮社から『父、高祖保の声を探して』を出版された。父親の肖像を様々な角度から描くとともに、詩集ごとに多くの作品を引用しつつ、その詩風の変遷や発展を探っていて、実に読みごたえがある。

私はまず、表紙や口絵にある高祖の、端正で気品ある、今で言う超イケメンの顔写真に驚かされた。内容はもう詳しく紹介できないが、高祖が生涯にわたり、信頼できる人間関係を築いた人物として、各々の詩集の版元となった百田宗治、井上多喜三郎、岩佐東一郎をあげて書いているのが注目される。中でも私の印象に残ったのが、宮部氏が「百田の持論に『詩集の造本は詩の一部である』がある」と述べているくだりである。この出典を知りたいが、書かれていない。今まで知らなかった百田の持論で、椎の木社のシンプルながら凝った造本を垣間見ている私にも、なるほどそうだったのか、と納得させられたのである。

（二〇二三年十月十日）

エピローグ——田居尚《ひさし》『蘇春記』から

これまで、私は力不足ながら、奥深い出版史の森（モダニズム出版社を中心とする）に分け入ってさ迷い、たどたどしい足どりではあるが、ほぼその探検を終えてホッと一息ついていた。

そこへ、もう一冊、合同目録「五反田遊古会」中の石黒書店の出品に、本書に関連する文献、田居尚の『蘇春記——素膚の伊藤整』（岩崎書店、昭和五十一年）を見出した。サブタイトルが表記されていなければ、見逃したかもしれない。記憶はうろ覚えながら、田居尚といえば、同じ北海道出身の伊藤整とは若い頃からの文学仲間で、上京してからも伊藤を中心に創刊された『文藝レビュー』などの同人であった人である。これは何か新たな情報が得られるかもしれないと思い、注文しておいたのである。届いたのを見ると、函入りカバー付き、A5判で四一〇頁の大冊で、いささか驚いた。これが定価以下の一一〇〇円とは！（ただ、「日本の古本屋」で検索してみると、意外に沢山出ており、一〇〇〇円以下の値段も多い）。伊藤整研究の基礎的文献として重要と思われるのだが、古本屋や研究者にもあまりその価値が知られていないのだろうか。

田居氏は、伊藤整の生涯にわたる盟友、川崎昇のいとこに当る人で（旧姓・川崎尚）大正十年頃、十六歳のとき、詩歌誌『青空』を創刊主宰、そこで短歌を投稿した伊藤と初めて出会っている。田居氏も短歌を精力的に発表した。氏の詳しい履歴は、奥付の略歴でもなぜか年代が記されていないのでよく分からないが、伊藤より早く上京し、日本大学を卒業、『信天翁』『文藝レビュー』『新作家』『新文藝時代』に同人として参加した。一時北海道へ帰り、北海道新聞学芸部記者として働く。その後、しだいに文学からは離れ、三鷹市教育委員長や理工出版社長などを務めている。晩年は能評論や演者としても活動した。伊藤とは私的にも生涯にわたり親密に交友している（そのせいか、歯に衣着せぬ伊藤への評言が多い）。

本書は田居氏がこれまで書いてきた随筆・評論類を一冊にまとめたもので（詩歌集は『信天翁』として別に出版）、北海道文芸史回顧や能楽の解説、伊藤の『得能物語』の主人公のモデルとなった杉沢仁太郎のことなど多岐にわたるが、中でも注目すべき力作は「素膚の伊藤整」であろう。これは新聞記者としての厳しい視点から『若い詩人の肖像』に仮名で登場する初恋の女性の生涯を追跡し、晩年の彼女ともインタビューしたものだ。その詳しい内容は本書を読んでいただくしかないが、本書を拾い読みしていて、私の今回の原稿全体の（追記）とも呼べるような文章に出会ったので、最後に報告しておきたいと思う。

本書には昭和五年頃、『文藝レビュー』同人として知り合って以来の友人、福田清人が丁寧で親切な序文を寄せており、跋文には私の原稿でもあちこちに登場するキーパーソンの一人、春山行夫が書いているのだ。その春山氏が注目した田居氏の文章の一つに、「浜木綿」と題する、百田宗治の追悼記をあげている。春山氏は「百田さんのことをこんなに親密に、こまかく伝えた文章をよむのははじめてである。百田さんは『椎の木』で多くの詩人を育てたが、この詩人のことは不思議にだれも書かないからである」と述べている。これは本書出版の時点での感想だが、してみると、私が不十分ながら百田氏について断片的に書いた文章も、少しは意味があろうかと、うれしくなる。

百田氏は昭和三十年十二月に六十二歳で亡くなった。春山氏は百田氏の死後、伊藤整と相談して「百田会」をつくり、伊藤が多忙をきわめているので世話役を一手に引受け、毎年、一月二十五日『椎の木』同人だった人を中心に二十人程が集まり、故人を偲んだ。初回には親友だった室生犀星も参加し、その後西脇順三郎や田中冬二も出席したという。その七周忌の記念の集まり（千葉県安房郡富山町の百田宅にて）の様子を田居氏が書いているのだ。そこで、まず百田氏の生涯を簡潔に紹介し、その詩集をすべてあげている。題名の「浜木綿」は百田氏の庭から頂戴して自家の庭で十余株殖やしたことから由来している。

その日参集した十七人程のうち、私が知っている人のみ、あげておこう。伊藤整、阪本越郎、白鳥省吾、巽聖歌、十和田操、春山行夫、滑川道夫、波多野完治、田居尚、岡本正一（厚生閣書店主人）、福岡益雄（金星堂主人）など。滑川、波多野、巽氏は綴方運動や国語教育、児童文学方面での関係だろう。このうち、八人もの人が私の原稿にも登場するのである。私があっと驚き、うれしくなったのは、本書で私が言及した二人の出版人も参加していたことだ。もちろん、ゆかりのある春山氏が招待したのだろう。百田貞子夫人も同席して、白鳥氏や岡本、福岡氏が語る、百田氏が世に出た頃の思い出話に皆が興味深く耳を傾けたという。各々がお互いに関係深かった懐かしい人に再会し、大いに話がはずんだことだろう。つくづく百田氏をめぐる豊饒な人間関係のつながりに、深い感慨を覚える。最後に、本書に記録された、記念の寄せ書から選んで少しばかり紹介しておこう。

薫風や海風も光る君の墓　白鳥省吾
野バラの丘海の見える　春山行夫
時々年々の花　伊藤　整
百田忌や松の新芽に風わたる　田居　尚
大手毬と君子蘭の寺に在り　十和田　操
薫風に子どもの詩を口ずさむ　滑川道夫
椎の花海見ゆ丘に墓立てり　福岡真寸夫

（二〇二三年六月一日）

※　※　※

最後にもう一つ。前述の文章で春山が百田宗治についての文章を不思議に見かけない、と嘆いており、私も八章の初めに百田の評伝はまだ出ていないのでは、と書いた。ところが、令和五年の、耐えがたい酷暑が続く八月のある日、私はふいに憶い出したのである。

昔、入手していた室生犀星の『我が愛する詩人の伝記』（中央公論社、昭和三十三年）にたしか、百田氏のことも書かれていたのではないかと。それで、急いで本棚をあちこち探してみたが、どこにも見当たらない。仕方なく、また神奈川近代文学館にその部分のコピーを依頼した。届いたのを見ると、二十頁にわたる文章である。中扉には、初めて見る百田の顔写真――眼鏡をかけた、斜め横からの精悍な顔つきで、どことなく室生にも似ている――が掲載されている。私は早速、興味津々で一読した。

本文は、室生独特の、くり返しの多い、粘っこい文体で、百田との長きにわたるつきあいやその人となりを、所々に百田の詩を引用しながら綴っていて大へん興味深い。ただ、親友同士の距離感の近さのためか、時に、かえって「そうだろうか？」と思える表現も見られる。例えば、「彼は誰にもしんせつで世話好きだったが、仕事のうえでは誰人も褒《ほ》めず、また、若い一人の詩人にむちゅうにならなかった」と室生は書いているが、私が八章で一寸ふれたように、『椎の木』同人の左川ちかと高祖保については、早くから高く評価し、手ばなしでほめてもいる。それとも、彼ら二人は例外だったのだろうか。これは本格的評伝というよりはあくまで、室生の眼に映った百田のスケッチであろう。

もっとも、私は室生の文章を読んで、百田が大抵、御家人風の和服を着ていたことや、前夫人のしをりさんが大阪出身の年上の人で、美しくて女らしい人だったこと、室生の田端時代の一時期、夫婦で自宅を訪れ、他の文学者たちと交って花札に興じたこと、また百田がしをり夫人を年上のせいか「あんた」と呼んでいたことなど初めて知ることができた（しをり夫人と別れた後、生涯の伴侶、卓子夫人と再婚する）。

ただ、私は本書を長々と書いてきたので、これ以上詳しく紹介する気力がもはやない。興味のある読者はぜひ原文に当って読まれることをお勧めします。

さらに、百田については、小田光雄氏が『近代出版史探索Ⅵ』一〇三一で、「百田宗治のポルトレ」なる貴重な一文を書いていることも付言しておきます。

最後になるが、私は本書で百田の仕事について散発的にいろいろ紹介したが、肝心の彼の詩作品については「ぱいぷの中の家族」一点しか引用していない。それで、もう一点だけ私の気に入った短い詩をあげておきたい。『冬花帖』（ハナ書房、昭和三年）収録のもの。

呪・文

詩を書くとき
言葉はすべて呪文となり、
どんなつまらぬ一語一語も

みな翼生えてかの遠き空に召されゆくごとし。

（付記）　本書の原稿を出版社に渡す直前、私は新刊の『左川ちか論集成』（川村湊・島田龍編。蒔田印刷エクセレントブックス、令和五年）を梅田のジュンク堂でやっと入手した。Ａ５判三七六頁の堂々たる上製本。カバー装画は、とても雰囲気のある多賀新の幻想的銅版画である。

本書の巻頭には、未読だった北海道の詩人、故小松瑛子さんによる左川ちかの画期的評伝「黒い天鵞絨の天使」が六十頁にわたって載っている。大へん読ませる文章である。この中にも、百田宗治についての好意的で的確な評言が述べられている。読者の参照をぜひお勧めします。省みて私は私なりに、入手した限られた資料をもとに、百田宗治のラフなスケッチを試みただけである。本書には左川ちかゆかりの人たちの沢山の興味津々の思い出や追悼文が収められており、どの短い文章も左川ちかの人間像を生き生きと伝えている。中でも、三年程親しくつきあった江間章子の回想が魅力的だ。私の引用したものともダブる文章も複数ある。ただ残念ながら頁数がふえるばかりなので、これ以上、本書から新しい情報を追加して紹介するのは控えておこう。

なお、島田龍氏による巻末の左川ちか研究史が、詳細きわまる力作であることを申し添えておこう。

（二〇二三年十二月一日）

あとがき

私の勝手気ままな探索の旅に最後までつきあって下さり、有難うございます。

さて、のっけから言い訳になって恐縮だが、私は近代文学や文学史の研究者でも文芸評論家でもなく、ただの古本好きの元編集者にすぎない。そんな私の書き方は、出版社の社史や研究者による社主の評伝、あるいは出版史の学術書のように、時系列に沿って体系的にまとめたものではなく、テーマに沿った探求の成果を日録風に順々に綴ったスタイルであり、話があちこちに飛び、時には古本が古本を呼んで脱線もしている。相変わらず追記や付記も多い。ただ、その探索の過程《プロセス》は逐一、正直に具体的に書いているので、臨場感に富んだものになっているとは思うのだが、如何だろうか（つまり、著者の楽屋裏をのぞきみる面白さはあるかもしれないと……）。

また本書では、主にモダニズム出版社の社主——金星堂の福岡益雄、厚生閣書店の岡本正一、椎の木社の百田宗治——や、そこで働いていた編集者——例えば、『詩と詩論』の春山行夫や金星堂にいた伊藤整、町野静雄、松山悦三、飯田豊二ら——さらには著者としてかかわった作家や詩人——その中には最近、続々本が出ている左川ちかや彼女と交友のあった北園克衛も登場する——、装幀した画家——亀山巌や吉田謙吉——、「アクション」同人の画家たちなどに焦点を当て、いろいろと盛り沢山に紹介しているが、正直に言って、肝心の内外のモダニズム文学（詩）そのものについては難解では、という先入観もあって不勉強で、執筆にあたって付け焼刃的にわずかに読んだ程度である。そのために思わぬ誤解や間違いを犯しているやもしれない。その点、読者のご海容をお願いいします。

まだある。私自身も出来る限り、ねばってときにはしつこい位に探索を続けたつもり――その間、一寸した新発見もあったように思うが、私の錯覚かもしれない――だが、何分、未だにパソコンも使えない旧人類なので、その情報蒐集力や調査能力にはどうしても限界がある。そういえば、東京の古書展では時たま、無名の編集者の遺稿集や追悼集が私家版で見つかるようだが、関西にいる私にはそんな機会もめったにない（正直、うらやましい）。そんな弱点を補う意味でも、今回もすぐれた近代文学や美術史の研究者たちの先行研究を出来る限り参照して、大いに援用させていただいた。その中でも、御親切なお便りを通してわずかに交流させていただいた故曽根博義先生の卓越した出版史研究の成果（金星堂、厚生閣書店）には多大な恩恵を受けている。改めて深く感謝いたします。

他にもお名前を列挙するだけで恐縮ながら、紅野敏郎、保昌正夫、関井光男（以上、故人）、外村彰、中尾務、和田博文、十重田裕一、島田龍、五十殿利治、速水豊、故大谷晃一、小田光雄各氏らのお仕事から、数々のご教示を受け、引用もさせていただいた。心からお礼申し上げます。

また日頃からお世話になっている英文学・英国文化史の大家で、古書通の大先輩でもある、中島俊郎先生――近年は寿岳文章の広い視野からの評伝にも取組まれている――から、今回も未知の資料の存在を教えていただき、原稿に役立てることができた。大へん有難く思っています。他にも情報をいただいた研究者や知人の方々がいるが、ここでは省略し、本文に逐一、報告しています。

さらに、創元社の現社長、矢部敬一氏から私の在籍中にお世話になった二代目社長、矢部文治氏の貴重な遺稿エッセイ集をいただき、本書にまがりなりに紹介できたことを喜んでいます。そういえば、私が名著『書物の近代』を読んで以来、その近代文学研究のユニークな成果に常に注目している紅野謙介氏からも、父君、故紅野敏郎先生の、インタビューによる自伝的回想録の小冊子を思いがけなく贈っていただき、わずかながら紹介させていただいたことも忘れがたい思い出です。

そして、私が当面、入手できそうもない資料類については、神奈川近代文学館や日本近代文学館、国会図書館、明石や堺、名古屋の市立図書館などにコピーをお願いして送ってもらった。とくに前者三館はその所蔵書の蓄積がすごく、戦前の相当稀少な本や雑誌も多数備えているので、執筆上大へん助けになった。改めてその存在の重要性、有難さを感じている。

むろん近隣の古本屋さんや全国各地の古本目録を出しているお店、さらに「日本の古本屋」のサイトで手に入れた資料も数多い。いつもながら古本屋さんの存在を抜きにして、私の執筆は不可能だった。今後も全国の古本屋さんたちの健闘を期待しています。

今回、私のくせのある手書きの原稿を三人の知人にお願いして活字化してもらったことも幸いであった。名古屋在住の若き優秀な書友、鈴木裕人君（龍膽寺雄研究者）と早川元将君、そして友人のT・Yさんの親切な御協力に心からお礼申し上げます。

改めてふり返ってみると、私が本書の執筆を始めたのは令和三年三月頃で、コロナ禍のまっ只中であった。私も一度、コロナにかかったが、幸い重症化には到らず、回復できた。しかしコロナ禍が下火になった現在も、今まで私が生きてきた中で予想だにしなかった気候変動や戦争、大地震、大事件が世界や日本でも起り続けている。それでもあと少しは生き延びて、数少ない趣味の一つである古本漁りも続けてゆけたら、と願うばかりである。

最後になるが、現在もなお厳しい出版状況の中で、『誤植文学アンソロジー』、『編集者の生きた空間』、『古本愛好家の読書日録』に引続き、今回も私の原稿を評価して下さり、出版の決断を下してくださった論創社社長、森下紀夫氏には感謝の言葉しかありません。本当に有難うございました。

本書が出版史や編集者の仕事、そして古書に関心のある読者に少しでも楽しんでいただけたら、この上なく幸いに思います。

令和六（二〇二四）年二月十七日　　七十八歳の誕生日の日に

高橋輝次（たかはし・てるつぐ）

元編集者。1946年、三重県伊勢市に生まれ、神戸で育つ。大阪外国語大学英語科卒業後、一年間協和銀行勤務。1969年に創元社に入社するも、1992年には病気のために退社し、フリーの編集者となる。古本についての編著をなす。主な著書に『古書往来』（みずのわ出版）、『関西古本探検』（右文書院）、『古本が古本を呼ぶ』（青弓社）、『ぼくの創元社覚え書』（亀鳴屋）、『雑誌渉猟日録』（皓星社）、『編集者の生きた空間』（論創社）、アンソロジーに『増補版 誤植読本』（ちくま文庫）、『タイトル読本』（左右社）などがある。

戦前モダニズム出版社探検

――金星堂、厚生閣書店、椎の木社ほか

2024年11月20日　初版印刷
2024年11月30日　初版発行

著　者　高橋輝次
発行者　森下紀夫
発行所　論 創 社
東京都千代田区神田神保町 2-23　北井ビル
tel. 03（3264）5254　fax. 03（3264）5232　web. https://ronso.co.jp
振替口座　00160-1-155266
装幀／宗利淳一
印刷・製本／中央精版印刷　組版／フレックスアート
ISBN978-4-8460-2405-5　